生活文化史選書

御所ことば

井之口有一
堀井令以知　著

京都御所（建礼門　賀茂祭女官列）

五　節　舞

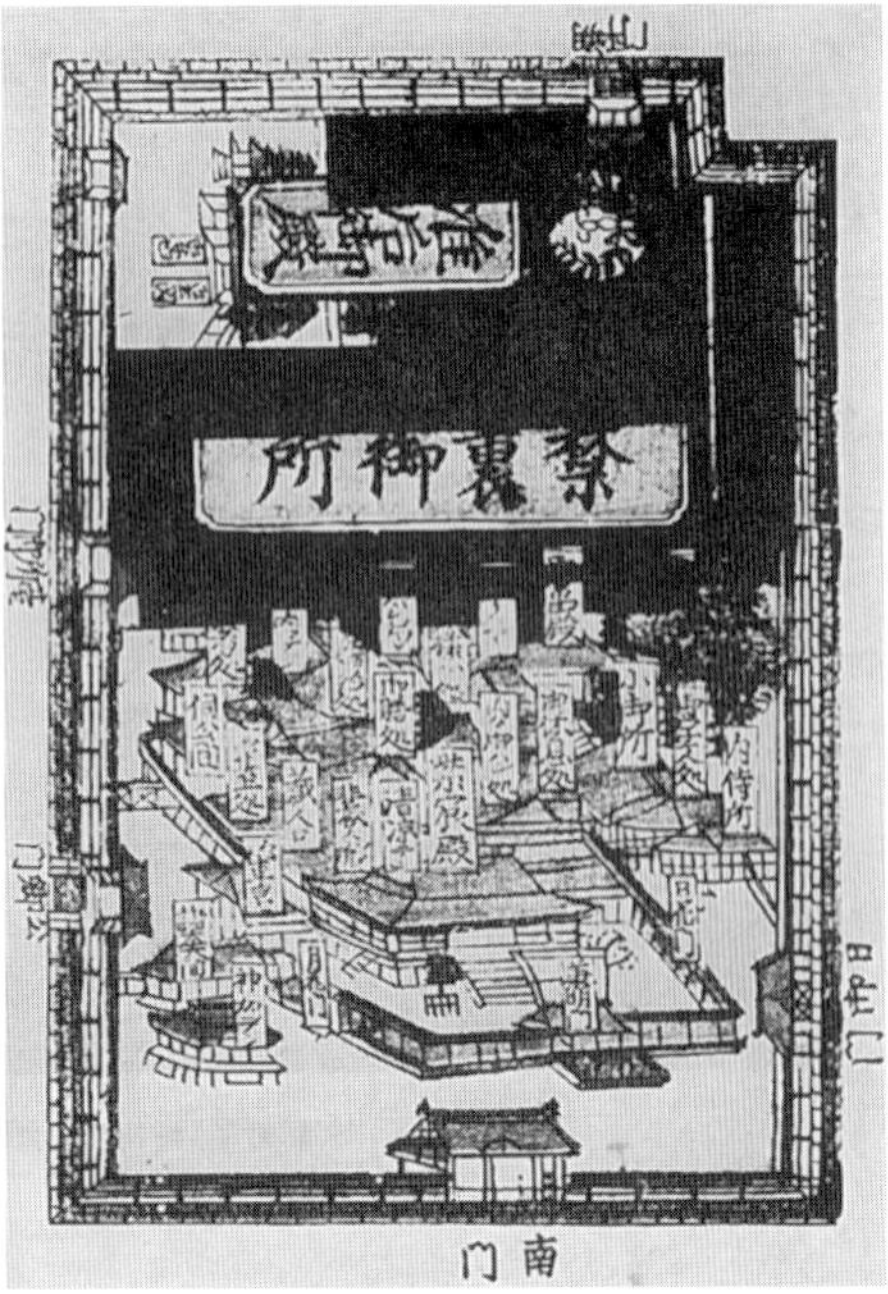

禁裏御所の図

内侍の掻取姿（大正時代）

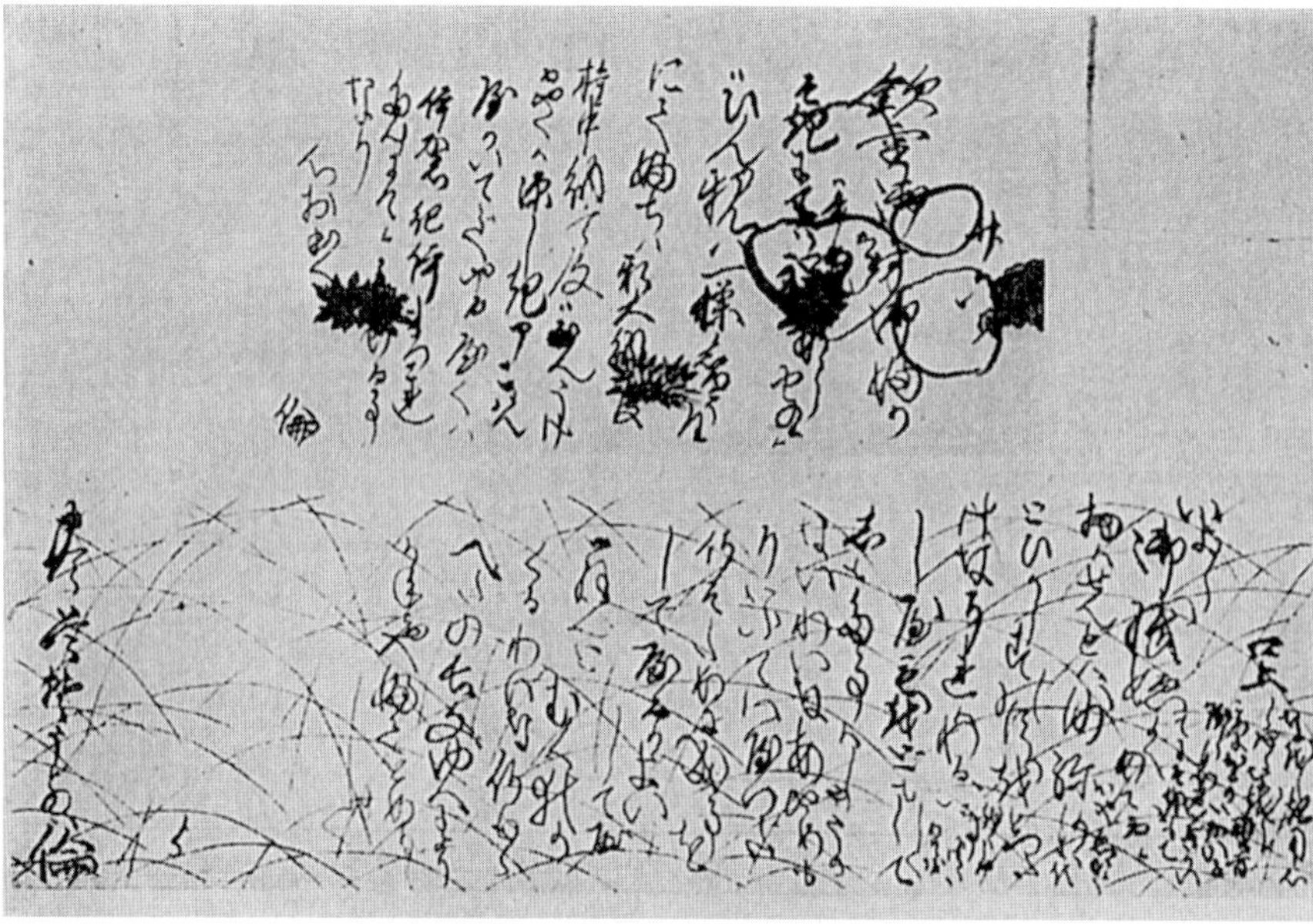

倫宮（つねのみや）の消息

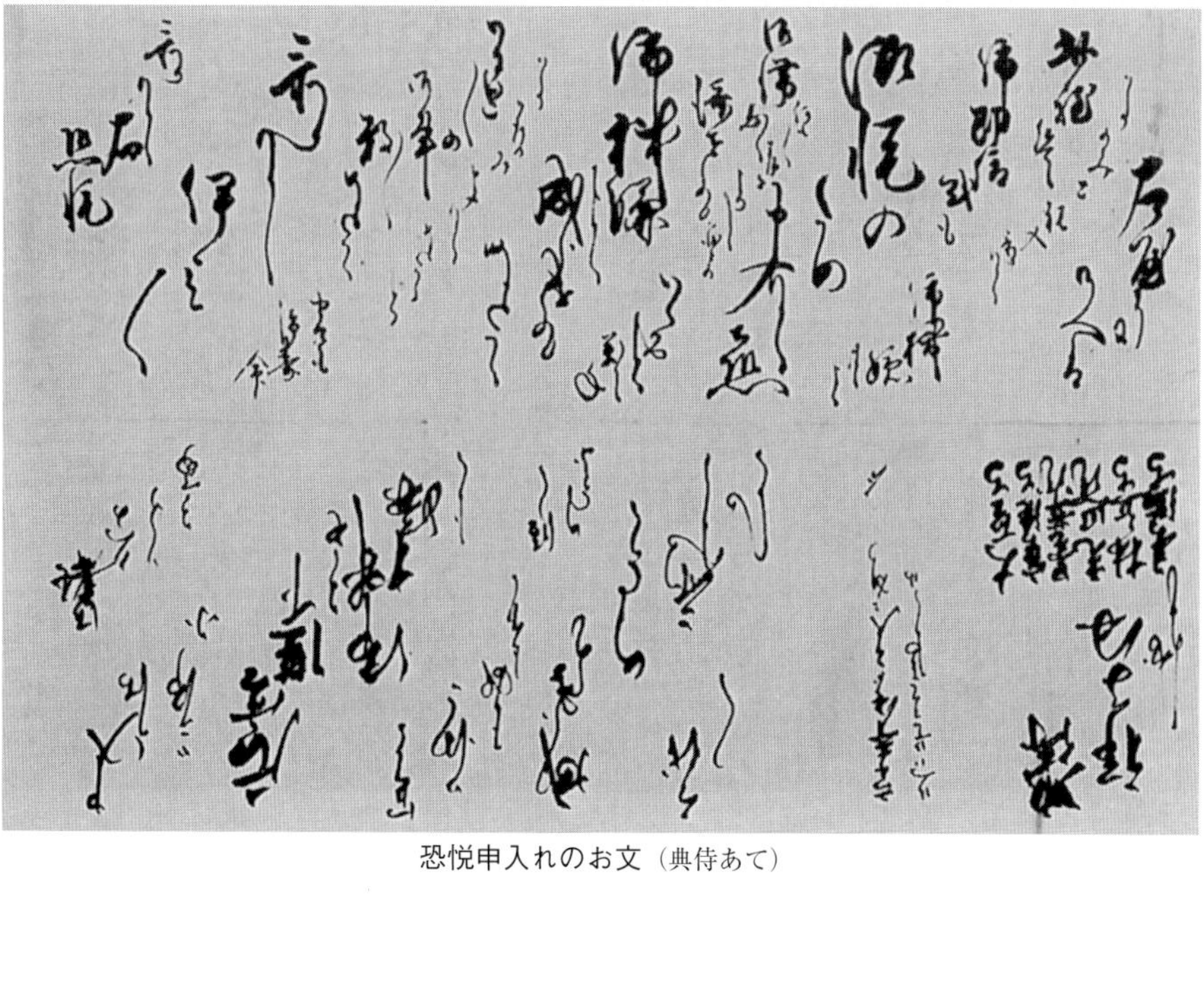

恐悦申入れのお文（典侍あて）

比者酒名ニ九献ト申カヘテ九建民ハ来リ庭扇テ、
天下ヨリ絶ハテ君ニ告ヘ御ニ有ケルニ中御酒ヲ如ソコニテ
有ケルロ婚礼ナルヘシ
肉袁仙洞ニハ一切食物美名ヲ付テ名石半ナリ一両君ヨ和
志高庭ニ余志此 用セ
飯ニハ佐御酒ハ九献餅ハカチン味噌ハムレ塩ハロモノ豆腐ハ
カヘ素麺ハホソモノ松茸ハマ鷹ハコモシ鶴ハフモシワタシハワ
ラシ諸御ハ不備 ピッツクレハハツ蕨ハ ヒト モシ
イハワウ木御菜ハ秘射透ハハ院軍鉞ハ女房達筆墨
爲ニ申ス御菜ヲノメクツトユ ツシテワリトデノワツシ

『蜆藻屑』（近衛基熙書写）

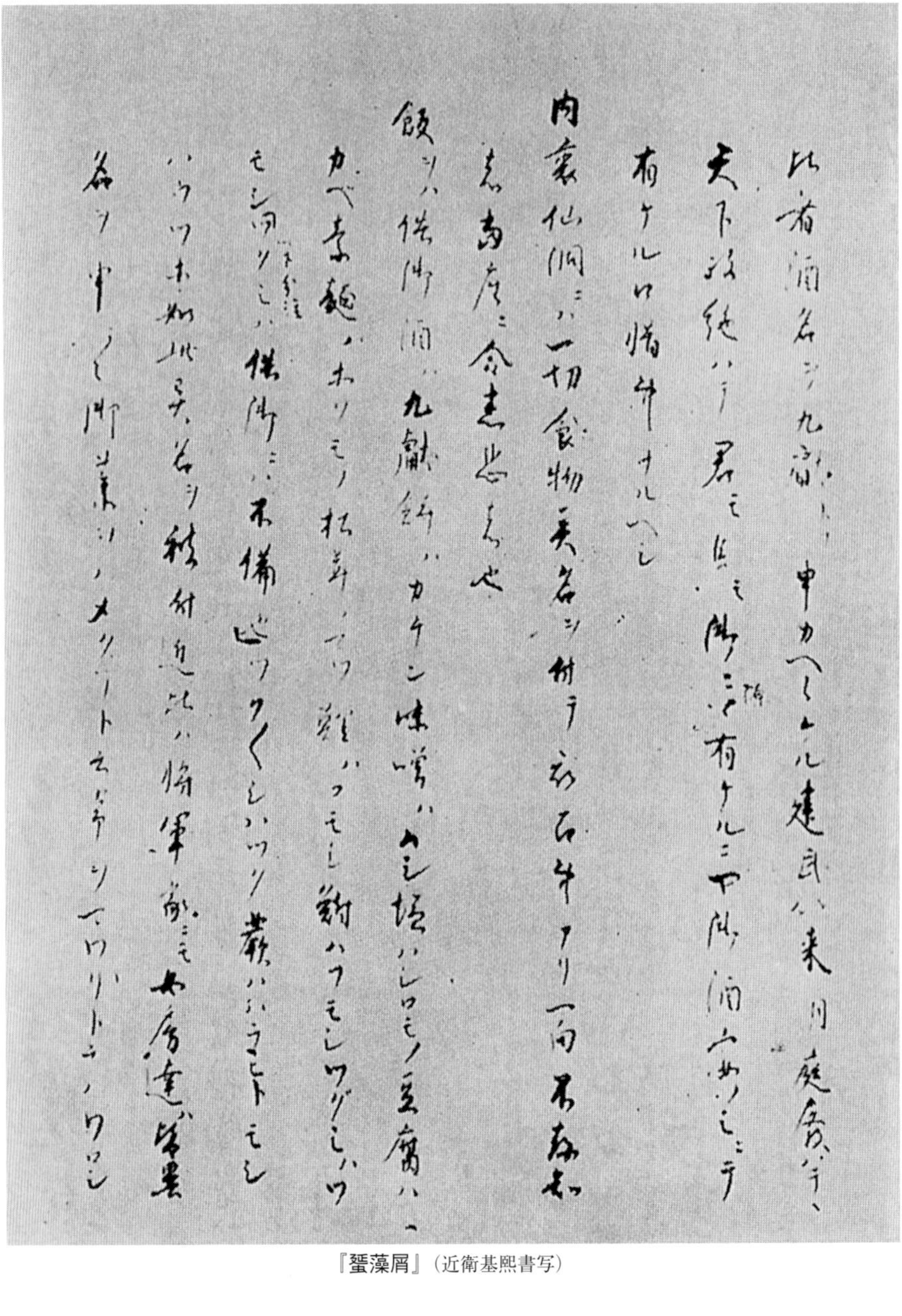

はしがき

御所ことば（女房詞）は、京都御所において、十五世紀のはじめごろ（室町初期）から、宮中女官が用いはじめた特殊な話しことばである。本書でいう「御所ことば」は、「御所方のことば」「武家方のことば」「町方のことば」のように、使用階層の側からする名称によって名づけたものである。なお、一般に用いられている「女房ことば」「女中ことば」と内容的には同じである。御所ことばは従来、語彙の問題としてのみ取り扱われてきたのにたいし、われわれが本書において明らかにしたことは、御所ことばの社会言語学的研究の面である。まず、御所ことばが、天皇中心の御所のお内儀（お局）の生活において、女官によってどのように使用されたかを明らかにし、次に、御所ことば伝播の状態をも究明した。「飯」を「クゴ」（供御）、「酒」を「クコン」（九献）、「餅」を「カチン」、「味噌」を「ムシ」などのように、多くは飲食物に異名をつけて呼んだことが『嚢藻屑』（あまのもくず）（一四二〇年）という有職書に出ている。こうした御所ことばは、皇室を中心とし、内親王の住持された尼門跡に伝わるとともに、公家社会でも用いられた。一方、皇室から将軍や大名、武家の奥向きにも広まり、さらに『女重宝記』（一六九二年刊）にみられるように、町方の上流婦人語としても用いられるようになった。また、御所ことばは「シャモジ」（杓子）、「カモジ」（髪）のように普通語の中に生きているものもある。

本書の第一章では、まず、御所ことばの発生と歴史を記し、室町時代から現代に至る盛衰の状況を明らかにした。次に、現用の御所ことばにもとづいて、言語意識、語構成の特徴などを究明した。

第二章では、明治・大正・昭和の三代にわたり、宮中に奉仕した元高級女官がたの生活を聴取し、御所ことばがいかに使用されていたかを明らかにした。たとえば、宮中女官は「さよであらシャリますか」「恐れいります」などをよく使用する。また、ご飯を「ゴゼン」「オバン」「ハン」と、次のように使いわける。「オカミ（陛下）がゴゼン（ご飯）をあがらシャリました」。女官仲間には「もうオバン（ご飯）おすみになりましたか」、下級者には「おまえたち、ハン（飯）食べたか」のように。また、高級女官は同輩以上に「オ許シ遊バセ」とよくいうが、下の者には「オ許シヤス」「ゴ免ヤ」のようにいう。お内儀のふれことばには、次のようなものがある。オヒルブレといって、陛下のご起床には「申ショー、オヒルデオジャート　申サセタモウ」、内侍のところへは「申ショー、オヒルデオジャー」のように、「申サセタモウ」の有無による使いわけがあった。さらに、この章では、御所ことばを最もよく保存している京都大聖寺門跡の口上、年中行事、お文（ふみ＝手紙）などについても記した。

第三章では、御所ことばの歴史的文献を所収し、その歴史的変遷の跡を辿ろうとした。これは飲食物名に始まった御所ことばが、他の生活諸領域の語にも及び、その語種をいかに拡大し、いかなる語が用いられたかを明らかにしたものである。たとえば、室町時代には副食物を「（オ）メグリ」とも「オマワリ」ともいったが、「オマワリ」は悪い言い方とされていた。ところがその後、「オマワリ」は江戸時代に継承され、明治以後も宮中や尼門跡で存続し使用されている。一方、「オメグリ」は廃語となった。

第四章の御所ことば語彙集は、以上、各章の研究成果によって得た約千四百語に及ぶ御所ことばについて、分類整理し、所収文献や使用者をも示したものである。この語彙集は、歴史的および現用の御所ことばについてまとめたわが国最初の成果である。

なお、本書は尼門跡ことば、ひいては御所ことば研究を開拓した旧著『尼門跡の言語生活の調査研究』（昭和四十年度文部省科学研究出版助成書）にもとづき、御所ことばの生活面から考察しなおしたものである。

本書の出版にあたっては、ご推薦いただいた江馬務先生、日本風俗史学会、雄山閣の芳賀章内氏・田辺喜美子氏に厚くお礼を申しあげたい。また、われわれの調査にご協力くださった大聖寺門跡、宝鏡寺門跡、元内侍穂穙英子様、中井和子氏をはじめ、多くの方々ならびに諸先生に深く感謝するものである。

昭和四十九年七月

著 者

目次

第一章　御所ことばについて

宮中のお内儀では、「豆腐」のことを「オカベ」、「鯉」を「コモジ」のように、御所ことばが使用されていたことは一般にも知られている。

京都御所では、明治維新まで、女官たちが御所ことばによる生活を送っていたことは文献の上からも明らかである。明治維新に東京遷都となり、宮中の奥向きでも京都の御所ことばが、そのまま伝承されることになった。宮中のほかでは、御所ことばがどのように使用されているかは、今まではほとんど知られていなかった。ところで、千年の古都である京都に、あるいは御所ことばがどこかに保存されているかもしれないというのが、われわれの予想であった。それが大聖寺門跡を訪れることによって、尼門跡にも御所ことばがよく現用されている事実を発見することができたのである。

京都御所の北西に隣接し、烏丸今出川の西側に位置する大聖寺門跡に、はじめて御所ことばの実態調査に赴いたのは昭和三十一年の正月のことであった。御門を入ると、青山御殿から移された、いかにも御所風な建物が優雅な趣をそえている。案内をこうと、二老さんが出てきて「ごきげんよう」という。「今日は」とか「いらっしゃい」とはいわないのに、まずわれわれは緊張した。次ぎに出られた一老さん（堀江要邦さん）のあいさつはまことに丁重であった。それはお辞儀のものごしと口調の雅やかさにも、長年のあいだゴゼン（住職石野慈栄様）に仕えた生活がしみこんでいた。最初の中は、われわれは「お三の間」（士族階級を通した部屋）に通され、ゴゼンのお出ましを待っていた。ゴゼンは尼門跡としての気品と御所的生活の中に培われた教養をそなえた方で、ゴゼンと一老さんの対話の中には、多くの御所ことばの使用されていることをじかに知ることができた。お茶を運んできた一老さんがわれわれに、「オ許シ遊バセ」といい、ゴゼンに一定の距離をおいて対座し、一々お辞儀を繰り返しながら手をついたままで話された。御所ことばだけでなく、われわれは尼門跡の伝統や皇室のしきたりについて、しだいにうちとけた雰囲気で、実態調査を重ねていった。

大聖寺門跡――それは、かつては多くは第一皇女が入室（第一世護渓理栄宮、後円融天皇の皇女）され、尼門跡の筆頭にふさわしい御所風の優雅な生活が今なお行なわれている所である。同じ寺院というわくの中にはあるが、男子親王の住持された門跡寺院のように、いかめしい僧堂が立ち並び、おごそかな法統が支配している場所ではない。ゆったりとした優雅さとなつかしさの支配している所である。大聖寺の御本堂は、青山御所の御殿を移築したという、その由来によるのであろうか、そこを色どる色彩には一般の僧堂にみられる金色燦然たるいかめしさはない。御殿の日常生活にみられる雅やかな色どりなのである。白地に鳳凰の模様の打敷き、倫宮（つねのみや）様のお召物で作られたという木魚の座ぶとん、花模様に色どられた天井などすべてが親しみ深い文様と色彩でつくられていて、僧堂のおごそかさには程遠い。王朝の「けぢかくなつかしき」という表現が当てはまるのである。庭の植込みの按配もそうである。ここには、山水を写しとるといった室町以後の寺院の庭によくみられる擬った趣向がいささかもない。花の木、常緑の木々に囲まれた縁近い壺前栽には、四季の花が咲き乱れている。戦後は、民間ではしだいに衰えていった年中行事や古習俗も大聖寺ではよく保存されていて、われわれは「茶室」に招かれたり、「お月見」の夜を共に過ごした。それは、数寄づくりの風流さや桃山の豪華さではなく、何事も女らしく、大様でゆるやかな結構であり、しきたりであった。

ここに尼門跡として坐られた方には、きびしい礼儀作法や言葉のしつけがあり、また身分による言葉の使いわけが厳然と守られてきた。しかしそれらの身分による区別も実際の生活の上では、優雅さの中に包みこんで使用されているのではなかろうか。宮中で行なわれる公の式典、さらには武家社会の儀礼のように、堅苦しさ、折目正しさが前面に押し出るのではなく、身分による使いわけも、自然によどみなく、典雅の中に包みこまれて行なわれている。尼門跡の教養として必要な課目には、仏典・経典のほか、王朝物語の類が目立つ。これらはまた、カルタなどの遊びや手習によって自然に身につけるよう、幼いときから親しまれたということである。仏に仕える身が物語類に親しむことは不思議であるが、これは、王朝風の優雅な御所らしい雰囲気を身につけるためではなかったかと思う。物語のもつ優雅さはいかにも生活の中にとけこんでいるのである。屏風・ふすま・調度の類にも、伊勢・源氏、六歌仙などの絵がほとんどをしめている。尼門跡は、寺院というわくによって、世間の風から守られており、王朝的優雅さを育てるのに、恰好の場所であったのかもしれない。桜・山吹・芙蓉の花に色どられ、桔梗や撫子の乱れ咲く壺前栽を背景に、紫の被布を召した美しいゴゼンに仕える僧尼たちの静かなたたずまい、交わされるゆるやかな言葉調子、喧燥の世を忘れさせる一角である。

大聖寺が御所ことばを最もよく保存されていることは、われわれが他の尼門跡の言語調査を行なって比較した結果明らかに実証された。人形の寺として有名な宝鏡寺、嵯峨の曇華院、東山の霊鑑寺、さらに奈良の中宮寺と、われわれは調査を進め、御所ことばについての実態を採録してきた。しかし、何といっても、京都御所に近い大聖寺のゴゼン（昭和四十年三月死去）が、御所ことば使用の点では、最も重要な無形文化財ともいうべき方であった。

本章では、御所ことば発展の跡を辿り、さらに、御所ことばの現用について、尼門跡調査の結果を中心に記述したいと思う。

一　御所ことばの歴史

1　御所ことばの発生

御所ことばは、内裏（だいり）や仙洞御所において、宮中女官が用いはじめた奥向きの特殊な音声言語である。記録としての最古の文献であり、御所方のものとしては、恵命院権僧正宣守の『蜑藻屑』（あまのもくず）がある。この書には、「内裏仙洞ニハ一切食物異名ヲ付テ被召事アリ」として、応永二十七年（一四二〇）ごろのお局生活で使用された御所ことば（女房ことば・女中ことば）が記されている。飯をクゴ、酒をクコン、餅をカチン、味噌をムシといったことは、当時の一般社会とは異なる語として注目されたものである。さらに、武家方の御所ことばとしては、足利義政時代の『大上﨟御名之事』（おおじょうろうおんなのこと）に、はじめて女房ことばという術語が用いられ、魚をオマナ、鯛をオヒラ、鯉をコモジ、かまぼこをオイタ、蛤をオハマ、小豆をアカ、アカアカのような語が記載されている。御所ことばが宮中だけでなく、十五世紀のはじめには、足利将軍家においても用いられていたことは、『蜑藻屑』に、「近比ハ将軍家ニモ女房達ハ皆異名ヲ申ス云々」とあるのをみても明らかである。また、田安宗武が『草むすび』の中で、「明徳応永などいふらんほどにや初まりけん」として、『蜑藻屑』より約三十年以前にさかのぼることができるとしているのも、御所ことば発生の時期を示唆している。もっとも、御所ことばに多くみられる文字詞として、『徒然草』（六二段）の「ふたつもじ牛のつのもじ直なもじゆがみもじとぞ君はおぼゆる」のような歌に、先駆的な要因が認められることは、室町時代以前に、御所ことばの使用があったことを物語っているのではなかろうか。

十五世紀のはじめごろに、どういう理由で隠語的婉曲的性格をもつ御所ことばが、はじめは食物の異名として多く用いられ、文献にも登録されるようになったかについては一考する必要がある。南北朝時代からは公家階級と庶民階級との接触が行なわれるようになり、上下の階級の生活交流、特に庶民の口にする飲食物が貴族階級の食膳にも供せられるようになり、貴族たちは飲食物名を直接じかにいうことをはしたないと考えて避けたため、異名で飲食物を呼ぶことが多くなったのではあるまいか。宮中に奉仕する女房たちのあいだで、異名がしだいに固定的となり、御所ことばを形成していったものであろう。御所ことばは本来、女房の日常生活に根ざした話しことばであり、お局生活、奥向きの言語法ということができる。

2　御所ことばの広がり

『蜑藻屑』（十八語所掲）にみられるように、当初は語彙数も少なかった御所ことばが、時代が降ると、しだいに語数といい、使用範囲といい、広がっていく。御所ことばの使用階層も宮廷社会や尼門跡のみでなく、公家社会から町方へ広まり、一方、将軍家の大奥、さらに大名・武家へ、武家から町方へと広がった。語彙の範囲も、飲食物中心の異名から、衣・住その他の関係語に拡大し、江戸時代における女中ことば系の諸書に登録されるようになる。江戸中期に出版された『女重宝記』（約一四四語）には、「御所方の詞づかひなれ共地下に用事多し」と記されているように、元禄ごろにはすでに御所ことばは地下階級にも及んでいたことが分かる。さらに御所ことばが町方へ広まった事情は、『女中言葉』『女中詞』『女言葉』『女諸礼綾錦』などの婦人教養書中にも歌語や雅語とともに御所ことばが収められ、町方の婦人語の中に普及した姿をみることができる。一方、御所ことばが「お屋敷ことば」として武家方の女中に用いられるようになったことは、式亭三馬の『浮世風呂』（文化九年・一八一二）にも次のように記されている。

おさめ「ヲヤ〳〵、おしやもじとは杓子《しやくし》の事でございますよ。ヲホ、、、　むす「おさめさん。ほんにかへ。私《わたくし》は又おしやべりの事かと思ひました。鮓《すし》をすもじ。肴《さかな》をさもじとお云《い》ひだから、おしやべりもおしやもじでよ

おさめ「やがてお屋敷《やしき》へお上《あが》りだとわかりますのさいがネヱ　初「いかな事《こつ》でもおまへさん。ヲホヽヽ

夫《それ》こそ最《も》う大和詞《やまとことば》でお人柄《がら》におなり遊《あす》ばすだ。……（三初「さやうさネヱ。おしつけ御奉公《ごほうこう》にお上《あが》り遊《あす》ばすと、編巻之下　岩波日本古典文学大系本）

かくして江戸時代には、御所ことばは、女房ことば、女中ことば、大和言葉の名の下に、女性の教養やしつけを説く書物に収められ、しだいに位相語として広まっていった。十七世紀後半（寛文〜元禄）のころには、女中ことばは、良家の子女の用いる女性語として発展しつつあった。上方文化の東漸に伴い、御所ことばも東国に及び、『浮世風呂』にみられるように、江戸時代の中期から後期には、さらに民間にも広く用いられるようになっていった。

3　お湯殿の上の日記

宮中の奥向きの公的日記である『お湯殿の上の日記』は、主として禁中お湯殿の上の間に奉仕する女房が交替で記したものである。天皇の御動静を中心に、儀式、献上物、事件などを記述し、室町時代の初期、文明九年から江戸時代末期まで正本あるいは写本で伝わり、刊本も貞享四年度まで出版されている。

宮中の公的日記であるから、当然、御所ことばが豊富に用いられ、御所ことばの時代的推移を知る上にも貴重な文献である。この日記には酒や盃事を意味するのにクコンとクモジが用いられているが、後土御門天皇の御世から正親町天皇の御世に至る時代には、クモジよりもクコンを用いることが多かった。

あした御こづけ。夕がたおもじにてくこん。（文明十七年五月二十一日）

しかし、慶長以後は「くこん」の使用は稀になり、「くもじ」が多用されるに至る。

夕かた御とうろとほされて。女中しゆうくもしまいる。おとこたちへも申くちにてなかはし御しやくにてくもしまいる。（慶長八年七月十四日）

この日記における御所ことばの使用や文体が時代の推移を反映し、おおよそ室町時代の中でも前期と後期、江戸時代においても初期と中期以後とでは、多少の相違が認められることは国語史的に注目する必要があろう。御所ことばの一つの特徴である文字詞が形成される過程が『お湯殿の上の日記』にはよく示されている。たとえば、この日記では「すもじ」は、鮨（すし）を意味するほか、「典侍」（すけ）その他にも用いられて流動的であり、今日、民間にも用いられている「すもじ」（鮨）の意味には固定化してはいなかった。また、『お湯殿の上の日記』を読むにあたっては、女房詞文献に記されている語形だけでなく文脈と場面によって御所ことばを把握する必要性をこの日記は教えている。たとえば、「まけ」は女房詞で「月経」を意味するが、この日記の次例では、「負態」（まけわざ）に関する意味で用いられることに注意しなければならない。

御まけ御人しゆより御せうふまいりて三こんまいる。（明応六年三月五日）

4　明治以後の御所ことば

江戸時代には広く町方まで普及した御所ことばも、明治以後は諸制度の改革と標準語の普及とに伴って使用されることが少なくなっていった。御所ことばが残存し用いられたのは、宮中のほかでは、京都や奈良の尼門跡、公家の人々のあいだであった。特に、われわれの発見し、調査研究した尼門跡の御所ことば使用の実態については次章において取り扱う。この御所ことばは、明治維新以前は、皇女・王女、公卿の女などが住持し、維新後は旧公家の女が住持した尼門跡で豊富に用いられていることが判明したのである。

御所ことばが、内裏→公家→将軍家→武家→町方→各地へと伝播していったことは、今でも各地の方言に御所ことばが用いられていることでも分かる。豆腐を意味する「オカベ」が尼門跡でも現用されているほか、方言でも、日向や薩摩では「オカベ」という。陛下の御起床を意味する「オヒルナル」が、『お湯殿の上の日記』に用いられ、「オヒナル」として女房詞記載文献にもみられ、『日葡辞書』にも「イザ　オヒンナレ」と出ているが、現在、盛岡・広島・香川・徳島・大分の各地方言に「オヒナル」が起床する意に用いられている。このような方言としての使用状態は後述する「御所ことば語彙集」を参照されたい。

また、宮中女官や尼門跡がよく使用する「さよであらシャイます」(「でございます」の意・最高丁寧語)、「御所のお庭の花が美しゅうあらシャイます」(「ございます」の意・中間敬語)、「用意ができましたので、出マシャッていただきます」(「お出ましてあそばして」の意・最高敬語)の「であらシャル」「あらシャル」「マシャル」敬語のうち、後者は金沢市あたりの方言の「ドコイ　行カッシャル」「ドコイ　行キマッシャルネ」に対応する。また江戸期の文献にも認められるものである。

さらに、元来、女性語として用いられた「しゃもじ」(杓子)、「かもじ」(髪)、「おひや」(水)などのような語も、今では普通語として定着するに至った。

二　御所ことばの現用

1　御所ことば使用の社会

現在では、御所ことばを伝統的に保存し使用している社会はきわめて限られ、主として宮中と尼門跡とである。宮中で御所ことばがいかに使用されているかについては、女官の談話（第二章）や『公家言葉集存』（第三章）などから、うかがうことができるが、ここでは特に、われわれの調査した尼門跡における御所ことばの現用を中心に整理し記述する。

尼門跡の中でも、御所ことば使用の厳格なのは、京都の大聖寺が筆頭であり、宝鏡寺・曇華院・中宮寺・霊鑑寺などでは大聖寺門跡の御所ことばを手本としている現状である。

ここでは、実態調査の中心となった大聖寺で現用する御所ことば語彙を、単に辞書的でなく、文脈において考察し、言語生活と語彙との関係を明らかにすることを目的としている。御所ことばの使用は単に大聖寺において生活する人々の経験や行動に関係があるのみならず、古格を維持し伝統を守る尼門跡社会の意識や心的事象にも関係が深いことを解明しようと思う。

2　言語意識

大聖寺門跡において使用される語彙のうちで、階層身分の差にもとづく言語使用の相違、雅俗の観念が語の使用にどのようにあらわれているか、公私の区別、自他の区別その他の弁別意識と語彙の関係を考えてみたい。

階層意識

大聖寺では、ゴゼン（御前・門主）とお次ぎ（一老・二老）のような身分差があって、それが語彙の使用に反映している。一老・二老は自分の「飯」（めし）を「はん」というが、ゴゼンのは「おばん」、神仏に供えるものは「ごぜん」といって区別している。なお、宮中では陛下（お上）のものを「ごぜん」という。さらにまた、大聖寺では「帯」は、自分のは「おび」、オカミのは「おみおび」、宮様以下の目上には「おもじ」を用いる。

大聖寺では目上・同輩・目下に対し、それぞれ階層的な言語の使用差が動詞にもみられる。「起きる」という語は

① 目上に。一老がゴゼンに、「お起きくださいませ」というとき、
ゴゼン、オヒナッテ　イタダカサレ（またはオヒナリマセ）。

② 同輩どうしで。二老が一老に、「お起き下さい」というとき、
要邦サン（名をいう）、オキテ　オクレヤス。

③ 目下に。ゴゼンが一老に、「お起きなさい」というとき、
要邦サン（昔は呼びすてに「要邦」）、オオキヤッシャ。

公私の区別

大聖寺では、公私の区別が厳重に保たれている。大聖寺へ来客があって、オミヤ（みやげ物）を持参しても、一般の家庭にみられるように、取次ぎ者は「ありがとう」とはいわない。それは客が御殿へ公的に土産を持参したという考えからである。また、客が辞去するときに、取次ぎ者は「またお出で遊ばせ」というようなこともいってはならない。御殿に対しての客に、私的なあいさつをすることは失礼であるとの意識からである。

座敷を「オマ」（御間）といい、居室を「ヘヤ」（居間）と区別し、また宝鏡寺では自分の居室の畳は「たたみ」、御所・御殿のは「おたたみ」というのもこうした意識のあらわれである。

自他の意識

大聖寺では、身辺の事物に対しては、「お」の着脱で自他の区別を示している。自分のは「茶わん」というが、相手のは「お茶わん」と尊称の「お」をつける。また自分の足は「すそ」といい、他人の足は「おすそ」（おみや）と「お」をつける。

雅俗意識

「米」のことを大聖寺では、「うちまき」といい、「うちまきの配給です」のようにいうが、また「およね」ともいう。そして「およね」の方が「うちまき」よりも上品だとの意識がある。「焼豆腐」を「やきかべ」といい「やきおかべ」とはいわず、「お」を入れるとやぼな感じがするという。『公家言葉集存』には「やきおかべ」とあるが、大聖寺では「やきかべ」を雅とする。雅俗意識は「わら」（わらび）を雅とし、「おわら」を俗用とするところにもみられる。また「軽症」のことをオカミに対しては「おむさむささん」という。「おむさむささま」といえば、野暮な表現であるという（この社会ではサンが最高敬語であるから）。

規範意識

大聖寺においては、豆腐は「おかべ」といい、「かべ」という「お」をつけないいい方は使用しないという規範がある。音声上も「誰」は「タレ」であって「ダレ」と濁っていわない。「曇華院」は「ドンケイン」と清んでいうのが正しいとの、大聖寺での規範意識がみられる。なお、過去の文献と比較すると、現在では正用と誤用の規範が逆のばあいもある。それは大聖寺では「お菜《さい》」のことを「おまわり」といい「おめぐり」を用いないが、『螽藻屑』には、「御菜ヲメクリト云常ニヲマワリト云ハワロシ」とあり、「おまわり」は俗用として記されている。

古形尊重意識

口上には、民間ではあまり使用されない形がある。特に口上では古形を使用することが多く、改まったときには「でござります」「下さります」「おっしゃります」といって、「でございます」「下さいます」「おっしゃいます」という音便形を使用しないしきたりになっている。また、「新年のご祝儀申入れ」では、「新年を迎えること、越年」を「ご超歳」といい、「お蔭さんをこうむり」というより、古格で改まった表現として「ご懇命をこうむり」を使用する。また「みんなも揃うて気丈《きじょう》に（達者で）」のように漢語表現がみられる。

静態語源意識

「だんご」を「いしいし」というのは、大聖寺一老によると、「固い石」のようだからとの静態語源意識をもっている。「餅」を「おかちん」というのは「よい歌を読んでおだちんをいただいた歌賃」よりと考えている。御所ことば語彙の語源についても不明な語があり、従来の「おかちん」の語源説としては、①搗飯説（新井白石・貞丈）、春杵でかちて作った。②かちん色の帽子または着物をきた女が売りに来た。（林羅山）③歌賃説。歌の力により功徳があったので、餅をついて祝った。④固くなった餅の意などの説があるが、大聖寺は③の歌賃説をとる。

婉曲表現

物品を「買う」とはいわないで、「こしらえる」といい、値段が「高い」とか「安い」とかいわないで、「むつかしい」「ひくい」のようにいう。これはいかにも優雅な生活の反映であり、婉曲的な表現と考えられる。ゴゼンは幼少から少なくとも終戦までは財布などを持ったことがなく、金銭のことをいうのははしたないとされていた。なお、語彙のみでなく、文表現において婉曲法が用いられることはいうまでもない。

忌詞の使用

御所ことばの語彙は隠語的色彩や貴族的な婉曲表現にもとづくもののほか、忌詞的な色彩をもつ語がある。「血」を「あせ」と置き換えて使用するのは『延喜式』以後のことである。大聖寺では「魚が死ぬ」を「あがる」といい、「金魚があがった」（死んだ）のように用いる。また、鳥獣の死ぬことは「おちる」といい、「あの猫、落ちましてな」のように用いている。「剃る」を「たれる」というのも忌詞であろう。正月三が日は「ねずみ」という語を用いないで「かのひと」と代用するが、これは「ねずみ」が大暴れするところから、正月の吉日にこの語をいうのを避けるのである。

3　御所ことばの命名法

御所ことば語彙の命名の仕方には、宮中における女房の命名に対する心理がうかがえる。対象の形状性質や色彩の特徴などにもとづく比喩的な言語形式を作りだしている。

対象の形状にもとづく

鯛は形が平たいから「おひら」といい、魳（かます）は口細の形から「くちぼそ」と名づけている。「平目」は片目であるから「かため」という。大聖寺では皮の付いたままの「里芋」は、衣を被（かず）く意から「きぬかずき」という。「かまぼこ」は板につけてあるから「おいた」となる。「うどん」はその形が長いところから「おながもの」である。

対象の性質にもとづく

豆なっとうは江戸初期には、茶の子にも用い、粘りがあって糸をひくところから「糸引き」といった。『お湯殿の上の日記』には「かぢ井どのよりいとひきまいる」（明応三年十二月二十四日）とある。現在大聖寺では「いとひき」の下略語「いと」を用いる。麩（ふ）のことを「あさがお」というのは、朝顔は太陽や火にあたると萎むところから、比喩的に命名されたのであろう。

対象の動作にもとづく

大聖寺で、臼のことを「つくつく」というのは「つく」動作から、その道具に命名されたものである。また、鮎を『女中言葉』に「うのはな」とあるのは「鵜のとる魚」からの命名であり、螺（にし）を『女中言葉』に「さいぎょう」とあるのは、西行法師のように歩き回るところに由来していると思われる。

対象の色彩にもとづく

小豆を「あか」というのは赤い色から、豆腐を「かべ」というのは白かべの色から、「いわし」を「むらさき」というのは、いわしは群集すると波の色が紫色に見えるから命名されたという『草むすび』の説がある。鮒（ふな）を「やまぶき」というのは鮒の卵子の山吹色なのによると思われる。

なお、京都の「夜ことば」に、ムラサキ（ひるは醤油というが、夜はムラサキという）のような例がある。

漢字・漢語にもとづく

鮑（あわび）を「ほうじ」というのは「包」の字の意であろう。ごぼうを「うまふさ」というのは午房の訓読とみられる。

酒を大聖寺では「おっこん」といい、古い文献では「くこん」という。酒を「くこん」（九献）のようにいう漢語的命名は御所ことば語彙としてはむしろ例外的な存在であるが、森野宗明氏によれば、「くこん」は鎌倉時代後半期からすでに宮廷女性の専用語であった。（「言語と文芸」昭和三十五年七月号所収論文「『くこん』ということば」）

擬音にもとづく

そうめんを「ぞろ」とか「ぞろぞろ」というのは『草むすび』によれば、食べるときの感触からの命名とある。漬物用の干瓜のことを「こりこり」というのも、おそらくは擬音によるものであろう。

4　御所ことば語構成の特徴

御所ことばの語構成上の特徴としては、接頭辞「お」による構成、接尾辞「もじ」による構成が多数を占めていることである。このほか、接尾辞「もの」による構成、畳語によるものなどがある。

接頭辞「お」について

われわれの調査による「御所ことば語彙集」（第四章）中、「お」で始まる語が約三分の一（約五〇〇語）を占めていることは、御所ことばが本来階層的女性表現であるために、「お」による構成の多いことを物語っている。

「お」を付加するかしないかが階層身分差を示したり（ご飯を「ごぜん」「おばん」「はん」）、自他の区別を示したりすること（「おたたみ」と「たたみ」）はすでに述べた。また、大聖寺では「おかべ」といって「かべ」を用いないとか、「おかぼ」と「かぼ」を並用するとか、「お」の着脱は複雑である。特に次のような語構成は注目される。

a 「おみ」の接頭する語

大聖寺では「おみおおきい」は「大きい」の最高敬語として用い、「おみおおきゅうなりましゃりまして」（大きくおなりあそばしまして）のようにいう。身体名につける「おみ」は最高敬語として使用され、「おみからだ」（体）、おみあせ（血）、「おみくび」（首）、「おみかお」（顔）のような例がある。（以下所収語の出典の略称については第四章の「略称表」を参照）

〔オミ＋ア〕　おみあかし（灯明。女中・女言・女詞）　おみあし（足。大聖寺現用、養草・女重・女中・女言・女礼）おみあせ（血。大聖寺現用、公家）　おみあわせ（袷。公家・女官）

〔オミ＋オ〕　おみおあい（飯鉢。宮）　おみおおい（貝合わせ。大聖寺現用）　おみおおぎ（扇。大聖寺現用、女言・女詞）　おみおおきい（大きい。大聖寺現用、「おみおおきゅうなりましゃりまして」）　おみおかい（鮑。女中・女言・女詞）　おみからだ（からだ。大聖寺現用、「明治さんは、おみからださんがご立派であらしゃりました」）　おみおび（帯。大聖寺現用、女中・女詞・女礼・公家・隠語―江戸時代）　おみおつけ（味噌汁。大聖寺現用、公家・女官、近畿・愛知方言）

〔オミ＋ハ〕　おみはぐろ（お歯黒。大聖寺現用、女中・女言・女詞・静）　おみはし（箸。大聖寺現用、公家）（菊沢季生氏著『国語位相論』四二頁参照）

b 接頭辞「お」と接尾辞「さん」とによる構成

この構成は、主として行為・形容を示す語に認められる。「驚き」を「おおどろきさん」、「好物」を「おすきさん」、「かわいらしいこと」を「おいとぼいさん」という。

c　畳語に接頭辞「お」のつく語

「淋しい」ことを「おさびさび」、「ご無事に」を「おするする」（「するすると行なわれた」との意から）、「おにぎやかに」を「おにぎにぎ」、「とりこんでいる」ことを「おもやもや」という。特に「おおおもやもやもやもや」のような語もある。

接尾辞「もじ」について

御所ことば語彙の中には、接尾辞「もじ」（文字）による構成が多い。

大聖寺門跡は、もじ言葉について次のように考えている。「もじ」の語源はよく分からないが、「えび」というより「えもじ」といった方が柔らかく聞こえるので使用していると。

大聖寺で用いる「もじ」のつく語は、飲食物に関する語で「おすもじ」（鮨）、「いもじ」（いか）、「くもじ」（茎の漬物）、「さもじ」（さば）、「たもじ」（たこ）などがあり、その他、「おもじ」（帯）、「のもじ」（糊。食べる「海苔」は「のり」という）などがある。なお『大上﨟御名之事』に記載の「こんもじ」（えそ）、「こもじ」（鯉、大聖寺では「乞食」のこと）、「ふたもじ」（にら）、「ひともじ」（ねぎ）、「にもじ」（にんにく）は大聖寺では用いない。

畳語の構成

女性語や幼児語には一般に畳語が多いとされるが、御所ことばにも畳語はかなり多い。大聖寺で現用の畳語の構成法は次のようである。

下略し重ねるばあいとして、

「するめ」の「め」を略して「するする」とし、「数の子」を「かずかず」とする。

また、動詞との関係で造られる畳語としては、「いりいり」（いり豆、大聖寺では、「あられ」のこともいう）は煎（い）

るという動詞からつくられている。

以上は名詞形としての畳語であが、このほか、「おいぼいぼしい」（軽少な、粗末な）のような形容詞がみられる。「おもやもや」「おにぎにぎ」については二五頁を参照されたい。

『宝鏡寺日記』慶安二年七月の紙背文書には、次の例が見出される。

あまり〳〵いともう〳〵といたし候ま丶ちと〳〵まいり候ハんと存し候へとも

省略語形について

語の下略によって、大聖寺では「たけのこ」を「たけ」、「つくし」を「つく」、「わらび」を「わら」、「ごんぼう」（ごぼう）を「ごん」というように、多くは二音節語で用いる。「おみや」（おみやげの下略）のように、さらに「お」をつけることもある。また、ごんぼうを「ごん」というように、下略するのは、「ごぼ」では音的印象が悪いためであろう。

上略の語は少ない。「こんにゃく」は「にゃく」、「ちまき」は「まき」という。

また、大聖寺を「大様」、宝鏡寺を「宝様」などという省略の呼称もある。

5　大聖寺ゴゼンのアクセント

大聖寺ゴゼンのアクセントを調べるために、次例その他を含む「アクセント調査表」を読んでもらった。そのときのゴゼンの単語アクセントは、次例のとおりで、京都アクセントと同じであった。ただし「投げる」（起きる）の類は「ナゲる」（オキル）であったが、これらは再調査の結果、「ナゲル」（オキル）は読みことば、「ナゲル」（オキル）は話しことばのアクセントであると認められた。

①ハナカ゚（鼻）　アメカ゚（飴）　ハナカ゚（花）　ヤマカ゚（山）　ハシカ゚（橋）　イシカ゚（石）　ハシカ゚（箸）　マツカ゚（松）　アメカ゚（雨）　カケ゚カ゚

②ミズノ（水）　ミズエ　ミズモ　ミズダ　ミズワ　ミズウォ　ミズニ

ヤマノ（山）　ヤマエ　ヤマモ　ヤマダ　ヤマワ　ヤマウォ　ヤマニ

フネノ（舟）　フネエ　フネモ　フネダ　フネワ　フネウォ　フネニ

カケ゚ノ　カケ゚エ　カケ゚モ　カケ゚ダ　カケ゚ワ　カケ゚ウォ　カケ゚ニ

③カカ゚（蚊）　コカ゚（子）　トカ゚（戸）　ヒカ゚（日）　ナカ゚（名）　ハカ゚（葉）　ヒカ゚（火）　テカ゚（手）　キカ゚（木）

④サカナカ゚（魚）　ヤナキ゚カ゚（柳）　アタマカ゚（頭）　カカ゚ミカ゚（鏡）　イノチカ゚（命）　ココロカ゚（心）　クスリカ゚（薬）　カブトカ゚（兜）　ウサキ゚カ゚（兎）　ヒダリカ゚（左）

⑤ナク（泣）　スル（為）　マク（巻）　フル（振）　カク（書）　クル（来）　マク（蒔）　フル（降）

⑥アカ゚ル（上）　ワラウ（笑）　アマル（余）　オヨク゚（泳）　アケル（明）　マケル（負）　ナケ゚ル（投）　オキル（起）　アルク（歩）　カクス（隠）

⑥スワレル（坐）　ナカ゚レル（流）

⑦ナキマス（泣）　ナイタ　ナカナイ　ナケ　ナコオ　カキマス（書）　カイタ　カカナイ　カケ　カコオ　アケマス（明）　アケタ　アケナイ　アケヨ　アケヨオ　カケマス（掛）　カケタ　カケナイ　カケヨ　カケヨオ

⑧アカイ（赤）　アツイ（厚）　シロイ（白）　アツイ（暑）

⑧ヨイ（良）　ナイ（無）　アブナイ（危）　ウレシイ（嬉）

なおアクセント調査表を読むとき、大聖寺ゴゼンは「鼻が」「兎が」の「が」「ぎ」を鼻濁音化し、「水を」などの助詞「を」を「ウォ」（wo）に、「雨が」を「アメエガ」と発音されたが、一音節名詞「蚊が」は長音化されなかった（ただし話しことばでは「カーガ」ともいう）。

6　民間の言語使用との関係

大聖寺では自分たちの尼門跡社会を「こなた」（＝尼門跡を示す。「コナタではさようには申しません」）とか、「こなたがた」（尼門跡社会を示す）という。そして民間での言語使用を「町方ではこういう」といって、大聖寺での言語使用と区別している。この「町方」というのは京都の町方（たとえば室町などの商家のことばなど）のことである。

町方との言語使用の差

飲食物関係の語をはじめ、『公家言葉集存』所収の三七二語中三〇九語（約八三％）の御所ことば語彙が大聖寺で用いられている。蕎麦を「そもじ」、こんにゃくを「にゃく」、小豆（あずき）を「あか」、味噌を「むし」というように。ここでは町方の女性語との言語使用の差を若干指摘したい。

大聖寺では、豆は「おまめ」といい、「おまめさん」という京都の町方の表現は用いない。京都方言では「かぼちゃ」を「おかぼ」といって「かぼ」とはいわないが、大聖寺では「おかぼ」ともいうし、「かぼ」ともいう。町方では、魚屋（さかなや）というが、大聖寺では「おまなや」のように御所ことばによる合成形を用いる。町方では「抱く」ことを「ダイダイする」というが、大聖寺では「おなしする」という。京都方言で慣用の「おおきに」は大聖寺で使用されず、「有難う」という。「有難うございます」ともいわない。

尼門跡での愛用語として、大聖寺では、一老がゴゼンに用件を申し上げるとき、「恐れ入ります」を付け、ゴゼンのことばをうけるときにもしばしば用いるのが慣例となっている。あいさつのことばとして、町方で「お早よう」「今日は」「今晩は」「さようなら」といい分けるところを、尼門跡では、お次からゴゼンに、あるいはゴゼンどうしで、「ゴキゲンヨウ」で済ます。宮中でもオカミに女官が、また、女官どうしで「ゴキゲンヨウ」のあいさつが交わされる。食事のとき、「いただきます」や「ごちそうさま」は大聖寺では用いられず、いずれのばあいも「有難う」という。

一般語化した御所ことば

一般語としても用いられるほど広まった御所ことばとしては、杓子を「しゃもじ」、髪を「かもじ」、腹を「おなか」、鮨を「おすもじ」、強飯を「おこわ」、水を「おひや」、うまいを「おいしい」その他がある。

諸方言にあらわれる御所ことば

「茎づけ」を意味する「くもじ」「おくもじ」が諸方言に分布していることは、東条操氏編『全国方言辞典』によってうかがうことができる。「おくもじ」は能登・加賀・播磨・広島・高松・阿波・筑前・佐賀・島原で用いられ、「くもじ」は奈良市・和歌山・神戸・播磨・備前・小豆島・阿波・佐賀・長崎市で使用されている。「豆腐」を意味する「おかべ」も日向・薩摩方言に用いられる。「夜食」の御所ことば「およなが」は大聖寺では「およながを上げまして」のように用いるが、現在、各地の方言において、「およなが」（加賀）・「よなが」（岩手・越中・加賀）・「おゆなが」（岩手）・「よなかり」（広島）・「よながり」（島原・日向）・「よながれ」（豊後・日向・種ヶ島）・「ようなご」（甲斐・静岡）のように分布している。「味噌」を意味する「むし」または「おむし」は近畿・岡山・四国・岐阜・福井の各方言でもいう。

なお、尼門跡使用の最高敬語助動詞「マシャル」の方言における使用について、藤原与一博士は、「マッシャル」が金沢市や能登西側の富来郷で行なわれていること、「マッシャル」は「シャル」に「ます」の上接したいい方であること、「マッシャル」の活用形の例として「マッシャル」（終止形、富来郷）、「マッシャラ」（未然形、金沢市、クーマッシャランカ）、「マッシ」「マシェ」（命令形、富来郷、飲ンマッシ、ヨリマッシェ）などがあり、これは長上にいう、やや尊敬の意をもつ格式のあることなどの諸点をあげておられる。この方言の「マッシャル」は、尼門跡の「マシャル」と同源のものと考えられる。

第二章　御所ことばの生活

本章では、御所で、どのような言語生活が行なわれていたかを知るために、まず明治・大正から昭和にかけて、宮中に奉仕された元女官の方々の談話を示し、さらに、宮中・尼門跡の年始・年末の口上や年中行事を記した。これらによって、話しことばによる御所風の生活をうかがい知ることができる。たとえば、「恐レ入リマス」「オ許シ遊バセ」「サヨデ　アラシャリマスカ」のような表現がよく使用される。

また、御所の手紙は、書きことばの御所風の生活を明らかにしたものである。

一　高級女官の談話

1　女官の生活

話し手について

元内侍　穂穙英子（ほづみひでこ）様

明治二十七年、京都で出生。穂穙俊香（としか）男爵の三女（母は籌〔かず〕子）。穂穙男爵は殿掌（でんしょ）としてしばらく京都御所にお勤めした。穂穙家は勧修寺（かじゅうじ）家の分かれで、京都の室町に住んでいた。穂穙英子さんは明治四十五年三月に宮中でオメミエし、同年六月から正式に出仕した。明治天皇・大正天皇にお仕えし、源氏名は「呉竹」（くれたけ）といった。昭和三年に内侍〔掌侍〕で退官された。

（この談話は、昭和三十四年三月九日、穂穙元女官宅で穂穙・山口両元女官から著者井之口がうかがった録音記録である。）

元権典侍　山口正子（やまぐちおさこ）様（旧姓西五辻）

明治十六年、東京新宿御苑内で出生。西五辻文仲男爵の次女。西五辻家は京都の釜座（かまんざ）にあった。母は京都の公家、裏松（うらまつ）家の女。正子さんは東京の小学校を出て華族女学校に入り、雨の降った日などは人力車で送り迎えしてもらった。新宿御苑のご養蚕所にお母さんが手伝いをしておられたので、御苑に住んでおられた。明治三十五年に宮中に勤め、明治三十八年に権典侍で退官。水戸家の流れをくむ山口家に嫁いだが、主人と死別し、再び大正十三年十月、皇后職御用係りとして出仕した。源氏名は「藤袴」（ふじばかま）といった。なお宮中では、正子を「オサコ」と呼んで、同名の女官と区別した。昭和七年ごろ退官された。

役職[1]・仕事

井之口　穂穠さんが大正さんのときに、お仕えになったときには、もう本官〔権掌侍・ごんしょうじ〕におなりになっていたわけで……。

穂　穠　はあ、本官になりまして、大正のみ世に出さしていただきました。ですから、わたくしは、一年で、心得というものがなく、お雇いからポンと本官になりました。

井之口　そうすると、本官におなりになると、何という位におつきになるわけですか。

穂　穠　従六位、権掌侍でございます。

山　口　五位じゃございませんか。

穂　穠　いいえ、従六位でございます。典侍さんが従五位から、内侍が従六位から、命婦さんが従七位からと、きまってるんでございます。

山　口　ああ、そうでございますか。はあ、じゃわたくしがその従五位からでございましたわ。

穂　穠　そうでございますね。大正においでになって。貞明皇后サンの権典侍さんで。

山　口　そいで、大正のときはもう、お雇いでなく御用係りでした。

穂　穠　そうそう、御用係りさんでございましたね。

山　口　一年間、御用係りでおりました。

穂　穠　そうそう、心得ということがなく、御用係りで。

山　口　お雇いも心得もなく御用係りで……。それもわたくし、年がいってからでございますから、いくつでございましたろう、四十幾つかでございましたろう。

穂　穠　わたくし、前からお勤めあそばしておられる方より、わたくしの方が上位になってしまいました。

山　口　ああ、そうでございますか。

井之口　そうすると、穂穠さんは、初めに本官になられたときに、何ですか、権内侍ということですか。

穂　穠　権掌侍（ごんしょうじ）って申します。

山　口　つまり、権内侍さんでございますね。

穂　穠　さがりますときは、掌侍になりまして、さがらしていただきました。

井之口　それで、権内侍さんだと、その内侍さんが他にもいらっしゃったと思いますけれど、どんな内侍さんがいらっしゃったんでございますか。

穂　穠　大正の方でございますか。大正の方は、烏丸さん

〔烏丸花子、初花の権掌侍〕がいらっしゃいました。ああ、吉見さん〔吉見光子、桂の掌侍〕が一番上、吉見光子さんでございます。その方が桂の内侍さんっておっしゃいます。それからその次が、烏丸さん、初花の内侍っておっしゃいました。それから、わたくしでございました。それから、土御門さん〔土御門加寿子、八重菊の権掌侍〕。

山口　何は、細川さんやらは〔細川敏（とき）子、早百合の権掌侍、東坊城敏子、婚家先が細川〕。

穂穙　いいえ、土御門さんから。東坊城さん〔東坊城敏子〕、それから高松さん〔高松千歳（ちよ）子、撫子の権掌侍〕・土御門さん・八重菊さん、それから、東坊城さんが早百合の内侍さん。

井之口　それから、高松の内侍さんは。

山口　撫子の内侍さんでございますね。

井之口　そして、貞明さんのときにお仕えのときはですね、その下のいわゆる家来という人はですね、針女（しんみょう）というわけなんですか。

穂穙　針女って申します。

井之口　そなたにお仕えになっていた針女さんはですね。

穂穙　針女でございますか。

井之口　はい、どんな方があったわけですか。

穂穙　みんな、田舎の地主の娘とか、割に出のいい人が揃っておりました。やっぱり戸籍謄本から何から全部あげまして、相当調べがきびしく。それから、一人は老女と申しまして年とったのが……。

井之口　針女に老女が。

穂穙　はあ、おります。まあ頭（かしら）でございますね。

井之口　それは何ていう名前で。

穂穙　それはもう普通の名前でございまして、蝶という名でございました。

井之口　それから針女の名は。

穂穙　「豊」（とよ）とか何とかたくさん使っておりますから、一人で大体四ったり使っておりましたから。それから台所の方を主にいたしますのが、一人おりました。それは仲居と申します。

山口　たいがいそうでございます。

穂穙　わたくしたちのそばへ全然出ませんでね、台所ばっかしいたしておりますの。それが旦那さんって申しますもんですから、男かと……。

井之口　旦那さんと、そういう針女が……。

穂穠　いいえ、わたくしたちのこと、「旦那さん、旦那さん」って申しますものですから。

井之口　それで不思議がられたわけですね。

穂穠　はあ、もう、そばへ全然出てまいりませんし、旦那さんって伺ったから、男さんだろうと思って、と申しますでございますよ。

井之口　あの穂穠さんが大正さんにお勤めのときには、女官長、一番上の方は何と申し上げる方だったでしょうか。

穂穠　あの千種任子（ちくさことこ）〔典侍、女官長〕さん、とおっしゃいまして、明治さんにお仕えになりました、「花松（はなまつ）の典侍さん」〔明治時代は后女官、花松権典侍。大正になって典侍〕でございます。

穂穠　はあ、そのときは二位のお局さん〔柳原愛（なる）子、大正天皇御生母、早蕨の典侍〕が御用係りでございました。

山口　最初はね。

井之口　はあ、そうですか。

穂穠　それから小菊の典侍さん〔園祥（さち）子〕と正親町さん〔正親町鍾（あつ）子、松風の権典侍〕もおいであそばしました。

山口　正親町さんがおいで遊ばす、もうあの時分は姉小路さん〔姉小路良（よし）子、藤袴の権典侍〕はいらっしゃいませんでしたわね、典侍さんだけでございましたわね。

穂穠　京都の北白川にお住いあそばして……。

井之口　お局さん、女官さんにはあれですか、大きく分けて「お役（やく）女官さん」と「お后（きさき）女官さん」。

穂穠　はあ、そうでございますよ。お役女官さんというのが姉小路さんと高倉さん〔高倉寿（かず）子、明治の女官長、新樹（しんじゅ）の典侍〕。

井之口　ああ、そうですか。それで、お役女官さんというのは、公の仕事をなさるわけですね。

穂穠　そうそう、表向きの、お立ちになるスケサン、それが高倉さんと姉小路さんで、あとはもう、お后女官さんでございます。

井之口　ああ、そうですか。お后女官というのはオソバサンというわけですね。

穂穠　そうそう、そうでございます。

井之口　そういう区別は大正さんのときには、もうなくなったわけで。

穂穠　全然お后女官ということはあらシャイません。

井之口　そういたしますと、今の花松のスケサンですね、大正さんのときですからもう……。

穂　穙　はあ、もうそれはもう別にお后女官さんじゃおありになりませんで、立派な表向きのスケサンでいらっしゃいます。

井之口　ああ、そうですか。明治さんのときにお仕えになった西五辻さん〔話者西五辻正子、権典侍〕のときにはやはりあの、お役女官さんとお后女官さんと二色あったので……。

山　口　はあ、そうでございます。それはやっぱし、高倉さんと姉小路さんがお役女官さんでございました。そいで内侍さんは小池さん〔小池道子、柳の掌侍、和歌の先生〕。

井之口　そして、お后、いわゆるオソバサンというのもあったわけですね。

山　口　はい、それはお局さんに千種さん、小倉さん〔小倉文（ふみ）子、緋桜の権典侍。后女官は権典侍がなる〕。

穂　穙　それから昼顔の内侍さん〔粟田口綾（あや）子、権掌侍〕がね、内侍さんでして、特別にお后さん。

山　口　それはもう大分お後でございますね。

穂　穙　お後でございます、昼顔の内侍さんは。この方は粟田口さんからお出になって。

井之口　ああ、そうでございますか。

山　口　わたくしどもの時分は多勢さんでございましたわ。

穂　穙　そうでござんしたか。

山　口　はあ、女官はみんなで二十何人かでございました、命婦さんともで。

穂　穙　ああ、わたくしのときはね。スケサンが六人で内侍さんが八人で、命婦さんが九人で。

山　口　ああ、やっぱしね。

穂　穙　三仲間（みなかま）〔御末（おすえ）・女嬬（にょじゅ）・呉服所（ごふくどころ）〕が三十人程おりました。雑司（ざっし）がもと十人位おりましたでざんしょ。

井之口　ああ、そうですか。それで貞明さんのときには。女官としてお仕えになるときには、朝昼晩で、一日中きまったお仕事というのは、穂穙さんのときにはどんなことがあったわけですか。

穂　穙　それはね、早番、中番（ちゅうばん）、残り番っていう番があるんでございます。

井之口　はあ、早番と中番と。

穂　穙　はあ、それから残り番。残り番って申しますのわね、奥でやすませていただきます。まあ、侍寝（じしん）番。

山口　侍寝、つまり宿直（とのい）の。
穂穙　宿直（しゅくちょく）っていうのざんすね。
穂穙　それから早番と申しますのと、中番と申しますのは、中番も夜、奥でやすませていただくのでございますけど、少し気持が楽なんでございますわね。
井之口　奥というのは、その局の自分の部屋でなくて、どこかにあるわけなんですか。
穂穙　はいはい、奥と申しますのは。
山口　御前（ごぜん）近くでございます。
穂穙　お局から三丁ばかりございましたかしら、距離でいえば。階段が六十段近くございましたわね、まあ廊下つづきではございますけれども、奥まで出ますのは相当の距離なんでございますよ。
井之口　ああ、そうですか。
穂穙　そいで、早番の者は夜、局へ帰らしていただきまして、翌日、朝早く出るのが早番でございます。その人が御配膳にまいらしていただいたり、それからお召しかえを上げたり、それから、残り番の者が、オグシ上げいたしたり、お仕舞の御用をさしていただきます。
井之口　どなたの御用でございますか。
穂穙　皇后陛下のオグシを上げたり。
山口　それからお手水（ちょうず）のね。
穂穙　オミウガイあそばしますとき。
穂穙　お仕舞って申しますのは、御化粧のことでございます。
井之口　そうして、お昼はお勤めになって、その。
穂穙　残り番の者はもうお後の御用、お仕舞の御用をすっかり勤めまして、大体帰らせていただきますのが、午前十一時ごろ。
山口　十一時そこそこでございますわね。
穂穙　それから、お庭の植木鉢のお水かけから全部いたしますのね。残りの人がそういうことをいたしまして、そして十一時ごろに局に下らさしていただきます。
井之口　朝の十一時でございますか。
穂穙　はいはい。そして中番は午後はだいたい二時か三時ごろ、奥へ出勤でございましたわね。
山口　そうでございますな。
穂穙　出ますのが、早番の者は朝からずっと夜。それから早番の者はそのあくる日は中番になりまして、それをくりかえしくりかえし交代でいたしますの、早番・中番・残りというふうに。そいでもう、昼間の方は大体みなおりますれば、誰がどうということなく御用いたしますね。

山　口　そうでございますね。

井之口　そいで手紙などはスケサンのお仕事ですか。

穂　穙　いいえ、これはもう何でございます。お文の書き手がおき手紙や何かを書きます。

山　口　その呉服所って申しましてね、その中にお文所（ふみどころ）がございますので、そういう人〔お文の書き手〕が書きます。そいでございませんと、スケサンをたいがい……。後には一番のお頭のお方さんがお書きになりましたわね。たいがいそうでございます。千種さんのときは千種さん、正親町さんのときは正親町さんというわけで、ただ今の女官長さんでございますね。その方があそばしました。そうでございませずに、あれ、どういう区別がございましたのでしょう。呉服所というのはもうきまったことでございますわね。

穂　穙　そうでございます。特別のご沙汰がアラシャイますときには。あの呉服係りを「お文の書き手」と申しましてね。その人たちがお文を書きますんでございます。それからそうでございませず、その特別の、まあ、つまり、陛下から何かこういうことと仰せのご沙汰のございますときは、たいがいスケサンがお書きになりました。

井之口　ああ、そうですか。その公のことでもきまったことのときには、呉服所のかたがお書きになるわけですね。

穂　穙　いや、そうじゃございませんね。わたくしなんかいただいておりますのは、病気したときでございますよ。スケサンからほとんどね。ほんとの思召しさんで「尋ねてやれ」ってご沙汰がアラシャイますと、そういうなのはお文所でなく、スケサンがおしたため遊ばします。

穂　穙　お末（すえ）の。

井之口　ああ、そうですか。

山　口　特別のご沙汰によりましてでございますと、スケサンがなさいまして、それで、もうあのきまりきったことはその呉服所で、お文所とか、おもの書きとかってね。お文所と申しますかね。

井之口　そして、内侍さんの方は皇后さんのお世話をなさるのが主の、正式の仕事なんですね。

穂　穙　はい、まあ、だいたいはそうでございますね。お上（かみ）の方の御用もさしてはいただきますけれども。

井之口　ああ、そうですか。それで高等女官[2]というのですか、お局さんというのは、内侍さんまでをいうんでございますか、命婦さんまでをいうのでございますか。
穂　穙　内侍までございましょうね、奥の女官って申しますのは。
山　口　そうでございましょね。
井之口　お局さんっていうのは内侍まで。
穂　穙　はいはい、奥の女官って、申しの口からね、段がございましてね。申しの口から上の女官がスケサンと内侍さんなんでございますね。命婦さんはお段の下でございますから。
山　口　この典侍と内侍と申します者が近々しくものが申し上げられるんでございます。それで、命婦さんは近々しくものは申し上げられないんでございます。
井之口　それで、何か下級女官の方のことを、オシモサンとか何かいういい方があるんでございますか。
穂　穙　それは女官じゃございませんでね、「オシモ」っていうのは。
山　口　お末〔陛下のご食膳調進の係り〕の人とでもいうことをね。
山　口　女嬬〔御道具係り〕でございますか。
穂　穙　いや、女嬬じゃございません。女嬬のもう一つ下なんでございます。
山　口　雑仕（ざっし）ぐらい。
穂　穙　いいえ、下女とかいうお下（しも）、それとも雑仕がお末の下っていう……。
井之口　この河鰭〔実英〕さんの『女官』によりますと、オサシ[3]は、オシモサンと称する下級女官ってある。ああ、そうすると、「御差」（おさし）のことを。
穂　穙　「雑仕」[4]（ざっし）のことでございますよ。お末っていうのは。
山　口　雑仕って、それじゃ、そうなんでございますわね、おさしって。
穂　穙　雑仕っていうんでございますよ。

註

（1）　明治・大正時代の女官には、高等官の典侍・権典侍・掌侍・権掌侍・命婦・権命婦、判任官の女嬬、その他、雑仕・針女・仲居などがある。
（2）　河鰭実英氏の『女官』には、「典侍、権典侍、掌侍、権掌侍、命婦、権命婦（以上が高等女官）」とある。
（3）　河鰭実英氏著（『女官』八頁）

（4）　仲居。茶之間という。御末衆に属して雑事を掌る。（『女官』二七頁）

ご殿のこと

井之口　そのご殿はお局の、何というのでしょうか。お局がいくつかにこう。……〔「お局の図」を示しながら〕
穂　穣　分かれているのでございますよ。
井之口　内侍さんが六人いらっしたわけですね。そして、ずっと部屋がこうならんでるわけですか。
山　口　寄宿舎のようでございますよ。寄宿舎が、結局壁一重で、長屋式にずっとつながっておりますんでございますよ。ここに八畳がございまして、隣りに六畳がございましたりね。それからまた、次の人のおります部屋がこのように続いて、そのようでございましたわね。
井之口　女官のお部屋は、まずお十畳っていうのが……。
穂　穣　八畳でございますね。
山　口　八畳でございますよ。
穂　穣　八畳に、その次が六畳。
山　口　それから四畳半か何かの……。
穂　穣　長四畳で……。
山　口　「部屋子」の部屋がございますと、その次が広かったのじゃなかったですか。
穂　穣　また六畳、八畳に六畳がつながって……。
井之口　部屋子っていうのはどういうのでございますか。
穂　穣　部屋子って申しますのはね。始め一つの部屋をいただけないわけなんざんすよ。お部屋親さんていうのがございましてね。そのお部屋親さんのお世話に、やっぱし四、五年なるんでございますね。
山　口　万事そのお部屋親さんがお世話をして下さる、着るものから何から。
井之口　二十前後でお上がりになると、それから……。
穂　穣　それこそ西も東もわからないんでござんすから。
井之口　お部屋子っていうのですか。
穂　穣　部屋子部屋親って申します。
井之口　穂穣さんのときには、部屋親さんは何という方。
穂　穣　部屋親が吉見さん〔吉見光子、桂の掌侍〕でございます。明治天皇さんのときは姉小路さん〔姉小路良子、藤袴の権典侍〕でございました。
山　口　わたくしも姉小路さんでございました。
穂　穣　ご一緒でございました。姉妹でございます。

山口　可愛がって下さったり、叱られたり。

井之口　八畳の部屋と、それから附属室が六畳と四畳半とあって、その他に針女の、部屋が三畳の部屋。

穂穙　八畳に六畳がございますと、その後に四畳半、それからまた六畳ぐらいの部屋がございましたわね。

山口　それから、もう一つちょっと三畳ぐらいでございましたかね。家来たちがしまい〔化粧〕したりしたところらしゅうございましたわね。窓がこう付いておりまして。

穂穙　それから畳廊下がございますね、それが四畳と三畳になるわけで……。

山口　そうなんでございますね。

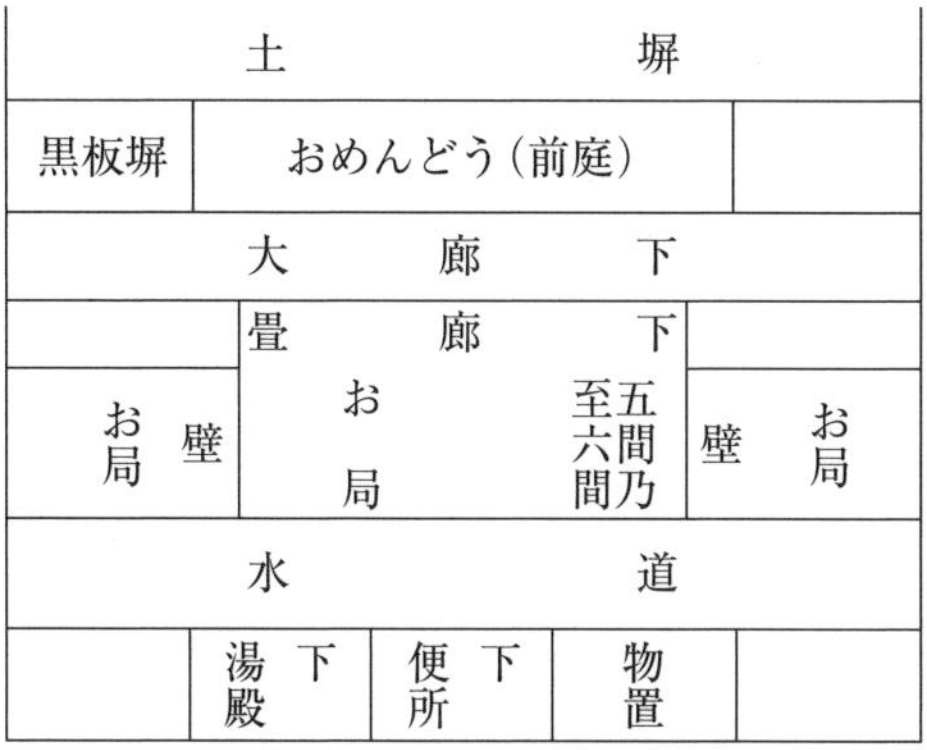

図－１　『女官』「お局」の図

服装

井之口　山口さんは、日露戦争のころ、明治さんにお仕えになったんですか、それとも昭憲さんにお仕えということになるんですか。これはどちらっていうこともないんですか。

山口　どちらって申すことございませんね。

井之口　はあ、そうですか。位によって何か、内侍さんというのは皇后さんのお世話っていうふうに。

穂穙　大体、内侍は皇后陛下でございます。

山口　大体そうでございましょかね。その典侍って、スケって申します。

穂穙　大正天皇さんのようにオヨワさんでアラシャリましたときはね。わたくしなんか内侍でございましたけれども、オカミの御用を主にさしていただきました。

井之口　はじめお仕えになるときは、さきほどのお雇いで。

山口　はあ、そうでございます。お雇いで出ました時分は、またその、本官になりますと、洋服を着ますんでございます。かえってお雇いとか心得とかのあいだは、昔風のこういう髪にいたしましてね〔このとき、『女官』の口絵の写真を見ながら〕。日本服ばかりでございます。そして緋の袴をはいておりますんでございます。

穂穙　これは忍び服でございますね。このようなものはね。お互いはあんまりこういう恰好はいたしませんでございましょうね。こういうような恰好に、お勤めのあいだはいたしますんでございます。
井之口　これは何という結い方なんでしょう。
穂　積　これは「チュウ」〔中下げ、垂れ髪の一種〕って申します。
山　口　「スベラカシ」って申しましょうかね。
穂　積　これは本官になりませんと、この頭はできないんでございます。
穂　積　お雇いのあいだは「オサエ」〔抑え髱〕って申しましてね。「つと」の大きく出た結い方なんでございますよ。
山　口　前から見ますと、そう分かりませんけれどもね。後からでございますと、全く違いますんでございます。
穂　積　髪の結い方も、本官のときと、お雇いのときは違うんでございます。
井之口　心得のときも違うのですか。
穂　積　心得からそうなんです。お雇いのあいだだけオサエでございます。
井之口　それからチュウになるわけですね。
穂　積　それ、やっぱりこういうふうに、賢所のご代拝さしていただきますときには、内侍の大礼服でございます。
穂　積　後の形が中ぶらりん。「ネ」〔根、「雇」時代に結う〕て申しまして、ここにくくり目ができるわけでございます。
井之口　真ん中にね。
穂　積　ここがこうあがりましてね。ここから髪の毛が下る。
井之口　そうすると、二つに分けて真中のところがずっとネになってるわけなんですかね。
穂　積　はい、ここのところが根もとをつくるわけでございますね。ここへ寄せまして、これをここまでずっと下げて。
井之口　そしてこんなに髪がやはり畳につくくらい。
穂　積　「長かもじ」って申しましてね。別につぎ足しますのでございます。
山　口　そこにちょっとくくり目がございますね。それから、かもじがつきますのでございます。
穂　積　ずっと引きずるようなの。
井之口　やはり昔でも、このかもじをつけたもんでしょうね。
穂　積　そうでございましょう。
山　口　そして御用なんかのときでございますと、そんなにぞろぞろ引きずっておられませんですから、それを、こう輪にいたしましてね、あれ、左でございましたか。ここへ挿みますんでございます。ここへこう、髪の毛を巻きましてね。
穂　穙　これが五つ衣の十二単衣でございますね。十二単衣のときにやっぱりつくんでございますね。
井之口　何ていうのでございますか。
穂　穙　「髪あげ」って申します。
山　口　そして、こう、櫛のようなものが付きましてね。そして「髪あげ」って申しましてね。まさか二つはございませんね。髪の毛でこしらえました、まん丸いものがこうくっつきますのね。
穂　穙　これ〔穂穙女官所蔵の写真〕は京都のあれでございますわ、あの蹴鞠（けまり）の庭で公家さんやら。これはほんとのお公家さんでございます。
井之口　はあ、蹴鞠ですね。
穂　穙　はあ、蹴鞠、ほんとの蹴鞠。吹上の庭でね。こちらに写っておりますのが、これみな判任官でございます。
井之口　ああ、そうですか。判任官の人は何というのですか。
穂　穙　それ、女嬬（にょじゅ）って申します。
井之口　ああ、女嬬。
穂　穙　呉服係りと、お道具係りと、ご膳係りと。
井之口　裾模様を着ておられるんですね。こう、模様の。
穂　穙　これ、掻取（かいどり）〔着物の略式な着方で、上に帯をせず、下に帯をする〕でございますね。あの、模様って申します。〔口絵参照〕
山　口　模様って申しましてね。まあ、近頃の、裾模様っていう場所でございましょうね。
井之口　刺繡なさるので。
穂　穙　はあ、みんなそうでございます。
井之口　これはみんな自分でなさったのですか。
山　口　いいえ。そうじゃございません。その、前の方のを譲っていただいたり何かして。
穂　穙　随分古いものもあるんでございますよ。これでね、古くからずっと。
井之口　ああ、そうですか。そういたしますと、そのお召しになる物も、物によってはお譲りの物もあるわけなんですね。
穂　穙　ああ、その方が多うございますね。
井之口　ああ、そうですか。まあ、晴の物は。

山口　そしてもう、やっぱし、おさがりになったり何かになりますと、そんな物、必要がなくなるもんでございますからね。

井之口　はあ、そうですか。あの、さきほどのお写真みせていただいて、洋装をお召しになっているのがありますね。あの洋装は結局、何か、正式の式のときには洋装に?、どういうときに。

穂穙　いやもう、普段ずっと洋服でございます。本官はだいたい。

井之口　ああ、そうですか。本官の人は洋装になったのはやっぱし、明治以後でございましょうね。

山口　明治からでございましょうね。鹿鳴館ていうて、みなさん洋服召して、こんなところへ何かこう垂らしていらっしゃるのがございますね。

穂穙　十二単衣は。十二単衣は御大典ぐらいでございませんと。

山口　そして、必ず袿（うちき）を着まして、髪をこういうふうにいたしますのが、あの何でございましたわ。神嘗祭（しんじょうさい）と御神楽（みかぐら）と申しましてね。御神楽は十二月の十五日でございますか。

穂穙　はあ、そう。

井之口　そういたしますと、お祭りのときですね。

山口　そのときにはみんなが、洋服を着ておりますときでも、みんな、あの、髪をこう、「チュウ」って申しますものにいたしましてね。そして袿袴でおりますんでございます。そして、后宮さんにもそのときには、お日本姿で。

井之口　ああ、そうですか。ここに載っておりますこのお姿ですね。これは何姿というのですか。

穂穙　これは大礼服でございます。あの、かさねが付いておりますから。十二単衣ではございませんのね。

源氏名

井之口　これはどなたの正装の……。

穂穙　これは吉見光子さんて申しまして、桂の内侍さんて申しました。士族からご出身の方は一字の名前しかいただけないんでございますよ。公家出身の者は二字なんで。

井之口　士族からのときには一字の……。

山口　源氏名が、同じ内侍におなりになりましても、士族出身者はいただきます源氏名だけがその一字名（な）になりますの。桂なら桂ていう字で一字でございますね。こちらさんやらは「呉竹」とおっしゃって二字名をお書きなさる。
穂　穙　たまには三字の方も。早百合〔権掌侍、東坊城敏子〕とか八重菊〔権掌侍、土御門加寿子〕とか、おありになりましたけど。
井之口　そういうふうに、いろんな点で区別するようになっているわけですね。この源氏名といい、この服装にしましても。
山　口　そいで、その長いはかまの紐の丈が、どれぐらいずつか存じませんけども、みんな違うのでございます。
穂　穙　皇后陛下のはずいぶんお長く、それからまた典侍さんと内侍と命婦さんとまた違っているのでございます。多少ずつ。
山　口　それがやっぱしいろいろの点から何でも、長ばかまの紐の丈は同じになったという話でございます。どれだけに同じになったのか存じませんけれど。
穂　穙　皇后陛下のはまたお長いんでございましょ。
山　口　皇后陛下のはまた特別お長いんでございましょうね。
井之口　その長いとか短いとかいうのは何の長さなんでしょうか。
山　口　はかまの紐の丈でございます。はかまの紐、そこに長ばかまの方がございますか。
穂　穙　はい、ここ。
井之口　長ばかまの、これですね。
穂　穙　ずっとここまで引いてらっしゃいますから、くくりつけるように。
山　口　これにこう結びつけましてね。紐がずっと垂れますんでございます。
井之口　長ばかまの紐の長さによって女官さんでも……。長いほど位が高いというわけなんですね。
穂　穙　長いほどよろしいの。
山　口　階級によって違ってたんです。どれぐらいずつの丈か存じませんけどね。
穂　穙　これまた模様も違ってくるんでございますよ。内侍の大礼服は何の模様、それもまた皆、決まっておりますんでございますよ。これが確か、内侍の大礼服でございましょ。ここに写してございます。これが内侍の大礼服の地紋でございますね。
井之口　この方はどういう方の。

穂　穙　やっぱり同じ、今、五つ衣召してらした方のと同じ方でございます。
井之口　お若いときですか。大変きれいな方ですね。
山　口　ほんとにおきれいな方でございましたね。
井之口　そうしますと……。
山　口　これでね、こうでああでと申しましても、お聞きになる方にはご会得がいきにくうございましょうね。
穂　穙　その中のご様子など。
山　口　わたくしどもで、まあそれこそ長年のうちにこれをどうしてどう覚え、それこそ学校の試験勉強みたいに暗記したわけじゃございませんけど、それがその長年のうちに自然、わかってまいりますんでございますからね。

雅　号

山　口　もうなかなか、ずっと昔はたくさん名前があったもんだそうでございますけど、わたくしどもが上りました当時、ご本名と源氏名を、ひとかたひとかたで覚えますのが相当苦労でございました。
穂　穙　それに貞明皇后さまから皆、雅号をいただきましたわね。
山　口　はっ。
穂　穙　雅号。歌を本名で出すと、採点のときに具合が悪いからと仰せられまして、みんなに号をつけていただいたんでございますよ。
山　口　ああ、そうでございますか。わたくし、それは存じません。
穂　穙　わたくしは「コウセツ」って付けていただきましたの。高い雪と書きまして。
山　口　わたくし、それは存じません。
穂　穙　そして、お一人の方が全部の歌をお書きあそばして、その下にみんなのいただいた号を書きます。
山　口　そうでございますか。
穂　穙　高松さん〔高松千歳《ちよ》子、撫子の権掌侍〕が「コウロ」とおっしゃって、紅の露って書きます。みないただきました号で、お歌所へ出し、先生方の採点をいただきました。

食　物

山　口　あの、明治のいつごろなのでございましょうか。ちょうど明治の初まりでございましょうね。わたくしども父の兄が大膳職をいたしておりましてね、それでその時分に、今で思えば牛肉なんでございますね。大膳寮のことでございますから、牛肉がございましたんでございましょうね。で、それをいただきましてね、で、それは外国の肉でたいへんけっこうなもんで、珍しいのだそうで、それを井戸へつるしておくんだそうでございますよ。冷蔵庫なんてないんで、何かに入れまして井戸へつるしておきまして、誰かお人がみえますと、それを上げて切って焼くのか、煮るのか存じませんけど。そうして、ふるまいましたもんだそうでございます。あの時分の牛肉はさだめし……。わたくしどもの父なんかも、それをまあよばれたんだそうでございましてね。いやもう、あの時分の牛肉はこわ〔強〕かった、どうにかなっていたって、それでもう、時々笑いますことがございますの。

井之口　そいで女官さんは牛肉をいただかれることは……。

穂　穙　はあ、ございます。

山　口　洋食もあがりますでございます。ことにオカミがお糖尿とおきまりになりましてからね、明治天皇さんがお昼は必ずお洋食でございました。そうすとやっぱし、お洋食でございますから、お砂糖気がそうなくっておすみになるからでございましょうから。で、お昼はたいがいお洋食でございました。

穂　穙　そうであらシャイましたわね。

山　口　そうであらシャイましたから、きっとパンでおありになったんでしょうね。

穂　穙　パンであらシャイましたよ。フランス料理であらシャイました。

山　口　わたくしどもご洋食をいただくのを楽しみにいたして……。

井之口　オスベリっていうわけですか。オスベリじゃなくって、ちゃんと。

穂　穙　いえ、もう、「オシタ」って申しましたね、それを。

山　口　オシタって申します。そのつまり、オスベリ。

井之口　そういたしますと、オシタのご馳走っていうのははじめから別に作ってある。

穂　穙　いえいえ、そうじゃございませんけど、お分量が沢山ございますからね。

山　口　そのうちの何分の一かをいただきますんでございます。

穂　穙　お二方さんギリギリにお作りしてございませんか

ら、お立派なお銀皿の上に沢山お盛りしてございますから。そのうち、両陛下が少しずつお取りあそばされるだけでございますから。

山口　もうそれは……。それこそほんとうに、昭憲皇太后さんは、「これはわたしの大好物」と仰せられながら、何でもほんのポッチリしかあがらシャイませんでした。

穂穙　ほんのパンなんかを、小さいのを……。

山口　「大好物」っておっしゃって、そうでございますね。これの半分あがるか、あがらないくらいでございますね。

穂穙　相当大きなお菓子の、隅の方の端をちょっぴりお取りあそばされて……。

井之口　そうすると、お少食ってわけなんですね。

山口　そうでございます。お虚弱って申し上げましょうかね。それにまあ、したじの者から存じ上げれば、ご運動不足もあらシャルんでございましょうね。

穂穙　あれがお好きさんであらシャイましたわね。ミコシ〔お休み〕前に、氷餅っていうのを、毎晩、お暖まりあそばされたんでござんしょうか。氷餅って、あのお餅の凍らしたんでございますか、よく氷餅、氷餅って。

山口　よく氷餅、氷餅って申しましたわね。

井之口　それをお休みになる前におあがりになる。そうすると、皇后さんのお休みになるのは「ミコーシ」〔御格子〕と申し上げませんか。

山口　あの、オカミもごいっしょにお出のときは、「ミコーシ」って申しますね。それからオカミがお留守さんでございますと、「ゴセイヒツ」〔御静謐〕と申しました。

穂穙　おひと方さんのときには。両陛下御一緒だと「ミコーシ」って申しますわね。

井之口　皇后さんにも「ミコーシ」っていうわけですね。

山口　いいえ、おひと方さんのときには、御静謐って申しました。それでやっぱし、「ミコーシニナル」とは申しましたけどもね。貞明皇后さんはどう申し上げておりましたでしょうね。

穂穙　ミコーシ……。

山口　やっぱし、「ミコーシ」でございましたわね。明治時代はとにかくオカミがお出になりませんと、御静謐って申しましたね。

金銭観

井之口　女官さんが何か物が必要で買物をなさるときに

は、対（たい）の屋〔公設市場に似たもの〕へ御用商人が出張してくる。その呼び次という、九歳から十四歳くらいまでの少年が、品物の品目を局にふれ歩くということは……。

穂穙　ああそれ、局の家来たちの……。わたくしたちそれの方は全然関係ございません。

山口　対の屋へ何でも、もうそれこそ、お魚でもお野菜でも何かそんなものがそこでコシラエル〔買える〕らしゅうございましたわね。

穂穙　そうですか。よく八百屋が、いろいろ御用いいつかっては。

山口　そうらしゅうございますね。でも、もうそれはだんだん後でなくなったんでざんしょ。

穂穙　はあ、なくなりました。

山口　もうみんなが買物に出ますもんでございますからね。やっぱり局でも勘定高くなりまして。

井之口　その方が安いというわけですね。

山口　そういう者が持ってまいりますのは、品が古くて割にお高いんだそうでございます。そこで、どこさんでも、ご家来がみんな買いに出られる。後ではもうなくなったということですね。

井之口　それから、「おかね」のことは。

山口　「おかね」とは申しませんの、「オタカラ」と申します。それから品物の高い安いを、高いことを「ムツカシイ」、安いことを「低イ」って申します。

穂穙　「ムツカシイわね」とか何とかね。

山口　お安いことは「低イ」って。

穂穙　「これ、とてもオ低イでございますわね」というように。

井之口　明治のころですか。お金をご自身があまりお持ちにならないで、家来の人に持たせてお買物でもなさるとか、お金はきたないもの、自分で持つものではないという気持ですか。

山口　「持てば、手を洗う」っていうわけでございますね。

穂穙　やかましゅうございますわね。

山口　近ごろはそんな観念が薄くなりましてございますけれども、やっぱりちょっとした買物か何かは、みんな女中に言い付けまして、それが買いに出ましてございます。そいで、買うと申しますことも「コシラエル」と申しますの。

井之口　そうすると、どこかの店へ行って家来の人に……。

山口　「お皿が一つほしいから、コシラエて来て」とこう申します。

井之口　お宝に対して手を洗え、ということは最後まで……。

穂　穙　「洗う」と申しませんです。

山　口　スマス。これはもう、「手をスマス」度数は多いものでございました。

穂　穙　「けがらわしい」というのか、何というのでございましょう。

山　口　いじりますと、何となく気持がわるいという観念でございますよ。

穂　穙　今でもわたくし、そうなんでございますよ。

山　口　この「足」のことを「スソ」って申しますけどね、足袋をはきましても何でも、ちょっと手をスマスわけなんでございますね。

穂　穙　腰から下、「お次」(つぎ)って申しますね。

山　口　そんなこと今時申しますとね、おかしゅうございますけども、局に下りますと、わたくしたち、足袋をはきますにも靴下をはきますにも、あまり自分ではいたしませんの、一々手を洗わなければなりませんので、足袋も靴下もはかしてもらうわけなんでございます。

穂　穙　人さんが御覧になっていると、いかにも無精らしゅうみえるかもしれませんけど。

山　口　何かこう格式ばっているようでもございますけどね。一つにはそれで、何でございますね。時間をかけないわけでございますね。着物をきかえますにも、何をするにも早くするということ、食事いたしますにも、時間のございますときはね、何でございますけども。まあ御用さしていただきます者どうしが交代で……。

忌引

井之口　何かその忌引のときやなんかには……、「下り部屋」(さがりべや)というのが。

穂　穙　はあ、ございます。紅葉山(もみじやま)〔嵐山に模してある〕の下の方でございましたね。棟も別々に離れておりますので。それでまたここに、畳のへりのところに、紐を引っ張るんでございますよ。

井之口　まじないですね。

山　口　ほんとに、まじないでございます。

穂　穙　わたくしたちがこういうところにおりますと、ここへずっと紐が引っ張ってございまして、そいで畳一畳ぐらい敷居より畳してございます。そこへみな家来たちが出てまいりましたり、それからまた、どなたかちょっと訪ねていただいたり、そうしますと、お茶などは全然差し上げられないんでございます。火が一つになると申しましてね。

井之口　そうしますと、下り部屋にいらっしゃるときには、結局お清（きよ）じゃないわけですね。

穂穙　そうでございます。

山口　紐が引っ張ってございまして、向うへは忌服（きぶく）の者は入りませんのでございます。

穂穙　はい、それが「アラ服」（ぶく）のときは大変でございます。

井之口　そのアラ服って申しますのは。

穂穙　アラ服って申しますのは、その間、出仕せず、引きこもります。親ならば五十日。

穂穙　それから「薄服」（うすぶく）が百か日とかなんか決まっております。アラ服にウス服に、一期・二期・三期とわかれてるんでございますね。薄清めして御用さしていただくのも、ウス服になればお配膳には出さしていただけるとか。

山口　はあ、そうでございます。

穂穙　お髪上げのお仕えは一年間できません。

娯楽（お楽しみ）

井之口　その他に、何か思い出になるような大きな行事っていうのがございましょうか。例えば、后宮さんのお誕生日とか、あるいは。

穂穙　天長節あるいは、地久節は、随分お賑やかでございましたわね。

山口　そうでございますね。

穂穙　女官たちがみんなそのとき、余興を御覧に入れたり、お慰めにね。

井之口　余興っていうと、大正さんのときの余興っていうと、どんなことを。

山口　仮装をいたしましてね。

井之口　随分、お写真がおありでございましょうね。

穂穙　ちょっと御覧に入れましょうか。〔穂穙女官写真を取り出して〕

井之口　これでございますか。

穂穙　こういうふうなのを御覧に入れます。これ、大原女になっております、京都の。

井之口　これを女官さんがまねしてですね。

穂　穙　これは地久節のときでございますね。
井之口　大正八年の六月二十五日の地久節の余興、大原女の。
穂　穙　わたくしが頭に梯子のせて。
井之口　梯子に鞍掛か何か。
穂　穙　こういう恰好いたしましてね。これは蹴鞠（けまり）のまねなんでございますよ。
井之口　蹴鞠の。
穂　穙　袿を逆に着ましてね、後から着るものを前から着まして。頭へ載せておりますのは、植木鉢の覆いの藤（とう）で編んだものでございますよ。それを頭にのせて。
井之口　ああ、そうですか、これは。
穂　穙　これは何でございますか。花傘、藤の花傘かぶりまして。
井之口　ああ、そうですか。こういういわゆるお慰みというわけですか。
穂　穙　はあ、お慰みでございます。正子さんも、フロック・コート、お召しあそばされてるんでございますよ。
井之口　お慰みのお上手なのは、ちょっと人気があるってわけでございますか。
穂　穙　はあ、もう、ご満足さんでございましてね。お待ちかねさんなんでございますよ。今度はみんな何してみせてくれるかって。
井之口　これはいわゆる団体のお慰みの方ですが、その、お一人ずつおやりになるのもあるんですか。
穂　穙　大体はございません。
山　口　山車（だし）か何かできたことがございましたわね。
穂　穙　あれは銀婚式のとき。
山　口　銀婚式でございますかね。
穂　穙　銀婚式のときのも、ここに写っておりましょう。
山　口　それからね。明治時代でございますか。あの京都に「ちょろ」っていうもの〔正月に祝いことばを述べに来る、ものもらいの一種、チョロケン〕がございますね。お正月にあります、あれ。あれのまねをいたしました。
穂　穙　この裳すそのようなものを引いておりますのが、「鮮鯛一折」〔新鮮な魚二匹のこと〕と書いてございます、献上の紙で。おもしろいことしたもんでございますよね。お興がそえられませんので、こういうふうな献上もんの紙をね。糊びつけにいたしましてね。それを引くんでございますよ、その中には鮮鯛一折の。
井之口　何かこの、まだ稚子さんのようにみえますが、そうじゃないんですか。
穂　穙　いいえ、そうではございません。みんなこんなものを自分たちで作りましてね。老懸（おいかけ）と申しますか、在原業平さんの。
山　口　何か八つ手の葉をこういうふうにつけて、何かあったことがございましたわね。
穂　穙　みんな前から着て。
穂　穙　みんな袿を逆に着ておりますの、後から着るものを、みんな前から着て。
井之口　雅楽のときに。
穂　穙　そうでございます。はい、これはみな舞人（まいうど）さんでございます。
井之口　こちらも雅楽の舞人さん。
穂　穙　そうでございます。ととのえ〔揃え〕ましてこれ。
井之口　このようにして写真をとられたわけですね。
穂　穙　これもそうでございますよ。みんなそうでございますね。女神さんと男神さんとになって。
山　口　そうなんでございましょう。御用係りの吉田鞆子（ともこ）さんが、神主さんのような恰好し。
井之口　これは、お庭でなさったわけですか。
穂　穙　いいえ。翌日写真をうつすといって仰せ出されまして、三条さん〔三条実輝公爵、皇后職事務官〕がお庭にお出でになりまして、おとりになっていただきました。
井之口　ああ、そうですか。
穂　穙　だから、お庭にお屏風を囲いまして、そしたら、大正天皇さんが成らせられ、もう一ぺんみせてくれって仰せになったんでございます。きょうは、もう天長節じゃございませんって、申し入れましても、ご満足さんで、何べんでも御覧あそばされたくて。
井之口　ああ、そうですか。
穂　穙　いい記念になっておりますが。

掌（て）をスマス

井之口　女官さんは、掌をこうして、手のひらを上向きになさっていらっしゃいますね。
山　口　手のひらをこう下にしますと、手のひらを汚く致しますのでございますから、かならず手の甲を下に向けます。
穂　穙　両陛下に、召し上り物を差し上げるときには、まずゴゼンチョウズ〔御膳手水〕で手をスマシ〔洗い〕ます。

山口　お茶一つ、オカミに上げますときにも、手をスマシて上げますのです。

穂穙　お辞儀致しますときにも、畳にこうして、手の甲をつけまして。

山口　そう致しませんと、畳なんかで、手を汚しますことになりますので、何を付けませいでも、恐れ入るということでございましょうね。

「ハン」「オバン」「ゴゼン」の使い分け

井之口　ご飯のことですが、自分のときには、ハンをいただくといって、オバンをいただくとはおっしゃらないでしょうか。

穂穙　はい、そうでございます。

井之口　陛下の召し上り物のときには、どう申し上げるのでございましょうか。

穂穙　「オカミがゴゼンをあがラシャリました」と申し上げます。

井之口　そして、自分より下の人の場合には。

穂穙　わたくしたちがケライ〔家来〕に申しますときには、「オマエタチ　ハンタベタカ」と申しますが。

井之口　同じように、お勤めなさっている内侍さんどうしでございますと。

穂穙　「もう、オバンお済みになりましたか」と申します。

オ許シアソバセ

山口　宮中で「オ許シ遊バセ」ってよくいいます。「オ許シ遊バセ」、それを下のお人に申しますときには「オ許シヤス」。

穂穙　京都のことばが。御所の方たちは、大体京都のことばでございました。

山口　そうでございますな。ちょっと人さんのそばを通りますときに、「オユルシアソバセ」って、こう申しまして通りますな。

穂穙　「ゴメンヤ」とか、おっしゃるお方さんもございましたね。下の人におっしゃるとき「ゴメンヤ」っておっしゃって。

井之口　「オユルシヤス」っていうのは結局、京都ことばですね。

穂穙　そうでございます。

山　口　「オユルシヤス」って申すのも、ちょっと自分より下の方たちへ対して「オユルシヤス」って申しますね。上の方と、まあ同等とそれから上の方には「オユルシアソバセ」って申します。そして、これはもうオカミガタサンにお対しいたしましては、「オユルシアソバセ」っていうことは決して申しませんね。

井之口　オカミにはどうおっしゃいましたか。

穂　穙　「オ恐レイリマス」、何でも「オソレイリマス」。ものの申し入れますときは、まずもって「オソレイリマス」。それから、いろいろなことを申し入れる。

井之口　まあ「済みませんが」っていうわけですね、普通のいい方の。

山　口　そうでございますね。

穂　穙　それから、必ずさきに「ありがとう」っていうことは申しますわね。

山　口　そして、こうまあ、何かお菓子を頂戴いたします。お菓子をいただきましてありがとうって、そいで、もうおしまいでございますものね。

井之口　最初にも、「ありがとう」って申し上げるのは御所で。

穂　穙　最初、「ありがとう」って申し入れますわね。

山　口　何かよく食事をいただきます時分に、「いただきます」って、申して、いただきますけど、ああいうことございませんね。

穂　穙　何でも「ありがとう」がさきにつくようでございます。

フランス語

穂　穙　大正天皇さんがフランス語のけいこあそばしてナラシャッて、女官にもそのフランス語でもって礼をいうように仰せられて、フランス語ではお菓子のことをガトウと仰せられましたか、わたくしよくおぼえないんでございますけどね、ガトウ・メルシーってね、何だかフランス語が一時ね。

井之口　はやったことがあるんですか。

穂　穙　はあ、もう大へんなもんで。ちょっとおまえにこれだけのことをわたしがいうから、それをよく覚えて返事を聞いてこいと仰せられる。山中さん（山中貞子、皇后職御用係り、通訳、洋服係り）がちょうど御用係りさんでおいでになって、そいでもう長々と仰せられるんでございますよ。

まだ若かったものですから、わたくしも。わりに覚えてたらしく、「山中が、こうこう申しました」と御返事申し入れたんでございます。そうしたら、ご満足さんで、「わたしのいうたことがおまえの耳にはいってたとみえて、それだけの返事をもってくれれば、たいへん上出来だ」と仰せられていただきました。

井之口　そのフランス語がはやったっていうのはいつ、大正になってからですね。

穂　穙　ちょうど英国の皇太子さんがお出であそばしたとき。あのもうお下りあそばしたお方さん、皇太子さんの席を。

井之口　ウインザー公ですか。

穂　穙　そうでアラシャイました。ウインザー公。ちょうどそのときに、おけいこでアラシャイましたの。

井之口　そのとき、皇后さんが?。

穂　穙　お通訳がいるんでございますけれどもね、やっぱり多少は。

山　口　そうでございましょうね。

井之口　貞明さんは、英語とか何かお達者でしたか。

穂　穙　英語よりもフランス語の方をよくあそばされたようでございます。でも、もう通訳がほとんどでございますから、そんなにご自身から直接にお話ってことはアラシャイませんでした。今のお方さんのようにはね。

山　口　はあ、そうでございましょね。まあつまり、お必要がアラシャラなかったのでございましょう。

穂　穙　おできあそばされても、まあ、直接にっていうことはアラシャイませんでしたから。

2　宮中の行事

ふれことば

a　陛下のご起床のふれことば

井之口　宮中の朝のふれことば。陛下のご起床のふれことばはどうおっしゃいますか。

穂　穙　ご膳係りのきれいな声で。オヒルぶれでございましょう。

井之口　恐れ入りますが、そのオヒルぶれを一つ、実演していただけましたら。

山　口　穂穙さんは、なかなかお声が立ちます、きれいなお声で。

穂　穙　典侍さんの所と、内侍の所とでは、ちょっと違うんでございますが。

典侍さんの所へは、

申ショー、オヒルデオジャート　申サセ給ウ。〔実演〕

とふれます。

わたくしたち内侍の所へは、

申ショー、オヒルデオジャー。〔実演〕

だけで、「申サセ給ウ」が付きません。典侍さんのときだけは、どういうわけか、「申サセ給ウ」を付けて申しましたわね。

山　口　それだけ、ちょっと丁寧なわけでございましょうね。

井之口　「申サセ給ウ」は陛下がふれさせあそばす、依命通知というところでしょうか。国史の博士がね、「これは女房奉書の形式が残っているのでしょう」と申しておられましたが。

山　口　そして、ふれるとき、二度呼んだり、三度呼んだり、内侍さんの所と典侍さんの所へとでは違うように聞いておりましたが、そんなことはなかったんでございますかね。幾声というようなことをね。

穂　穙　わたくしは幾声とかいうより、「申サセ給ウ」は典侍さんの所と伺っておりましたが。

山　口　局へ、奥から、何か御用でもあって、奥の人がまいりますときには、「申ショー」といってまいりますね。そうすると、局の家来が「ホー」〔奉〕といって出てまいります。「はい」と申しませんね。

穂　穠　「ホー」と申しますのは、うける返事でございましょうね。

山　口　次が「オナカイレ」でしたかね。

井之口　恐れ入りますが、その「オナカイレ」を一つ。

穂　穠　典侍さんの所へは、

申ショー、オナカイレデオジャート　申サセ給ウ。〔実演〕

とふれます。

わたくしたち内侍の所へは、

申ショー、オナカイレデオジャー。〔実演〕

とふれます。

井之口　この「オナカイレ」は、朝ご飯がお済みあそばして、おつゆ物のお代わりのときにおっしゃるのですか。

山　口

穂　穠　いいえ、オナカイレは、朝のゴゼン〔陛下のご食事〕をおっしゃり出すのでございましょうね。

井之口　「オナカ」は『大上﨟御名之事』の「女房ことば」に「いひ」〔飯〕とあります。

それから、もう一つ、毎月朔日の朝に、「ゴ拝済マシャッテ、オナカイレデオジャート　申サセ給ウ」とおふれになりますか。

穂　穠　さあ？　そんなことは別に決まってはいませんでしょうね。

山　口　それは存じませんね。お朔日はオ清（きよ）イことでございますから、そう申しましたでしょうか。

c　陛下のご就床のふれことば

井之口　それから陛下のご就床のときには、「ミコーシ」〔御格子〕って、申しの口からふれるのですか。

穂　穠　いいえ、「ミコーシ」は奥から、命婦さんがおふれになりましたね。お壇の上から、大きな声で、「ミコーシ」って、陛下のご就床のおふれに、それを中使〔なかつかい〕と申します、呉服係りの人がまた表の方へ、「ミコーシ」ってふれるのでございます。

お火たき

井之口　それからあの、主だった行事の思い出の一つとしてですね。十一月に行なわれた「お火たき」ですね。

穂　穠　はあはあ、お火たき、お火たきは十一月十八日でございます。

井之口　ああ、そうですか。そのときには何か、ふれことばがあるらしいんです。この、唱えごとっていうんですか。

穂　穙　「たき、たき、おひたきの」っていうんでございましょう、節つけまして。「たき、たき、おひたきの」っていうんじゃございませんかしら。「みかん、まんじゅう、ほしやの」それをね、皆さんがおっしゃいます。

井之口　みんな声を揃えておっしゃるわけですね。

穂　穙　そうなんでございます。みんな声揃えて、大きな声で申します。

山　口　あれには、それで、吉見さん〔吉見光子、初花の内侍〕でございますか、政子さん〔生源寺政子、榊の命婦〕でございますか。

穂　穙　あれは、命婦さんがあそばすんでございますの。

山　口　お火たきになるのはね。

穂　穙　そして、お火がお天井高く上るほど、その神さんがお喜びになると申します。

山　口　お火鉢の中でございますか。

穂　穙　お火鉢。

井之口　何か、お間（ま）にお火鉢をおいて、命婦さんのお頭（かしら）がおっしゃるんですかね。

山　口　それじゃやっぱり、命婦さんの、お頭さんがでございます。

井之口　そいで、この河鰭さん〔『女官』九二頁〕のによりますとタケ、タケ。

穂　穙　タケ、タケ？　「タケ」じゃございませんタキ、タキ。

井之口　タキ、タキですか。

穂　穙　焚くっていう意味でございます。「タキ、ターキ」って申しますの。

井之口　「たけ、たけ、御火たき、のう、のう、御霊どんの御火たきのう、のう……」と、「のう」が二つ重ねてありますがね。

穂　穙　オヒタキノで。

山　口　オヒタキノエ、ノ。

穂　穙　いや、「オヒタキノー」ってひっぱるんでございますよ、ノエでなく。「ターキ、ターキ、オヒタキノー」っていうんでございましょう。

井之口　ああひっぱるんですか。それから「ゴリョウドンノ　オヒタキノ」。

穂　穙　ゴリョウドンノ、オヒタキノ。

井之口　それから、「ミカン　マンジュウ　ホシヤノ」。

山口　そしたら、みかんとおまんじゅう、こんなおみかんの焦げたようなの。
穂穙　そうそう、中へほおりこみになって。
井之口　これは命婦のお頭がこういうことをおっしゃる。大へん恐縮ですけれど、節をつけておっしゃって下さいませんか。
穂穙　まあ……。わたくしたちいたしました顔なんでございますけど。
山口　それでは、穂穙さんはお声がよろしゅうございますから。
穂穙　申しますか。
　ターキ、ターキ、オヒタキノー、ゴリョウドンノー、オヒタキノー、ミカン、マンジュウー、ホシヤノー。〔実演〕
井之口　そういうふうに静かに澄んだ声でおっしゃると。
穂穙　ホホホホ、大へんな……。
山口　それがもう明治時代はございませんでしたね。
穂穙　いいえ、明治天皇さんもアラシャイました。明治天皇さんから、大正天皇さんへ、お引継ぎになりました。
山口　ああ、そうでございますか。
穂穙　正子さんのおいであそばすとき〔明治三十七・八年〕はあそばされなかったんでございますか。
山口　そうなんでございますね。
穂穙　明治天皇さん時代から、お引継ぎでございますね。
井之口　そして、命婦のお頭がそうおっしゃると、女官たちがみんな声を揃えておっしゃるわけですね。
穂穙　はあ、そしてお火がお高く上るほど、いいっていうことになっておりました。
井之口　ああ、そうですか。
穂穙　今年はお火がとっても高くあがったから、お宜しいことがアラシャルとか。
井之口　ああ、そうですか。
穂穙　お火が高く高くあがりませんと。
山口　たしかあれ、京都ではよくお火たきということがございますわね、方々の神様でね。
穂穙　そうそう。それがお間（ま）うちでございますんで、ちょっとわたくし、なんだかお危いような気が致しました。
山口　こわいようでございますね。
穂穙　こわいような気が致しました。
井之口　ああそうですか。それでそのゴリョウドン、ゴリヨウドンのオヒタキノというのは。

山口　ゴリョウサンのあの神様。

穂穙　御霊（ごりょう）神社のこと。

井之口　御霊神社のことを、ゴリョウドンとしてあるのは、河鰭さんの『女官』によりますとね、御所ことばでは「さん」は上の方に付ける敬称。陛下は御霊神社よりも上のお方であるから、御霊神社を「ドン」付けにされたのだそうで。

穂穙　そうでアラシャイましょう。

井之口　「ドン」というのは仲間に申すことばだと。

穂穙　いいえ、仲間でもね。下の方に申すんでございます。昔はね、命婦さんは「ドン」をつけて、わたくしたち内侍は呼んだわけなんです。

井之口　そういたしますと、内侍さんは「ドン」をつけて命婦さんをよぶ。

穂穙　「竹どんとか、薄（すすき）ドンとか」っていうふうにね、昔は。

山口　何か命婦さんがわれわれに物をおっしゃるときには、ご自分の仲間の方はドンづけで、サンづけじゃございません。何々ドンが、とおっしゃるんでございます。ちょっと一歩おひかえ目におっしゃったのです。

穂穙　何々ドンが申していられましたというふうに、もうそのときはあまり敬語を使わないでね。

山口　おっしゃったっていうことを申さないで、何々ドンが「申しておられましたとか、申しておりました」っていうわね。

井之口　お火たきのときの絵が河鰭さんの本に載ってるんでございますけどね。〔『女官』九三頁の挿絵を拝見しながら〕命婦さんがここにいらっしゃって。

穂穙　はあ、はあ。命婦さんがこの前にお坐りになって。はあ、ここに。

山口　オマンに、オスズ〔酒壜〕に、おみかん。オスズというのは、お銚子でございますわね。

穂穙　お銚子におみ酒（き）がはいっていますね。

井之口　はあ、そしてみかん、それとオマンがいっしょに中に入ってる……。そして焼けたみかんをこれに載せると……。これを何というのでございましょうか。

山口　お披露もん台でございましょうね。

穂穙　お披露もん、披露ものという意味でございましょう。

山口　みんな、そういうお台にね、これ、大小がございましたわね。
井之口　ああ、そうですか。これが、ここで、火をお焚きになって、蜜柑をここへ。
穂穙　ここに火がポーとあがりましたから。ポンとお入れになるんでございますわ。
山口　はあ、そうなんでございますね。
穂穙　何か、焼けたのいただきましたから。
山口　それでやっぱし、そういう物が入れば、どんどん燃えてる物もいくらか、火も落ち着きましょうからね。
穂穙　わたくしたちなんか、そんな側で拝見いたしませんでしたから、命婦さんがいつお入れになるのか、ちょっと、わたくしわかりかねたんでございますけど。
井之口　ああ、そうですか。
山口　神様でよく、護摩を焚くっていうことがございますがね。
井之口　この、お火焚きと仰せ出だされると、命婦のお頭とその咫尺（しせき）の者がお仕えする、というふうにして。そして、その服装は、何というんですか、これはなに袴というんですかね。
穂穙　やっぱり袿袴（けいこ）でございますよ。
井之口　袿袴で。白の袿に。
穂穙　はい、はい。お白でございますよ。
井之口　そして、いよいよ準備が出来上がると、主上、后宮さんの出御となる。それから、典侍さんのお沙汰を伺って、命婦は火をおこし始める。火があがると、命婦のお頭が、今の「タキタ―キ」っていうのをおっしゃる。こういうことなんでございますね。そして、そのお密柑を焼けたら主上へ……。そういうときは、お上（かみ）へ差し上げると申すわけですか。
穂穙　そうでございましょうね。お上へね。
井之口　そしてだんだん、典侍さん、内侍さん、命婦さん。
山口　何でも、それを少しずついただきましたわね。
穂穙　少しずついただくんでございますわね。

お梅ほり

穂穙　わたくし、京都におりましてもね、京都の町がよく分からないんでございますよ。それほど子どものときは出してもらえませんでした。
井之口　あまりお一人では外へはお出にならなかったので

しょう。
穂　穙　一人では絶対に出してくれませんでしてね。叔父の家にまいりますのでもね。人力にのせられましてね。
井之口　それは女の方だからということでしょうか。公家さんの坊ちゃんでもそうなんでしょうか。
穂　穙　あんまり一人では出さないようでございましたね。やっぱり。
山　口　だんだんね。変わってまいりますけれども。
井之口　お二人とも御所には非常に関係の深いお家柄のようにうかがうんですが、穂穙さんは、明治さんのおなくなりになるちょっと前にお仕えになったそうですね。その当時はお仕えになったのはやはり昭憲さんにお仕えになったわけですか。
穂　穙　はあ、そうでございますけれども、やっぱりいろんな御用をね。お梅なんか上（あが）りますときに、虫のつきましたのといいのとより分けいたしましたりね。そういうことをいたしますのは、お上の御前（ごぜん）で、まあ、一つのお慰めでございましょうね。あれ、およりわけいたしますのね。それを御座所から両陛下がおみす越しにごらんあそばします。

新宿御苑、それからまた吹上の御苑なんかにたくさんに梅の木がございましてね。それがもうどんどん、どんどんあがるんでございますね。たくさんたくさん。「お舟」と申しましてね。両方にこの、手のついております。
山　口　これのもう少し長いようなもんでございますね。
井之口　まあ三尺くらいあるわけですね。
穂　穙　そうでございます。お目にかけようかしら。ちょっとお舟って。
山　口　台のございますのやらね。ぺたっとしたのやらね、こう、なんて申しましょうね。あの、箱のようなもので両方をになうようになってね。
井之口　それでいただくときなんか、それでいただかれるのですか。
山　口　はあ、もうたくさんのときでございますとね。
穂　穙　こういうもんでございます。〔実物を持参〕
井之口　はあ、大きなもんですね。
穂　穙　もっと大きいんでございますよ。
山　口　これ、お局でお使いになりますんですよ。もっと、その、今の梅の載ってあがりますものは、もっと幅が広うございますし、ちょうどこのはじからはじまでくらいございますね。

井之口　四尺ぐらいあるわけですね。このお舟にはお梅とか、そのほかにどんなものを入れるわけですか。

穂　穙　なんていうことございませんね。重いものを、お野菜なんかでも。

山　口　一人でちょっと持ちきれませんものをね。そしてその、これとちょっと形が、背が高くて、ちょうどこれくらいになっておりますけれども。両陛下の召し上り物なんかも、場合によりますと、それでお運びいたしますこともございます。

井之口　お舟の恰好したものでですね。

山　口　これで、もう少し浅うございますね。こんなに深くはございませんね。

井之口　やっぱりこういう恰好しているわけで。

山　口　また、これはちょっと違いますけれどもね。

穂　穙　「ズリ」って申します。ズリって申しますのはね、ただ一枚の幅の広い板でございましてね。それに真田（さなだ）紐がついております。それをね、ずっと引張って歩くんでございましてね。重いもののとき、よくズリを……。オスス〔煤払〕のときによく使いますね、ズリは。

山　口　それからお火鉢を運びますときなど。

穂　穙　重いものを運びますときはそのズリで、お畳じゃございませんで、お絨毯でございますから、引っ張るのに楽なんでございますね。もっともっと大きございますよ。これでも、お舟でも、小さい方でございますよ。それを二人で舁（か）くんでございますから。これが何十ってあるんでございますわね。

山　口　そうそう。そうでございますわね。

井之口　そうすると、御苑でとれたお梅をお舟で。

穂　穙　ごらんにいれるんでございます。これだけとれましたって、ごらんにいれましてね。そこでいいのと悪いのをより分けるようにと、ご沙汰があるんでございますよ。それがゴゼンでより分けて、虫がおりましたのやらね。わたくしはその頃、若うございますからね。……それはね、「お梅ほり」って申しまして、お庭で、年中行事がおありあそばす。

井之口　投げるわけですね。

穂　穙　それをお梅ほりって申しましてね。それだけのたくさんのお梅を、お庭の芝生一面にまきちらかすんでございます。それをまた、こぞって競争のように拾うんでございますよ。三仲間って申しましてね。お道具係りとお膳係りと呉服係りとの三仲間の人が。それをまた、こぞって拾いまして元通りちゃんとお台に載せるんでございますよ。そのあと、余興をごらんにいれるんでございます。わたくし、ちょうどそのとき〔明治四十五年〕お勤めさしていただいて。

井之口　そうですか、お梅ほりというのがずっと。

穂　穙　そうでございます。年中行事のお一つのようになっておりました。ひとつのお慰めでございますわね。

井之口　お慰めですか。

穂　穙　お慰めでございますね。お庭でいろんな面白い余興をいたしましてね。ちょっと、ご座所からそれをごらんあそばされるんでございます。

井之口　そうですか。そしてやはり梅干なんかにお漬けになるわけですか。

穂　穙　はあ、そうでございます。それからまた、それをね、人に下さりますんでございますよ、ほうぼうの人にね。

山　口　女官なんかもいただけましたね。

穂　穙　それからまた、わたくしたちの家来どもが梅干に漬けるわけなんでございます。

3　女官の思い出

明治天皇の御事

井之口　西五辻さんは、明治さんには三十五年からお仕えになっていたわけですが、映画で「明治天皇と日露戦争」、ごらんになりましたか。いかがでした。

穂　穙　二度もね、わたくしね。

山　口　そうですか。わたくし一ぺんね。

穂　穙　なんだか涙がこぼれましたね。やっぱり。

井之口　わたしの隣りにいた若い、あんちゃん風の人に聞いてみると、「さすがにいいですな」といっていました。

穂　穙　わたくし、あれ拝見いたしましてね。おたばこを下さる場面がございましたんでございましょ。

山　口　あんなことはね、ぜったい。

穂　穙　あんなことはぜったいアラシャラないんでございますわね。

山　口　おありになるはずのないことだと思って、わたくし。

井之口　というのは、じかにはそんなことはないわけですね。

山　口　そして、あれはやはり一般の何でございますから、またああいうふうに仕組みませんと、きっといけませんのでございましょうね。

井之口　親しみをじかに、出征軍人とか家族にですね……。

穂　穙　そういうとこに皆さん、その、感動した方が多そうでございますね。

山　口　わたくし、あれまあ、おかしなことで。

穂　穙　わたくしたち拝見いたしておりますとね、まあああんなことがアラシャルと存じましたけれどもね。でもまあ、そのところが一番みんなが感激いたしましたって申しますか。

井之口　それからお堀のところへね、陛下が一人でお出でになってですね。そして何か、「親と別れを惜しんできたか」というようなことをおっしゃる、ああいうことはあり得るのでしょうか。

穂　穙　ございませんね。あすこのとこも、みなさん、とってもありがたがって。

山　口　とにかくお一方（ひとかた）さんで、ああいうふうに、たとえお庭でも、お一方さんでお歩きなるっていうことは、まあおありにならないことでございますからね。それでもまあ、そう申してしまうと、せっかくの仕組みもめちゃめちゃに。
井之口　まあ、陛下の心持がという……。
穂　穙　お心持を。場面にいたしたわけでございますね。
山　口　おあらわしするって申すことには、ただこう雲の中では分かりませんのでございますからね、あれでこそ。
穂　穙　それをまあ、あすこにああいうふうにね、お心持を出して。
井之口　それから日露戦争中ですね、陛下がずい分、おそくまでお起きになっていたという……。
穂　穙　あれは本当で。
山　口　これはもう本当でございますね。そしてなにもかも表（おもて）でそういうことは聞し召されるんでございますけども、やっぱし、いつもいつもが大勝利ばかりじゃございませんでしたろうからね。時にはいろんなことがございますんでございます。やっぱし、そういうことのおありって申しますようなときには、お何時になりましてもやっぱしどっか、こうお暗いお心持でおありになると申すことがね、伺えるような気がしましたから、それでも。
穂　穙　あれなんかほんとでアラシャッたでございましょ。「乃木さん、交替させよ」っていう、あれを明治天皇さんががんとしてお聞き入れあそばされなかったっていうの、あれはほんとうでございますわね。
山　口　それでもう、何と申しましょう。お上でも、あいだはお転地って申すことが、お暑くても、お寒くてもね、アラシャイませんでしたけども。それは自分が行きたくても、そうしていれば、また全体の大臣はじめもね、大変だからっておっしゃることは、ご自分さんからおっしゃってお転地はなさらないのでございますけれどもね。
井之口　そうすると、戦争中だけでしたか。そういう転地がなかったというのは。明治さんのときにはもう。
穂　穙　ぜんぜん、この、ナラシャイませんでしたね。
井之口　避暑とか、避寒ていうようなことは。
山　口　もう、これはもう、ぜんぜん明治天皇さんはあそばしませんでございました。
井之口　大正さんになってから、お弱いし、そうじゃなくても、今からいえば養生法の一つとして、週末、その、よそへお出になる。

穂　穠　昭憲皇后さんはお弱さんなのでね。

山　口　明治時代でも、その昭憲后さんはお弱さんだったもんでございますから、お寒いとき、お暑いときはどこへかナラシャイましてございます。

井之口　どちらへ。

山　口　これも前々はそんなことアラシャイませんでございますでしょうね。わたくしどももお伴してはね。

穂　穠　沼津でアラシャイましたね。

山　口　はあ、葉山はね、あんまり。沼津のようでございますわね。そいでわたくしどもね、出仕当時はあんまり伺いませんでございましたので、あれは何のときでございましたろう。あれ、両陛下、京都へナラシた、あれはなんで京都へナラシャッたんでございましょうね。わたくしたち出仕いたしまして、じきでございましたよ。〔明治〕三十五年、六年ぐらいでございましたろうからね。

穂　穠　博覧会じゃアラシャリません?。

山　口　ああ、博覧会でございました。

井之口　京都に博覧会があったわけで。

山　口　京都に勧業博覧会がね。以前はよく東京でも上野でずっとございましたけどね。

井之口　岡崎公園であったんでございましょうかね。

山　口　なんでもあの辺でございます。あの大極殿〔平安神宮〕のあるあたりでございましたね。あのときもほんに博覧会でございました。

穂　穠　お写真で、うかがったような気がいたします。

山　口　まだあの時分には、后宮（こうぐう）さんのお転地ておっしゃることはあまりアラシャラなかったんじゃございませんかしら。

井之口　それから週の中に一日、ご運動あそばされる日、あれ何日でございましたでしょうか。

山　口　まあ、そのときによりまして、ちょっとお変わりになったようでございますけれども、やっぱし后宮さんはお弱さんだったもんでござんすから、こちらでご運動日て申しましてね。新宿御苑とか浜離宮とかへ、いちじつご運動にお出になることがございました。それはもう、ほとんど毎週でございましたね。

穂　穠　そのときでアラシャイますか､雅楽をよく芝離宮で。

山　口　ああ、そうでございましょう。

穂　穠　昭憲皇后さんがオスキさんでアラシャッて雅楽を。

山　口　そいで、それもまあ、あれ、ごくお寒いときとお暑いときは、おありになりませんでございましたろうね。ほんとにまだ、あがって間がございませんでしたから、よく細かしくは覚えておりませんけど。

井之口　日露戦争中に、明治さんがご心配になって夜遅くまで表に出御になってるときには、昭憲さんもやはりお起きになってるわけで。

山　口　はあはあ、そりゃもうずっとそうでございます。

井之口　お内儀の女官さんもやはり起きておられる?。

山　口　ええ、そうでございます。ミコシはおそうございました。

井之口　そうすると、陛下の「ミコーシ」という、そのふれことばが出ないうちは、女官さんはおやすみになるっていうことはないわけで。

山　口　はあ、さいでございます。

穂　積　ずいぶん、お遅うアラシャイましたね、お夜は。

貞明皇后のこと

井之口　明治さんがおなくなりになって、大正天皇の代になるわけですけど、その皇太子妃に貞明さんがですね、おなりになったのはいつ頃なんでございますか。

穂　積　あれは〔明治〕三十三年の五月十日。

井之口　ああそうですか。そうすると、ずいぶん前からもう皇太子妃でいらっしゃったわけですね。

山　口　はあ、さいでございますね。わたくしたち、ちょうど京都におりますときにでございました。

井之口　貞明さんはどちらの。

穂　積　九条さん。五月十日でアラシャイましたのね。

山　口　はあ、さいでアラシャイましたね。

井之口　九条さんからおこし入れになる当時でも、なかなか経済的に大へんでしたでしょうね。

山　口　はあ、そうでございましょうね。

井之口　貞明さんのおこし入れのときには、何ていうか、家来の人までお祝いを差し上げるようですね。

山　口　はあ、そうでございますか。それもなかなかなんでございましょう。なんて申しましょう。お物入りでございますでしょう。

明治天皇ご大葬の御事

井之口　明治さんが明治四十五年七月におなくなりになっ

たときには、穂穙さんはお仕えになっていたわけですね。

穂　穙　はあ、そうでございました。国民が明治さんを惜しんで、もう大へんでございました。宮城の前でご平癒をね。

井之口　京都の桃山御陵におとむらいになったわけですね。

穂　穙　はじめから桃山っていうことは、ご自身さんから仰せあそばされて、お決めあそばされていたんでございますよ。あんまり景色がいいとこで、まあ、「いいとこ、いいとこ」ってよく仰せあそばされたんでございましたね。

井之口　そうして夏におなくなりになられて、何時頃ご大葬があったわけですか。

穂　穙　〔明治四十五年〕九月の十三日です。そのときに乃木大将さんが。

井之口　殉死なさったわけですね。乃木大将の殉死は。

穂　穙　九月十三日の夜でございます。

井之口　ご大葬の。

穂　穙　その日になんでございますね。

井之口　乃木大将としてみれば、日露戦争から、学習院の院長まで。

山　口　そうですね。学習院もずいぶん。

穂　穙　崩御になりましてもね、たびたび御所へ乃木大将おまいりでございましてね。お通夜もあそばして、そんなようなご様子、ぜんぜん拝見できませんでございましたけどもね。「乃木さんと奥さん〔奥保鞏大将〕と、わたくしたちね。乃木さんと奥さん」っていうこと伺いましてね。奥大将さんご一緒と思っておりました。まあ、乃木さんと奥さんとお二人さん大将さんだがと思いましたわ。そうじゃございませんのね。奥さん違いでございました。〔殉死されたのは乃木大将夫人の意〕そのとき、わたくし生まれてはじめて自動車っていうものに乗せていただきましたの。

井之口　ご大葬のときにですか。

穂　穙　あのね。そのときに、皇后陛下は泰（やす）の宮さん〔東久邇聡子内親王〕とお自動車で二重橋までお出ましアラシャイましたんです。わたくしたちもそのとき、女官みんな二重橋までお見送りさしていただきますのにね。お庭がとにかくお長いんでございましょ。お広くて、そのときはじめて自動車っていうものに乗せていただいて。

山　口　あら、そうでございますか。わたくしも、もうご大葬のときにはね。

穂　穙　まあ、お月さんのきれいな晩でございましたよ。
山　口　二重橋でございましょうか。どっかあの辺でね、見あげさしていただきました。
穂　穙　九月の十三日でございましたから、お月さまが皎々と照り輝いて。
山　口　そうでございましたね。わたくし、ちょうど六角〔文子〕さんやらとご一緒に。
井之口　そして明治さんのお柩が京都の方へ行くときは、沿道は大したものだったんでしょうね。
穂　穙　確か、それはね。とにかく八瀬からね、牛がまいりますんでございますわね。京都八瀬からね。あれは何頭だったでございましょうね。七頭でございましたか。なんだか大へんでございましたわね。
山　口　なんだか、こんなとこが白いんでございましたかね。なにか決まってるんでございますね。
穂　穙　その牛の子供が生まれると奇矯なことがあるっていうんでございますよ。八瀬の人がそのときでなきゃ生まれないとか、そのいろんな迷信があるんでございますわね。
山　口　そういうことをちょうど英照后宮さん〔孝明天皇の皇后〕のときには、わたくし京都におりましてね。ちょうどお列を、まだわたくし、小学校時代でございましてね。学校からみなそのお列を拝みにまいりましたんで。
穂　穙　〔明治天皇〕御大葬のお写真さん、わたくし、いただいたのを持っておりますんでございますよ。大正天皇さんからね……。
井之口　そうすると、八瀬からは八瀬童子がご大葬のときに七人舁（か）きにくるんですね。
山　口　一体、ふだんは……。ただ今はね、みんな賢所（けんしょ）のね、おまいりあそばすと申せば自動車でね、おまいりになりますけど。大正天皇さんのお始まり、どうだったんでござんしょう。明治天皇さんのお時分はお庭からみんなお輿（こし）で。
穂　穙　大正さんもそうでございますよ。みんなお輿で。
山　口　そうすと、お庭へずっとま菰（こも）が敷けましてね。そして八瀬の。
穂　穙　みんな内舎人（うどねり）って申しましたね、八瀬でございますと。
山　口　よく一口に八瀬の「ゲラ」って申しますね。よく体の大きな人が、背がそろって始終きっと勤めてるんでございましょうね。

穂　穙　そうでございますよ。山本〔皇后職仕人（つかうど）、八瀬出身〕なんかそうだったんでございましょう。

山　口　みんなお輿をおかつぎするのに。で、御所のお庭をお内庭（ないてい）からずっとね、賢所のご拝の間から賢所へナラシャイましたんでございますよ。ご大葬のときには、お車に召されますから、牛がお引きするだけでね。別におかつぎっていうことございませんけど、ただ、お移しするときがきっとあれでざんしょ。

井之口　そうすると、八瀬の人のことを「八瀬のゲラ」ともいうんですか。

穂　穙　そうそう。八瀬の「ゲラ、ゲラ」ってよく申しましたね。

井之口　あのゲラというのは自分のことを八瀬では「ゲラ」っていうらしんでございますね。

山　口　そうでございますか。

穂　穙　子供のころよくね、父なんか。

山　口　京都におります時分から、その八瀬のゲラっていうことよく聞いております。

穂　穙　自分のことなんでございましょうか。

山　口　そうなんでございましょうね。

井之口　非常に特徴のある方言だから、そういうことをいったんじゃないでしょうかね。

山　口　そうかも知れません。

穂　穙　それから、お輿をね、賢所（かしこどころ）へご拝がアラシャイますときにはね。お輿をこうおあげいたしますとき、「シー」って申しますわね、必ずね。

山　口　ええ、そう。

井之口　警蹕（けいひつ）にね。

山　口　何かの、あれ、そういう場合なんでございましょうか。一体何かこう気を合わすというときに出るらしいんでございますね。

井之口　気を合わすときですか。辞書には先払いの声とありますが。

穂　穙　それをもう、気をみんな揃えますことね。きゅっとこう派手にふっておりますのにね。

山　口　それはもう恐れ入りますけど。わたくしもね、山口の父がね、長くお勤めさしていただいておりました。亡くなりました時分にね、やはり何かその宮内省からお人がまいりましてね、そいで、その、全部、出棺のときやらは、うちの人が手を掛けないようにて申しまして、そいで、その、宮内省のお人が見えまして、ずっと門まで柩を出しますときにね、それがやっぱし、一々「シー」っていうと上がったり、どうやらすると「シー」っていうと下（おろ）すっていうことをよく母が申しておりましたから、あれがつまり合図なんでございましょうね。

穂　穙　言葉ですと、おそれいるっていうんでございますよ。

山　口　普通なら一二の三という。

穂　穙　鳥になるんでございますわね、鳥に、鳳穴に。ホーケツって申しますね。わたくしたちなんか「穴」、「穴」って申しますけど、天皇さんのは、鳳穴って申します。それをお柩をこうずっとお沈めいたしますときにね、あれみな鳥になるんですって。どうかいたしますと、足をかけなければならないような場合もなきにしもあらずでございます。こういうことにおなりあそばさないように、まあ、足かけるっていうようなことはないんでございましょうけど……。まあ人間でなく鳥になるんだそうでございますってね、あのときは。

井之口　結局、鳳穴というのは陛下のお柩をおさめる墓の穴っていうわけですね。

山　口　まあ、わたくしたちは墓穴。明治天皇さんまではそうでアラシャッたんでございますね。それから大正天皇さんからはそうではおありにならないんだって申すことでございますね。

井之口　火葬になるので。

穂　穙　いえ、そうじゃアラシャイません。お火葬じゃァラシャイませんけどね。「お戸開き」っていって、お沈めしないで、ずっとお入りあそばされる。

井之口　低くならんわけですね。

山　口　そして、それを外からどうやらしてお閉めして、もう、そして、外側、あかないわけなんでございますか。

穂　穙　そして、おレールがこうできましてね。おレールでずっとお上げするんでございますね。

山　口　そうらしゅうございますね。最初、あの、御陵の何をね、拝見さしていただきました時分にね、その。

穂　穙　普通だったら、こうお低くなりそうなものでございますけど、逆にこうお高くなっておりますものね。お上げするときに、そしてレールがこう……。明治天皇さんまでですね。鳳穴というのは。

山　口　そうらしゅうございますね。そんなに伺いました。

それでももう、その方のお係りとか、お役目とかっていうんじゃございませんから、ただ伺っているだけでございますからね。

御大典

井之口　そうしますと、大正さんが皇太子妃をおきめ遊ばしてからですね。ご即位は大正何年でしたか。

山口　大正四年十一月でございました。

山口　ご即位は三年のはずが、昭憲后さん〔明治天皇の皇后〕の崩御で、一年お延びになったのでございましたね。

井之口　ご即位は京都でなさいましたね。

山口　京都でございます。

穂穔　そのとき、わたくしたちみんな、お供さしていただくところだったんでございますわ。そしたら、三笠宮さんがちょうどそのときね。皇后陛下ナラシャルことできなくなりました。

山口　そうそう、そうでございましたわね。

井之口　そうでございますから、貞明皇后さんは高御座には……。

穂穔　御帳台って申しますね、皇后陛下のは。

山口　とうとうそれには、出マシャラなかったわけなんでございましょ。

穂穔　今の皇后陛下は出マシャッたんでございましょ。

山口　はあ、出マシャイましたわね。

穂穔　それ〔大正天皇の御大典〕を後から、わたくしたち拝見さしていただきましたの。

井之口　翌年か何かに。

穂穔　大正六年でございましたね。わたくしね、お供さしていただきまして。二城離宮もそのときナラシャイましてね。五節の舞姫の舞もごらんあそばされたんでございますわ。

山口　ああ、そうでございますか。

穂穔　そのとき、山本の、もう今の室町へ行っておりますの〔山本具子〕が、五節の舞姫で出たんでございますよ。

井之口　そうすると、山本種子さんですか。

穂穔　いいえ、山本具子って申しました。山本章子〔ふみこ〕に、山本具子って申しました。わたくし、出られなくなりましたの。それで、二城離宮のときに、皇后陛下がお出であそばされたときに、出さしていただきましたの。ちょうど叔父が十一月の十六日になくなりましたの。それで折角ね、出さしていただくところが出られなくなりましたの。

関東大震災

井之口　明治時代、時代が古いほど大したことでしょうね。
穂　穙　しかし、もうあれでございましょ。一番、宮中のご盛んのときにお勤めさしていただいたんでございましょうね。
山　口　なんでも明治の終わりから大正のおはじまりが一番ご盛んなときでおありになったと申すことでございますね。
井之口　そうでしょうね。まあそのお内儀が一番、はなやかだったていうか。
山　口　そうでございましょう。それからだんだん、この、なんでございますね。震災でずっとお変わりになって。
井之口　ああ震災で、震災は大正……。
山　口　〔大正〕十二年でございます。
穂　穙　十二年でございますね。九月一日。もう忘れもいたしませんわ、わたくし。
井之口　その、御所自体はなに、別に。
穂　穙　いえ、大へんでございましたの。お廊下がね。もうそれこそ大へんでございましたわ。両陛下は日光でアラシャイました。お転地でアラシャイましたの。それでオナガサオ〔長持〕が、ずっと御所の廊下、お広うございましてね。それでみな女官たちのナガサオがずっと一方に並んでるんでございます。それが一ぺんにぶっつぶれました。そいで、ちょうど屋根のような形になったんでございますね、つぶれまして。ずっとオナガサオが並んで。
井之口　オナガサオというのは。
穂　穙　長持。わたくしたちナガサオ、ナガサオって。長持って申しません。ナガサオっていうんで。
山　口　こちらさんのお玄関にございますわ。そして一人、助かりましたの、そのお屋根がこう、ぺたっとなりませんので、ナガサオのために。
穂　穙　あのときは正子さんは。
山　口　わたくしは牛込の家におりました。
穂　穙　まだ御所は。
山　口　はあはあ、あのときはちょうど、わたくし主人がなくなりました年でございましたから。
穂　穙　そうでございましたか。
山　口　とにかく主人もなくなりまして、その翌年の十一月でございました。〔以下省略〕

二　年始・年末の口上

1　女官の新年のご祝儀申入れ

宮中女官の新年のご祝儀申入れ

ひ　と　元権典侍　山口正子様
　　　　元内侍　　穂穆英子様
ところ　東京都練馬区　穂穆様宅
と　き　昭和三十四年三月九日

最初の録音記録本文aは、外部から参上した元女官が、宮中にいる女官に会って、「陛下に対する新年のご祝儀を申し入れる」という形である。この申入れは、受けた女官が両陛下に取り次ぐ。

本文bとcは、宮中における女官どうしの口上で、最初のもの〔本文a〕よりは簡単になる。

この口上は、明治・大正・昭和の三代にわたって出仕の旧女官・内侍の穂穆英子様と、同じく旧女官・権典侍の山口正子様のお二人によるものである〔「一　女官の談話」参照〕。穂穆様には申入れの役、山口様には受けの役を依頼した。

陛下への年始の申入れ〔本文a〕は、特に低く、こもったような声で発音されている。陛下へのごあいさつ申入れという、恐れ多さが自然に発声にまで現われるのであろうか。最初はまず、両陛下のご機嫌伺いから始まる。次に東宮殿下、最後に相手の女官というように、順次階層的にあいさつを続ける。

なお大正時代に行なわれた宮中における「新年の御祝儀申入れ」（夜のゴゼンのときにする）には、両陛下が椅子にお掛けになり、大礼服を着た典侍さんを先頭にして、横一列に並び、典侍さんが代表してあいさつをする（これを「お頭さんのごあいさつ」という）。ごあいさつの後、一人一人に天盃をいただく。

本文bとcのような女官どうしの口上の場合には、申入れのことばに対して、受ける側も、同じような口上を繰り返すことが多い。その典型的な例としてcを示した。

本　文

a　陛下に対する新年のご祝儀申入れ

穂穙女官……ご機嫌よう。[1]

山口女官……ご機嫌よう。

穂穙女官……新年おめでとうございます。

お揃い遊ばされまして、[2]ご機嫌ようナラシャイますること[3]をおめでとう、かたじけのう、お悦び申し入れまする〔「ます」とも〕。

なお昨年中はだんだんと結構に遊ばされていただきまして、恐れ入ります。[4]本年も相変わらず、おにぎにぎと晴れのゴゼン[5]を済ませられまして、幾久しく万々年までも、[6]ご寿命ご長久で天下泰平であらせられまするように〔幾久しくお悦び申し入れまする〕。[7]

山口女官……はい。〔低声に〕

〔間（ま）〕[8]

穂穙女官……いよいよ、東宮さんにもご機嫌よくならせられまして、相変わりませず、新年のご祝儀をおするするとすませられまして。

山口女官……いよいよおめでとう存じ上げます。〔間〕

穂穙女官……藤袴（ふじばかま）典侍さんにも、ご機嫌よくお勤め遊ばしまして。

山口女官……ありがとう。

穂穙女官……よいお年をお迎え遊ばしまして、幾久しく万々年までも、おめでとう。

山口女官……ありがとう。

b　女官どうしの年始の口上（その一）

穂穙女官……ご機嫌よう。

山口女官……ご機嫌よう。

穂穙女官……新年はおめでとう。

お揃い遊ばされまして、ご機嫌ようナラシャイまして、昨年中は、だんだんと結構に遊ばされていただきまして、本年も相変わりませず、新年のお悦びを申し入れます。どなたさん[9]にも、どうぞ相変わりませず、よろしゅう。

c　女官どうしの年始の口上（その二）

穂穙女官……新年おめでとう。いよいよお揃い遊ばされ、ご機嫌よくならせられ、相変わらずおにぎにぎしく、新年のお祝儀も済ませられ、おめでとうお悦び申し入れます。

山口女官……〔右記申入れ者と同じことをいう〕

穂穙女官……藤袴典侍さんにもご気丈さんにお年をお迎え遊

ばしまして、おめでとうお悦び申し入れます。なお本年も相変わりませずよろしゅう。

山口女官……呉竹内侍さんにもご気丈さんに……。〔以下、右記申入れ者と同じことをいう〕

註

(1) ご機嫌よう……オカミに対して、女官があいさつするとき、「ご機嫌よう」といい、女官どうしもまた「ご機嫌よう」といい合う。尼門跡においても、お次からゴゼンに対し、あるいは、ゴゼンどうし「ご機嫌よう」という。これは御所ことばとして愛用されている。

(2) お揃い遊ばされまして……両陛下のお揃いを祝うことば。お文(ふみ)にも「愈々御揃被遊御機嫌よくならせられ候」(尼門跡から宮中奥向きへの新年のお文)とある。
両陛下には「遊ばされまして」を使う。なお女官どうしの場合や、一老がゴゼンに対しては「遊ばしまして」という。

(3) ナラシャイますること……「成ラシャル」は宮様以上に使う「居る」の最高敬語。

(4) 恐れ入ります……晴れの口上にはよく現われるが、日常会話でも、特にしばしば用いられる。また尼門跡でも「ゴゼン恐れ入りますが」と、一老はゴゼンに用件を申上げるときに、付け加え、ゴゼンのことばを受けるときにも、またお辞儀をして「恐れ入ります」という。

(5) 晴れのゴゼン……両陛下の召し上がるお正月の朝食。三大節のは「お祝ゴゼン」という。ゴゼンはご飯の最高敬語。

(6) 幾久しく万々年までも……聖寿の万歳を祝うことば。お文にも「なほなほ御機嫌共よく幾久しく万々年までも御寿命……」とある。

(7) (幾久しくお悦び申し入れます)……このカッコの中のことばは謹み畏まったときに使う「呑みことば」で、声を呑みこんで、口の中でいうので、相手には聞き取りにくい。

(8) 間……陛下・東宮・女官というふうに、身分が移行する際には、階層的ポーズともいうべき間が、少しおかれるようである。

(9) どなたさん……ここでは穂穙女官の同僚の女官をさす。

2　尼門跡の年始・年末のご祝儀申入れ

ご宮室系の尼門跡では、御所中心・皇室中心の伝統的なものの考え方が、尼僧生活の隅々にまで及んでいる。あいさつ・口上についても、ゴゼン（御前）を中心とする御所風のしきたりが今もなお、尊重・保存されている。尼門跡における慣習として、外部からの用件は、間接的に、一老（いちろう）を介してゴゼンに伝達される。一老を仲介とする伝達形式（取次ぎ）は、年始・年末のご祝儀申入れの口上の際、尼僧一同を代表して、一老がゴゼンにお祝いを申し入れる場合にもうかがわれる。

そして、一老以下のお次たちが同輩どうしで、あいさつ・口上をとりかわすときと比べて、一老がゴゼンに、代表者として申し上げる口上では、謹んで丁寧に述べ、幾度もお辞儀をし、声の調子も自然に小さめに、かしこまったもの言いになるという相違がみられる。

またお次どうしのあいさつにも、私的なことよりも、最初にゴゼンのご機嫌について触れるというしきたりは、この社会におけるゴゼン中心の生活態度をよく示している。（a参照）

大聖寺門跡における口上の中で、晴れの定型的な口上（年始・年末・ご遠忌）には、内容の伝達よりもむしろ儀礼的形式的色彩が強く、褻（け）の場合（電話の取次ぎ、訪問者の取次ぎ、進上物）には、定型的要素がうすれ、内容の伝達が中心となる。話法も、前者は荘重、古風で、御所的であり、後者は、京都の民間のもの言いにかなり近づいている。

新年のご祝儀申入れ

ひ　と　　大聖寺ゴゼン〔石野慈栄（いわのじえい）様〕、一老・〔堀江要邦（ほりえようほう）様〕・二老〔滋岡清順（しげおかせいじゅん）様〕、若い人〔三好修範（みよししゅうはん）様〕

ところ　　大聖寺お二の間

と　き　　昭和三十四年一月一日

大聖寺門跡におけるお正月のご祝儀の申入れは、元日の朝のお勤めがおわり、お雑煮を祝ったあと、十時ごろに、正装して行なわれる（朝はじめて会ったときには、単にゴゼンに「お

図－2　大聖寺門跡への新年のご祝儀申入れ

めでとう、ゴキゲンヨウ」というだけである）。

図—2のように、お二の間の上座にゴゼンが坐り、相対する下座に、一老を先頭として二老・若い人と、順次下よりに斜に居並ぶ（前に扇を置く）。一老は、ゴゼンに仕える尼僧たちの筆頭であるとともに、ことあるたびに、一同の総意を代表してゴゼンに申し入れたり、あるいは外部の意向をゴゼンに伝える取次ぎの人である。このあいさつ申入れの際も、一老は二老以下を代表して、その役目をするわけである。

本文aのように、一老がゴゼンにあいさつする間、一同はだまって頭を下げ、またゴゼンの受けの言葉を謹んでうけたまわる（宮中でも典侍さんが陛下にあいさつを申し入れるとき、他の女官はだまって頭を下げる）。それらのあいさつが終わって後、次に本文bのような、お次どうしのあいさつが始まる。ゴゼンの方を向いていた人々は、今度は一老に向かってあいさつをする。このときは二老がそれ以下（二老・若い人）を代表してあいさつをするのである。

このあいさつ・口上の仕方によっても、この社会が階層の上に成り立っていることがわかる。一老以下の者は、役尼（やくに）として、門跡であるゴゼンに仕えているのであるが、その仕えている人々の間にも身分的な段階があって階層をなしている。

かつて、宮様のご住持の時代には、このしきたりはさらに厳重に守られていた。大聖寺のゴゼンの話によると、新年のご祝儀申入れのときには、宮様はお宸殿謁見間に坐し、同じ間の下の方に大上臈（おおじょうろう）、一老以下はお縁座敷にひかえる。この場合、今の一老の行なう取次ぎの役目をするのは、大上臈であった。その当時、寺内の取締り、尼僧たちのしつけ、その他多くの権限は一老にあったらしいが、宮様への取次ぎ、また宮様の意向を伝える役目は大上﨟がした。

一老のあいさつを受ける、ゴゼンの受けのことばは、一老のあいさつに比較すると、センテンスが短く、しかも省略形が多い。下の者はよどみなく、詳細、丁寧にるると述べる。それに対して、それを受ける上の方は、おうように簡単に受けるべきなのであろう。本文bのお次どうし（一老・二老・若い人）のあいさつは、お互いに同じような内容の口上を交わす。自分たちのことをいう前に、必ずまずゴゼンのことを述べる。これは宮中あてのお文（消息）をみると、宛名は典侍某とあるが、まず陛下のご機嫌伺いから始められ、宛名の典侍のことに関しては、かえす書の部分になってはじめて言及するのに対応している。女官が典侍さんに対するあいさつ・口上もまた、こうした形式で陛下のご機嫌伺いから始まる。

尼門跡のこのようなしきたりは、宮中におけるオカミ中心の生活習慣の伝承であろう。昔なら、まず宮様のご機嫌伺いから述べたのを、現在では、同じようにお仕えするゴゼンのご機嫌伺いを述べ、最後にお互いのことに及ぶ。これは口上・あいさつだけに限ることではない。この社会全体の生活態度が、オカミやゴゼン中心に動いているためである。そして口上・あいさつは、特に定型化しているから、一層この事情が顕著にうかがわれる。

なお宮様時代には、このご祝儀申入れの後に、「お口祝（くちいわ）い」をいただくことになっていた。「お口祝い」は、参賀の人々に対し、宮様がお手ずから昆布とかちぐりを賜わるのである。このことは、大聖寺の『御日記』にもしばしば記されている。

本　文

a　ゴゼンへの新年のご祝儀申入れ

一老……新年のご祝儀申し入れます。[1]ご機嫌よう、ご超歳〔越年〕を遊ばしまして、おめでとう、お悦び申し入れます。昨年は一方なりませぬご懇命〔「お蔭さん」とも〕をこうむりまして[2]ありがとう[3]。

なおまた本年も相変わりませず、よろしゅう、願いあげます。

ゴゼン……新年おめでとう。みんなも揃うて気丈に〔「達者で」「無事で」「元気で」の意〕新年のご用ども、ご苦労さん。旧年中はいろいろお世話になりまして、なおまた相変わらずよろしゅう。ご丁寧に、一統（いっとう）からご祝儀、また幾久しゅう、この上ながら、よろしゅう。おめでとう。

ご用を勤めるように。

b　お次どうしの年始の口上

二老……要邦（ようほう）さん、新年おめでとう。ゴゼンにもご機嫌ようご超歳遊ばしまして、おめでとう存じ上げます。お互いに一同、気丈で相変わらず新年のご用ども勤めさせていただきまして、ありがたいことでございます。[4] なおまた本年も相変わらず、勤めさせていただきますことを、よろしゅう、お願い申します。

一老……新年おめでとう。ゴゼンにも、ご機嫌よう、ご超歳遊ばしまして、おめでとう。お互いに相変わらず、ご用ども勤めさせていただきまして、まことにありがたいことです。なおまた本年もご苦労さん。わたしもお世話さんになります。

註

（1）　申し入れます……「申し上げます」より謙譲度の高い、同輩以上に使う御所ことば。

（2）　ご懇命をこうむり……「お蔭さんをこうむり」というより古格で丁寧な表現。

（3）　ありがとう……後に出る「ご機嫌よう」とともに、尼門跡では、晴れの場合、褻（け）の場合を通して、しばしば用いられる。さらに「ありがとう」には、町方のように、「ございます」をつけない、いい切りの形を用いる。「ありがとうございます」は、むしろ田舎くさい野暮な表現とされている。「ありがとう」は、お辞儀を伴って用いるのが普通である。

（4）　……でござります……大聖寺・宝鏡寺・曇華院などでは、改まっていうときには、「でござります」「下さります」「おっしゃります」と古形を使って、「ございます」「下さいます」「おっしゃいます」とはいわないしきたりになっている。

歳末のご祝儀申入れ

ひ　と　大聖寺ゴゼン、一老・二老・若い人・見習

ところ　大聖寺お二の間

と　き　昭和三十三年十二月三十一日

大晦日の夜、元日の準備がとどこおりなく終わったあと、夜九時ごろ、ゴゼンに対して、一同正座して、本文aのような一年中のお礼の口上を申し入れる。次に、お次どうしは本文bのような口上をする。そのときの作法は「新年のご祝儀申入れ」のときと同様である。

本文

a　ゴゼンへの歳末のご祝儀申入れ

一老……歳末のご祝儀申し入れます。ご機嫌よう。今年（こんねん）もいろいろ、ご懇命をこうむりまして、ありがとう。どうぞまた、相変わりませず、よろしゅう、願います。ご機嫌よう、ご超歳遊ばしますように。

ゴゼン……今年中も、要邦はじめ、いろいろご苦労さんでした。わたしもいろいろお世話になりました。どうぞ相変わらず、よろしゅう。どうぞ、みんなも気丈で歳をとるように。

b　お次どうしの歳末の口上

二老……本年も、要邦さん(1)にも、いろいろお世話になりました。どうぞまた相変わりませず、よろしゅう願います。

一老……あんた(2)にも、いろいろお世話になりました。

註

（1）　要邦さん……大聖寺一老の僧名。僧名をいう方が「あなた」というより丁寧である。この場合僧名をいわず、「あなた」ということもある。

（2）　あんた……「あんた」は同輩以下に使う。「あなた」は目上、またはあらたまったときの同輩にも使う。

三　大聖寺門跡の年中行事

尼門跡の機構の概略から、われわれは、そこに生活する人々が古い伝統と習慣の維持につとめてきた諸事情を推察することができる。以下に述べる若干の年中行事・古習俗もまた、古くから伝承されてきた特殊な風習で、これらのあるものは、皇室の行事と密接なつながりをもち、あるいは公家社会で行なわれた諸行事をも含んでいるとみられる。

大聖寺の大きな年中行事には、禅寺らしく、三仏忌として、二月十五日の涅槃忌（ねはんき）（「旧暦」と特記する以外は新暦で示す。以下同じ）、四月八日の誕生忌、十二月八日の成道忌（じょうどうき）があり、その他、十月五日の達磨忌、十一月二十八日の開山忌や歴代の宮様のお祥月などがある。

その他の年中行事は、宮中の年中行事によっているものが多いようである。その中でも、特に、ゴゼンの記憶に残っている若干を次に述べることにする。

1　七草の祝い（一月七日）

一月七日には、大聖寺でも七種の若菜粥の祝いがある。当日、コマツ（俎板）の上にホナガナ（祝菜）とナズナの七草を一対ずつ並べ、オナ（菜）の上を火箸とコガラシ（れんげ）で叩いて、「唐土《とんど》の鳥が　日本の土地へ　渡らぬさきに　なな草なずな」と、七度はやして、厄除けのまじないをする。はやし終わると、一対を七草粥に入れて仏様に供え、オスベリ（お下り）をゴゼン以下がいただく。

あとの一対の七草は七草湯に入れて、歳明け後、この日、はじめてこの湯に入ることになる。この湯に入ると、一年中いつでも爪をソロエル（切る）ことができ、悪事災難をのがれるということである。

このときのはやし言葉が、明治維新以後は、次のようにかえて行なわれている。

尊《とう》とき神よ、尊とき民よ。尊とき神の　教えのかいは　幸い受けて、わざわい避けよと、尊とき神よ、尊とき民よ。神、民、富みよ。

「西洋の鳥の渡る世（明治）となって後は、もう、唐土の鳥がなど、いえしませんヤロ」とは、ゴゼンの言葉である。

なおこの日、御所でも、七種の若菜粥のお祝があった。河鰭実英氏著の『女官』によると、「その御粥は、水無瀬家或は松尾一社から七種の若菜を籠に入れ、根引松を立て、奉つるものを、調理したもの」である。そして、「昔、京都の公家家庭では侍が俎板の上に七草を載せて、火箸、擂槌《すりこぎ》、庖丁、杓子、薪割等厨房の具をならべて火箸庖丁等で俎板を叩いて唐土《とんど》の鳥が日本の土地へ渡らぬさきにナナ草なずなと、七度はやして厄除《やくよけ》の呪禁をしたのもこの七日の御祝の為であったが、宮中でその式があったかどうかは不明であるが、恐らくその形式は御台所であったであらう」と記されている。

2　嘉祥（六月十六日、カジョウ。カズウ・カゾウともいい、古くはカツウといった。嘉定とも書く）

大聖寺のゴゼンの話によると、「仁明天皇の嘉祥元年（八四八）に、厄病がはやり、厄除けのために、嘉祥の行事が行なわれた。この日には、七色の蒸菓子を釣台にのせて、御所に献上する。その七色の蒸菓子は、武蔵野・豊岡の里・浅茅飴・松風・桔梗餅・毬《いが》餅・源氏籬《ませ》の七種である。なお、十六日の日数にちなんで十六の蒸菓子をこしらえたのが始めであろう」とのことである。

なお、河鰭氏の『女官』に、この日、宮中でも、「嘉定を正午に常御殿で供した。その色目は、水泉（葛切）と七嘉定（蒸菓子七色）である。いづれも、虎屋黒川から調進するものである。この日は、親王、清華、堂上、並に地下の諸家へ玄米一升六合を御祝として下された。此米を虎屋へ送って蒸菓子をこしらへた」とある。

また嘉祥のことは、室町時代、主上に「かづう」を差し上げるのが例であったと、『御湯殿の上の日記』にも記されている。また『禁裡女房内々記』の六月の条に、「女房詞にカツウと云うは嘉祥通宝を中略してのこと也」とある。

3 旧暦六月十六日の「お月見」（お袖止め）

これはこの日に十六歳になった人がある場合にだけ、旧暦六月十六日に行なう。お月見のおまん（この中に、十六の小まんじゅうが入っている）の真中に、紅をぬり、そこを萩の箸で穴をあけて月をみるのである。そのとき、次のような唱えごとを小声で三べんいって祈願する。

月々に　月みる月は　多けれど　月みる月は　この月の月

（なおこの歌について、中宮寺では旧六月十六日に限らず、月に祈願するときに唱える。また京都の旧家では八月十五日に唱えたこともある由）

月を見ているとき、鋏で袖下を切る（実際は切るまねだけをするのが多い）。これを「お袖止め」という。これは、成人の式で、その後は、短い袖のもの（つめ袖）を着るのである（この袖下は、女官の場合はその家来〔侍女〕がいただく）。宮仕えに出る者はこの儀式を無くてすませるため、十六歳以下の場合でも、十六歳と偽って仕官したものもあったそうである（なお袖止めは男子も行なう由）。

4 旧暦八月十五日の「お月見」

旧暦八月十五日に「お月見」が尼門跡でも行なわれる。大聖寺では、お供え（御神酒〈おみき〉・イシイシ〈団子〉・こ芋、すすき・はぎ）が済むと、かたびらなどを着て、お宸殿のご縁（縁側）に出て、ナスビに箸で穴をあけて月をみる。そのときに、次のような唱えごとを小声で三べんいって祈願する。

あいわいぎょ　ふく徳さいはひ　もち月の　思ひのままの　なすびなりけり

（中宮寺でも行ない、「あいわいぎょ」を「あいわいよ」といっている）

月見に使った各自のなすびを浅づけにし、各自のものを翌朝丸ごと食べるのだそうである。

なお、なすびの穴から明月を眺める習慣は、後水尾院当時、宮中や一般にも行なわれていたことが『後水尾院当時年中行事』に記されている。

このほか、節分や三月三日の雛の節句とか、旧暦九月十三日の後の月見（豆名月・栗名月）、九月九日の重陽の節句、十二月十三日のすす払いなど、昔は、いろいろ行なわれたが、それも明治初年までであり、その後しだいに行なわれなくなり、行なわれても略式になった。また、五月二十六日は、大聖寺最後の宮・倫宮（つねのみや）様の、お祥月であるが、このような、各宮様のお祥月には、いい伝えによる好物（「お好きさんでアラシャッタ」物）をお供えする。倫宮様の「お好きさん」は、白豆に結び干瓢を入れて煮たものや蓴菜（じゅんさい）に砂糖をかけたものなどだそうである。

三仏忌とか、お祥月の供養、あるいはご遠忌には、紫衣の正装で勤められるが、たとえば、月見の宴には、今は客もないことであるので、帷子（かたびら）程度を召される。また普段お召しになっている、お被布は内緒のもので、正式のときには着ない。

付　大聖寺門跡の古習俗

前述の年中行事のほかに、京都の古い習俗も大聖寺には残っている。現在節分の晩には、「オンゴロモチ（むぐろもち）送れ」といって「ムグラ」を送るし、昔は当夜、「松げ虫送った」とか、「北条虫送った」などといって虫送りをする行事もあった。また、京都の旧家に残っている古習俗のように、大聖寺でも、元旦には、箒を使用せず、一々埃をつまみとる。そして、二日に「おはき初め」が行なわれる。このことは『お湯殿の上の日記』にも、「御はうき進上す。御はきぞめあり」とある。正月三が日の「大福茶」には、小梅やこんぶを入れて厄除にする。「初午」には、お茶を断つ習慣があり、天神様の日には、梅干を断つ。正月の初辰の日には「さかしおだち」といって、酒の入ったものを断つことになっている。また、着物を着たままで、物指を当てるときには、「脱いだ」といってから、サイテ（計って、京都方言）もらう。十二月には針供養もする。

四　御所の手紙

1　お文（消息）について

御所からのお文（おふみ、手紙）は女房奉書として知られるが、ここでは、御所から尼門跡あての消息を扱うことにする。現存する尼門跡の御日記の紙背文書中、最も古いものには宝鏡寺に残存する慶安元年（一六四八）の御日記の紙背文書があるが、江戸初期のお文として、ここでは主として明暦三年（一六五七）一月から六月に至る宝鏡寺御日記の紙背文書（大型の楮紙使用）について考える。お文は御日記より少なくとも一年前ごろのものであろうと思われ、多くは御所から宝鏡寺の宮（当世の宮は、明暦時代は二十世仙寿院宮）へあてたものであり、ご生母みくしげ様（御匣様・蓬春門院）関係からのものが多い。

明治以降のお文（二枚重ね奉書使用）では、大聖寺はじめ五か寺から宮中へのお文、宮中から大聖寺はじめ五か寺へのお文、その他、宮中女官間のものがある。明治以降のお文は、江戸初期のものに比較して、一般に書式が形式化され、その内容も理解が容易になってきている。また陛下へのお文や陛下のお沙汰書もあり、陛下に対する特別な用法がみられる。たとえば「御揃被遊」の「御揃」とは、天皇・皇后両陛下お揃いの意で、「被遊」と「被」のつくときは宮様以上に限って使い、「御揃被遊」「御機嫌御伺」などの語句は行頭にしたためる。ところが、明暦三年前後の紙背文書には、そのような形式化はあまり顕著でない。

明暦ごろのお文の様式としては、堅文（たてぶみ）と折り紙（二つ折、図―5）があり、それにはちらし書きのものとそうでないものとがある（たてぶみのちらし書きを「たつちらし」、折り紙（二つ折り）のちらし書きを「横ちらし」〈図

—5〉と大聖寺ゴゼンは呼ばれ、ちらし書きの方がそうでないものより重いときに用いる由）。さらにお文には「うわ包」を用いるのが普通であるが、簡略の場合にはこれを用いず、「結び文」とする。（図—4）

なお、お文の冒頭句の書式としては、次のようなものがある。

① 直接用件をはじめから述べる場合。「ちか〳〵の御せつくニてめてたさとなたもをなし」「けふの御きくわためてたく」

② 仙洞様やみくしげ様からの申入れを述べる場合。「高松様より申とて候」「仙洞様より申入候」

③ 返事の場合。「御所様おほせのよしニて御ふミのやうかたしけなく」「文のやう日ろう申まいらせ候」「よくそ御人まいらせられ候」「文くハしく思日まいらせ候」

④ 一般化した場合。冒頭の句が形式化している。「一ふて申入まいらせ候」

なお冒頭句ののちに、ご機嫌伺い、差出人の仕えている主人のこと、つづいてお互いどうしのあいさつに及ぶ。そこで一旦「（めてたく）かしく」のような書き留の句（返す書きの前に置く、図—5の五番）を用い、書き手の私用は返し書きで示し、そのはじめに、「返々」、「なを〳〵」などの句を用い「（めてたく）かしく」（図—5の二五番）で終わる。その他の文中の「かしく」（最初の「かしく」）は文脈とは関係のないものである（なおこの文中の文脈とは無関係の「かしく」は明治以降のお文には使われていない）。

お文（江戸初期のもの）にあらわれる差出人とあて名人を整理すると、次のようである。差出人には、みくしげ様に仕える「いなの」（『宝鏡日記』万治三年一月二十八日）が最も多く、みくしげ・大御ち・かつ御ち・あせち・ちよ・あさた・いせ・おさえ・つた・さい。あて名人には、「たつ御ちの人」が最も多く（「たつ」は宝鏡寺二十一世高徳院宮のお乳の人と思われる）、また、あちや御ちの人、宝鏡寺、上ろう御中、かつしき御中、宝慈院のようなものがある。

差出人やあて名のないお文には、「うわ包」にそれが記されたか、それを要しないほど自明の間柄のお文であったとも思われる。また、このお文を日記に利用の際、たち切られたためのものもあろう。

差出人やあて名人からも分かるように、みくしげ様や尼門跡ご自身が直接お文を認めたり、また直接にあて名人になることは少なく、多くはそこに仕える人を通して間接に文通されている。たとえば、お文の書き手は「いなの」のように、みくしげ様に仕える者であり、みくしげ様が直接お書きになることは少ない。従って、あて名と脇付けは「たつ御ちの人〻　まいる　申給へ」「かつしきの御中　まいる　申給へ」「上ろうの御中　御日ろう」のように、あて名の人を通じて宮門跡へ、ご披露を依頼することばが脇付けにされている。

図−3　大文箱（右）・小文箱（中・左）

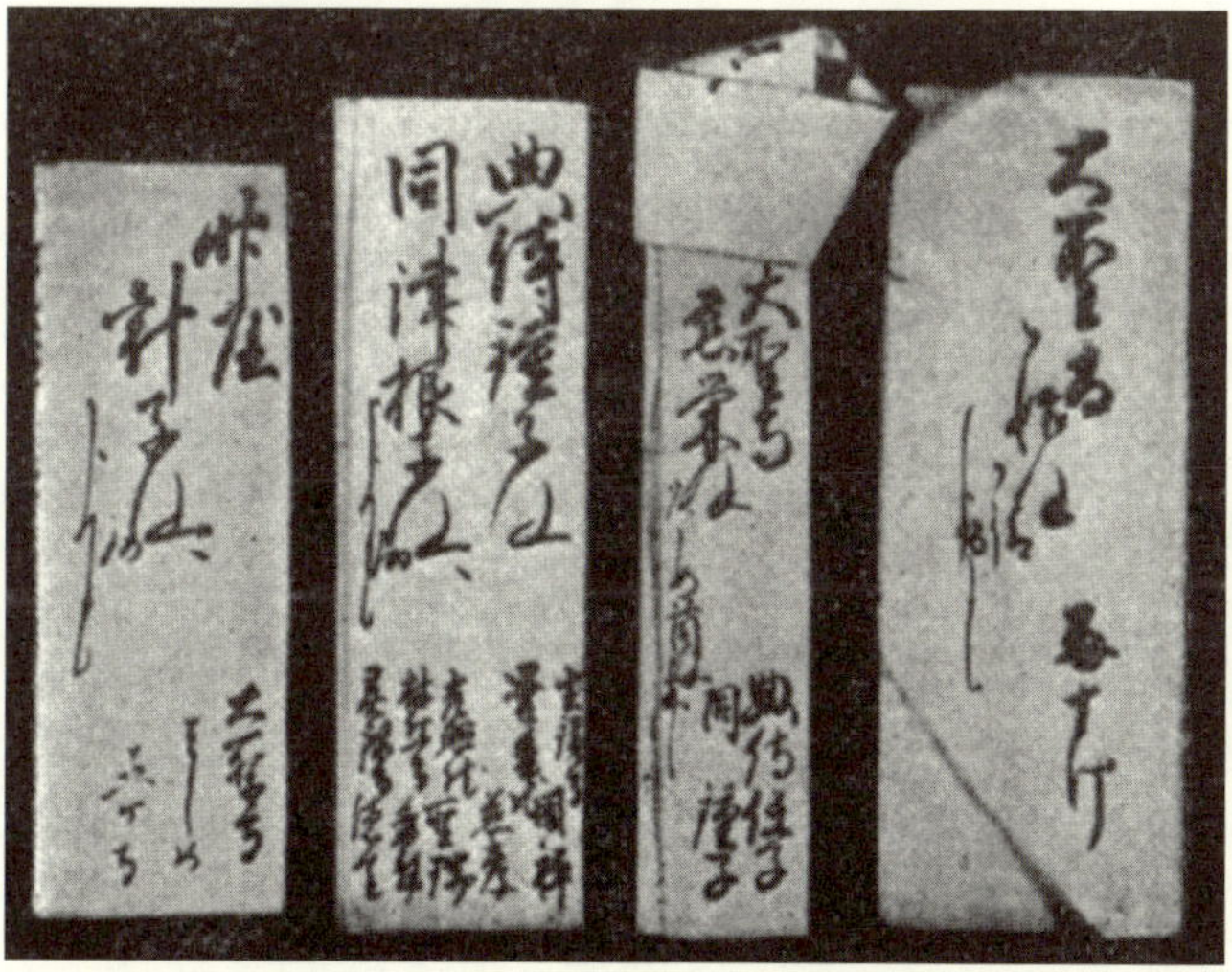

図−4　（右より）うわ包・結び文・あて名（折り紙・左二つ）

なお「お文の折り方」は大聖寺ゴゼンの談によると、次のようである。

「折り紙」（二つ折、図−5）は、まず紙の縦を二つ折りにし、それを横に三つ折りにし、さらにそれを三つに折る。それを包み紙に包み、その「うわ包」の表に、たとえばあて名を「典侍鍾子〻　同津根子〻へ人々申給へ候」のように書き、その下に差出人「大聖寺慈栄　宝鏡寺周禅」のように書き、うわ包の裏に

「封」と〆を書く。明治以後戦前までのお文はこの折り紙（二つ折）が普通であった。

「結び文」（図―4参照）は二つに折ってから、それを次々に巻いていき、上のところを結んで封じる。明暦ごろの紙背文書のたてぶみは、あて名が用紙の中ほどの高さから書きはじめてある点からも、その多くは結び文であったかと思われる。

そのお文は文箱（図―3参照）に入れ、文箱の紐の結びめには、札紙と御封をつける。札紙には、あて名を記す。それをお使い番が使者として届け、多くは、その場で待っていて返事をいただくが、晴れの場合には改めて別に使者を立て、返信を持参する。

なお、このお文の読解に当たって、一部分不明箇処があるが、それは宝鏡寺で、お文のうらを日記に用いた際、紙の上部と左・右の部分などをたち切ったためでもある。

次に、お文を書くときの注意（大聖寺前住職の樋口慈綱様筆）と、折り紙・ちらし書の書き順を示す手本（図―5）とを掲げることにする。

2　お文を書くときの注意

この覚え書は大聖寺二十二世樋口慈綱様が上臈時代に、当寺から御所向きへのお文を認めるときに注意すべきことを書き留めておかれたものである。

これには大典侍様・長橋局様あてや両陛下、仙洞御所様への文言を記し、さらに結び文や下臈の人への文言にまで及んでいる（なおこの覚え書には、その書き初めに「御花見御能ふに召され候御したひの事」があるが、これは割愛する）。

自分往来の文の事認とりわけかね候

時気一とをり弥」御機嫌よく成らせられ候　折からの」御障りゐ[1]もあらせられす」夜中もよく」御格子成まいらせ

られ候[2]御ひる成まいらせられ候ても」御機嫌よく朝夕の御膳にも」毎もの御とをりに御手附参らせられ候」　御沙た共とめて度忝りまいらせ候　猶また」伺ひ申入度さ弥御万衛様にも」御障りもおはしまし候ハす候御事と」めて度さ猶承り度さ左様ニ候へは」何〱の用向候ハヽ夫認候て」御礼の事候ハヽ夫〱認候て」御序の節よろしく御沙たの御事」御頼申入まいらせ候　めて度かしく

大すけ様[3]

長はし様

人々申給へ候[4]

御　所
仙洞様　両御所への文言は

御序の節御さた〔陛下のご命令〕の御事」御頼申入候と認候

他御所〱へは

御さたと申事認申さす候」よろしく御申入の御事御頼申入候

夜分の御格子と認候事も」両御所にかきり候事ニ承り居候

他御所向ハ

夜分もよく御寝成」参らせられ候や伺ひ申入」度存まいらせ候

年〻正月しめ明後

御やきかちん御ミ〔ママ〕てのよしニて何れも拝領也」むすひ文ニて下ろうゟ両頭御申の〔大典侍と長橋局〕」よしニて拝領の事

暑中に

御領所のあゆ十斗り御かわらけニて年〻拝領の事下ろうゟむすひ文也

下ろうの人への文言ハ文のうちハ御そもし様[5]と認候　上書ハ

誰　殿

人々御返事参らせ候

註

（1）御障り様……陛下には「御さはり様」「御申分様」という。「御障（おさわ）り」は臣下に対することば（大聖寺ゴゼン談）。

（2）夜中もよく御格子成まいらせられ候……「御格子成」は陛下のご就床のことを申し上げる（この句は古風で、今は使わないとの大聖寺ゴゼン談）。

（3）大すけ……ダイスケは奥向きの取締りをする典侍。

（4）人々申給へ候、人々御返事参らせ候……「人々申給へ候」はどうか取り次いでくださいの意。差出人とあて名とが同等の身分のときに付ける。なお「人々御申入」は上向き。「人々御返事参らせ候」は同輩以下への返事のときに付ける。

（5）御そもじ様……二人称。「おまへ様」「そなた様」というより身分の低い人に対していう（なお音声言語ではオソモージサマというとの大聖寺ゴゼン談）。

3　折り紙 ちらし紙 手本

折り紙（二つ折）・ちらし書（横ちらし）の書式を示すために、図—5（九六頁）を掲げる。この手本は、大聖寺ゴゼン（石野慈栄様）が宮中お内儀の呉服係り（古屋建子女官）に書いてもらわれた「新年恐悦申入れ」である。

一　新年の」めてたさ」となたも」

二　おなし」御事に」祝入」まいらせ候　愈」

三　御揃」被遊[1]」御機嫌」よく」成らせられ候」

四　めてたき」としに」移りまいらせられ候」

五　御賑〻の」御沙た」めて度」忝り」〔忝けなく〕まいらせ候」かしく」
六　弥」御前様」にも」
七　さむさ」の」御障も」
八　おハしま」し候ハて」
九　めてたき」年を」御迎」
一〇　相か」はらす」御賑〻」しく」
一一　御」祝」被成候」御事と」
一二　めて」たく」御悦」申まいらせ候」私事」も」
一三　ふしに」年重」御賑〻の」
一四　御用共」勤まいらせ候」儘」憚様」
一五　なから」御心や」すく」思しめし」
一六　下され」候」まつ〳〵」
一七　年始」御祝」も」申まいらせ候」印迄」に」
一八　此品」御麁末」の」御事」乍」
一九　めて度」進上」申まいらせ候」なを〳〵」
二〇　御機」嫌共」よく」幾久」しく」
二一　万〻年」までも」めてたく」幾」
二二　年始の」御祝義」も」申入」まいらせ候」御事と」
二三　祝入」忝り」まいらせ候」折から」かん」気」
二四　御用心の様ニと存まいらせ候」

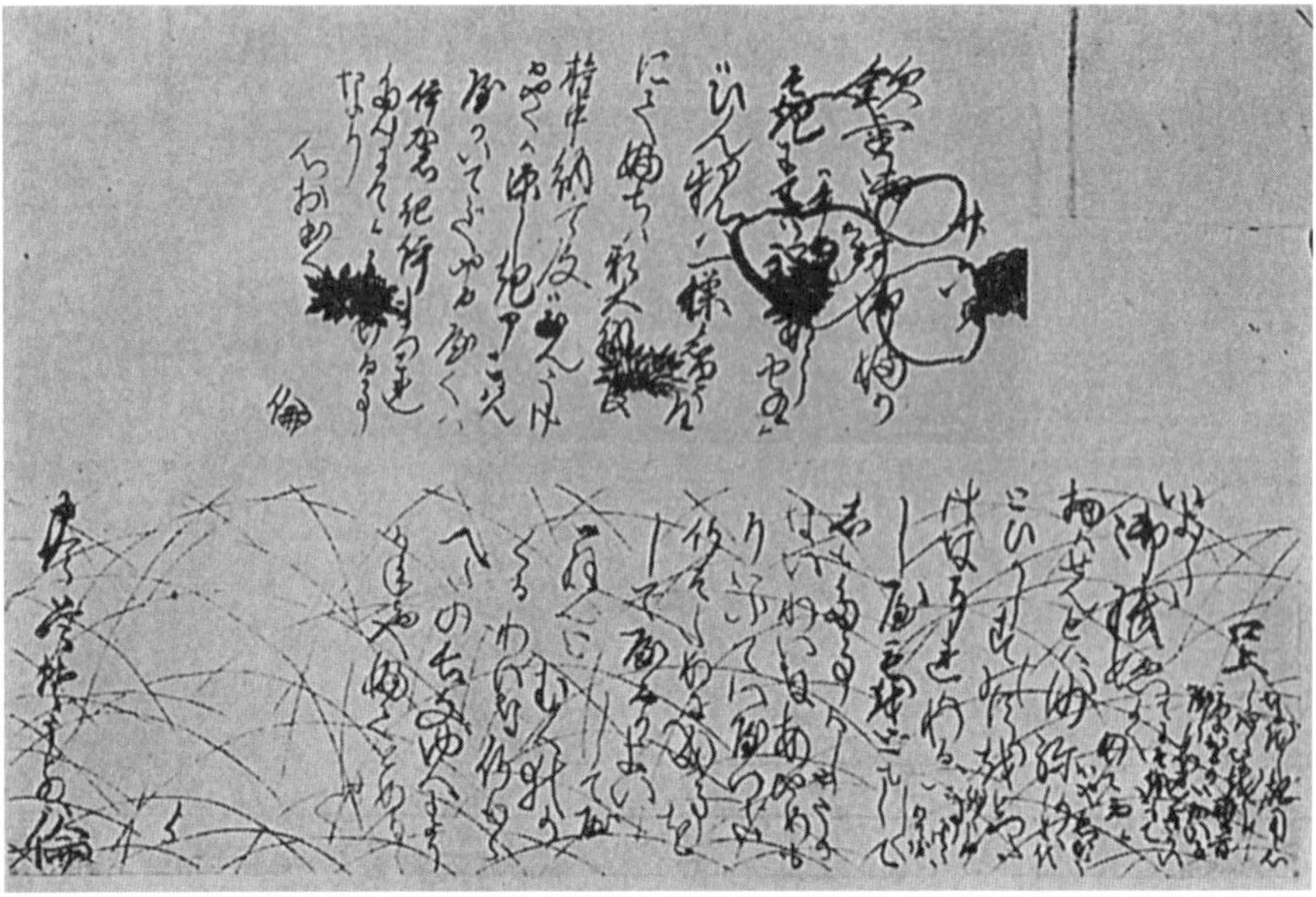

図－5　折り紙・ちらし書の手本

云　めて度」かしく」

松本

鶴子ゐ

人々申給へ候

岩上

亀子

なお、本書の口絵写真の「倫宮（つねのみや）の消息」は、仙洞御所においでになった倫宮様（大聖寺二十一世普明浄院玉鑑永潤宮、光格天皇の皇女、文政三年生れ）が、文政十二、三年ごろ、大聖寺の豊首座にあてて出された絵奉書・たてぶみである。

また、口絵の「恐悦申入れのお文」は、大正天皇御即位の節（大正四年）に、大聖寺はじめ、京都六尼門跡連名で、皇后陛下へ恐悦申し入れられたときのお文の下書きで横ちらしのものである。

註

（1）　御揃被遊……両陛下が御揃あそばされの意。

第三章　御所ことばの歴史的文献

この章では、御所ことばを記した歴史的文献を、有職故実書、御所ことば語彙集、辞書、婦人教養書、日記に分類し、さらに、これを時代順に配列して、御所ことばの歴史的文献を解説することにした。また、主なものは本文を載せた。

一　有職故実書

1　蜑藻屑所収の御所ことば（応永二十七年・一四二〇年 恵命院権僧正宣守著　三巻）

この書は、鎌倉中期以後室町初期に至る僧俗の故実を記したもので、その中で御所方の女房詞について簡明に触れている。御所ことば文献中最古のものであり、宮中で始まった御所ことばがすでに当時（室町初期）、足利将軍家の女房たちにも伝播使用されていたことを記してある。著者の恵命院権僧正宣守は、京都の御室御所・仁和寺の院家である恵命院の弟子筋に当たる。

資料として載せた本文は、陽明文庫所蔵の近衛基熙（もとひろ）（享保七年・一七二二年歿）筆の写本によった。陽明文庫本は、新校群書類従巻四九二の『海人藻介』と一部字句を異にするので、その点を所掲文献の右側に注記した。

陽明文庫本『蜑藻屑』所収の御所ことば

内裏仙洞ニハ一切食物異名ヲ付テ被召事アリ《也》一向不存知者当座ニ令迷惑者也《迷惑スベキ者哉》

飯ヲ《ヲハ》供御　酒ハ九献　餅ハカチン　味噌ハ《ヲハ》ムシ　塩ハシロモノ　豆腐ハカベ　索麺ハホソモノ　松茸ハマツ

鯉ハコモシ　鮒ハフモシ　ツグミハツモシ「《以下分注》ツクミハ《ヲ》供御ニハ不備也」ツク〳〵シハツク　蕨ハハ《ワ》ラ　ヒトモシ《葱》ハ

ウツホ　如此異名ヲ被付

近比ハ将軍家ニモ女房達ハ皆異名ヲ申云々　御菜ヲハメクリ《ヲメクリ》ト云　常ニヲマワ《ハ》リト云ハワロシ

椙原ヲハスイハ　引合ヲハヒキト申也

2　大上﨟御名之事所収の「女房ことば」（室町初期）

本書は、著者・年代の明記はないが、「慈照院御代」（慈照院は足利義政の諡号）すなわち足利義政時代（一四三五〜一四九〇）の大上﨟の名・深曽木・化粧・服飾・おさな名・女房詞などを記したもので、御所ことば約一二六語を掲げてある。将軍家の女房詞を記した最初の文献であり、内裏・仙洞の女房詞を記した一の『蜑藻屑』とともに、女房詞に関する重要文献である。本書や『蜑藻屑』には、二の『女中言葉』系語彙集にみられる雅語・歌語や一般婦人語の混入がない点をも注目すべきである。

資料として載せた本文は、新校群書類従巻四一四『大上﨟御名之事』所収の「女房のことば」によった。

『大上﨟御名之事』所収の「女房ことば」

一　い　ひ　御だいぐご、おなか、だいりには、いひにかぎらずそなふるものをくごといふ。
一　し　る　御しる、しるのしたりのみそを、かうの水といふ。
一　さ　い　御まはり
一　さかな　こんとも御さかなとも。
一　うほ〔を〕　御まな
一　しやうじん　御しやうじ物
一　がん　くろおとり、またがんとも。
一　たひ　おひら
一　やきもの　うき〳〵
一　ゐそ　こんもじ、しらなみとも。
一　こい　こもじ
一　ゐび　かゞみ物
一　すし　すもじ
一　かつほ　おかつ、から〳〵共
一　なまこ　はなだ
一　いりこ　くろ物
一　なます　おなま、つめた物とも。
一　な　べ　くろもの
一　かなわ　三あし
一　ふ　な　やまぶき
一　は　も　ながいおなま
一　かれい　ひらめ、かためとも。
一　いはし　むらさき、おほそともきぬかつぎ共。
一　からさけ　から〳〵
一　さ　ば　さもじ
一　さけ魚ノ名　あかおなま
一　かます　くちぼそ
一　するめ　よこがみ、する〳〵とも。
一　このわた　こうばい
一　た　ら　ゆき
一　かざめ　かざ
一　た　こ　たもじ
一　かまぼこ　おいた
一　水　おひやし、井のなか共
一　はまぐり　おはま

一いか　いもじ
一きじ　しろおとり
一もちい　かちん
一さけ（酒）　くこん
一ちしや。ちやう。　はびろ
一くき　くもじ
一そば　あをい
一たうふ　しろ物とも、かべとも。
一しほ　おいたみ、しろ物とも。
一ゆのす　くさ御す
一からのこ　てうづのこ
一やきしほ　やきおいた
一みそ　むし
一すりぬか　わりふね
一なすび　なす
一な　あを物
一くゝだち　くゝ
一さゝげ　さゝ
一大こん　から物
一にら　ふたもじ

一き　ひともじ
一あづき　あかとも、あか〳〵共。
一にんにく　にもじ
一いも　おいも、まもとも
一こんにやく　にやくとも
一まんぢう　まん
一かうの物　かうのふり
一ごばう　ごん
一わらび　わら
一まつたけ　まつ
一竹のこ　たけ
一あさづけ　あさ〳〵
一つく〴〵し　つく
一さうめん　ぞろ
一まめなつとう　いと
一ほしわらび　くろとり
一きね　なかぼそ
一うす　つく〳〵
一ゆ　おゆ
一ぜに　御あし、ゆくゐとも。

一 あ ぶ ら　あ《〔お〕》とのあぶらといふ
一 きりむき　きりぞろ
一 あへもの　みそ〳〵
一 じゆくし　じゆく
一 ひやしる　つめたおしる
一 ぞうすい　おみそう
一 ち ま き　まき
一 そばのかゆ　うすゞみ
一 ひやむぎ　つめたいぞろ
一 つくるかね　御はぐろ
一 てんもく　ちやわん
一 らつそく、むしろ、かたな、たゝみ、まめ、ふ
で、すゞり、じゆず、すみ、あふぎ、うちは、
はんぞう、かゆ、皆此たぐひ御もじをそへてい
ふよし
一 ふじやうになる事　さしあひ共云
一 大ぢうおなじ
一 こぢうおなじ
一 七どいり　七ど
一 五度いり　五ど
一 三度いり　三ど
一 あひの物　あひ
一 つゐがさねは、そうみやうなり。くぎやう、四
はうはつねの人はもちゐず。けんしやうを四方
にあけたるをいふ也

3　女房躾書所収の御所ことば

女房の心得を示した書であるが、著者は不明である。成立年代はおおむね室町時代のものと推定される。その「女房かたのことばの事」には、食料品・道具類・衣料品の語彙約一一八語が記載され、『蜑藻屑』や『大上臈御名之事』にはみられない新しい異名も収められている。次の「本文」は東北大学本によった。

本　文

女房かたのことはの事

一　たいをはおひらともおたしともいふ
一　あゆのいを丶はみつのはなといふ
一　さけのいを丶はおはづしといふ
一　ますのうお丶はみづのいろといふ
一　たらのうお丶はゆきのしたといふ
一　いわしをはおほそともおむらとも又むらさきともいふ
一　さしさはをはおさし共いろのと丶共云
一　こいのうを丶はおぬめりといふ
一　ふなをはおなおしともおひらめのと丶共云
一　はまくりをはおはまともおあわせ共云
一　さ丶いをはおふしともくさもし共云
一　あわひをはうみのくさ共ほそお丶ひ共云
一　うちあわひをはおうち共ほそひらめ共云
一　こめをはおめしとも又かちたる米はうちまきと云
一　しほをはなみのはな共おみかき共しろ物共云
一　めしをはおめしのはな共おま丶共云
一　たんごをはおまるともいし〳〵共まるめ共云
一　ねちもちをはおねり共おつかみ共いふ
一　もちをはおかちん共おあもともいふ
一　まめをはおめきらし共おはと〔ママ〕のみ共いふ
一　あつきをはおあか共あまもの共いろのまる共云
一　まめのこをはきなこともうすいろのこ共云
一　そうめんをはおそろともおひやし共云

一　なすひをはおきやす共なすとも云
一　みそをはむしともいろのみつ共云
一　ぬかみそをはさゝ〔「ん」脱カ〕し共ちらしみそ共いふ
一　とうふをはおかべといふ
一　てんがくをはおわたしといふ
一　うんとんをはあつものといふ
一　むきのこをはみつのこといふ
一　さけをはさゝ共九こん共いふ
一　しるをはおつけ共おかけ共いふ
一　なべをはくろものといふ
一　しやくしをはおゆがみといふ
一　ざるをはゆかきともおとおし共いふ
一　すりばちをはおまわしといふ
一　すり木をははちのみ共おめくらし共云
一　なますをはおなまといふ
一　ちしやの葉をはおはひろといふ
一　たいこんをはおはかた共かうのもの共云
一　にし〔にらカ〕をはおさがわし共おくさもの共
云
一　かふらをはおはひろのみ共おかぶ共いふ

一　あさつきをはありやけと云
一　ひともしをはおならしと云
一　ひるをはくさもしといふ
一　あへ物をはおよこしといふ
一　なしをばありのみといふ
一　かうの物をはおしおづといふ
一　ふりをはなつのものといふ
一　かきをはおさわしといふ
一　くしかきをはおくしのものといふ
一　こかしをは水のみともおちらし共云
一　水をはおひや共おつへたともいふ
一　とうみやうしをはおひやかしといふ
一　せんしちやをはおせんもしと云
一　くきつけをはくもし共おはつけ共いふ
一　やきもちをはおやきといふ
一　やうじをばおせゝりといふ
一　おふきをはおわをきといふ
一　あわせこそでをはうくひすといふ
一　おひをはおみをび共おみまわし共云
一　ひとへ物をはおみとり共おかさね共いふ

一　かたひらをはおみすかしといふ
一　ゆかたをはおみぬくひといふ
一　わたほうしをはあふらとりといふ
一　かうろをはおにをひの物といふ
一　ふせこをはおにをひのかけと云
一　くしをはおつ〔「な」脱カ〕かしといふ
一　かねつけふてをはおみやこめくりといふ
一　へに筆をはみやこいろと云
一　まゆはらひをはいろの筆と云
一　すゝりをみつくろ共たゝし〔ママ〕ひ共云
一　ろうそくをはおわかし共とほし共云
一　かやをはおひかしといふ
一　銭をはおあしと云
一　こざをは敷をはおとことると云おふくつし共云
一　ふとんをはおうわしきといふ
一　てのこひをはおみつとりといふ
一　てうす水をはおかいといふ
一　このとをりよく〳〵御おほへ候へく候

4　貞丈雑記・その他

著者は伊勢貞丈で、宝暦十三年起稿、天保十四年の刊である。この書は礼法、祝儀、人品、官位、装束、飲食、進物、武具、言語など三五部類に分かって、その有職を詳述したもので、御所ことばについては巻六（飲食の部）に、「禁中女房の詞食物異名品々禁裏女房内々記に云」として、約九二語を記してある。ここに引用された『禁裡女房内々記』の箸者および著作年代は不明であるが、伊勢貞丈も指摘しているように、内容的にはおおむね室町時代のものとみてよい。また類書として『洞中年中行事』（室町時代）（国田百合子氏著『女房詞の研究』所収）、『後水尾院当時年中行事』（江戸時代）がある。

貞丈は「言語之部」において、御所ことばについて若干の解説を加えている。

なお現代のものとして、『女官』（河鰭実英氏著　昭和二十四年刊）や『宮廷秘歌』（小森美千代氏著　昭和二十五年刊）などがある。

二　御所ことば語彙集

次に掲げる『女中言葉』（根井新兵衛書写）、『女言葉』（伊藤甚右衛門幸氏書写）、『女中詞』（大蔵朝臣書写）は、いずれも同系統の著述であると考えられる。松井利彦氏の「元禄五年本女中詞」（『近代語研究』第三集　昭和四十七年一月刊）によれば、これら同類の女中ことば集は一好事家の手によるものではなくて、小笠原流女性用語集ともいうべき性格のもので、これら写本の源流の原著者は、小笠原流の礼法家、水嶋卜也ではないかと同氏は推定している。

1　女中言葉　（正徳二年写本）

本書は、著者・成立年代ともに不明であるが、おそらく江戸期（正徳二年以前）のものと考えられる。『女中言葉』という名称からもわかるように、当時の婦人の言葉遣いを知るための手引書であったと思われ、語彙集の体裁をとってみやすくしてある。

狭義の飲食物（一三一）、魚介（四六）、果物・野菜（三五）、鳥類（八）、植物（四九）、衣類（四四）、文具・日用品・道具（七二）、紙類（八）、人倫・人称（一七）、身体（九）、数の名（八）、形容・動作（四〇）、その他（三）にわたって、女房詞約五〇三語が掲げてある。なお本書には、従来あまりみられなかった「一、おまへさま　奥様と云事、一、そもじ　そなたと云事」などの人倫関係の語が掲げられている。

『女中言葉』の写本には、東北大狩野文庫所蔵のものと、東大国語研究室所蔵との二本がある（菊沢季生氏が両者を校合して、昭和九年八月号の『方言』に「女房言葉に就いて」と題して掲載。狩野本にのみあるものは（カ）と記した）。こ

の中、狩野文庫本には

根井新兵衛玄知

正徳弐年壬辰二月十五日

赤是伴蔵殿え

の奥書があるので、正徳二年の写本であることが知られるが、東大本は書写の筆者も年代も不明である。なお『女中詞』と称する東大国語研究室所蔵の黒川真頼本は、この『女中言葉』とほとんど類似している。

本書の記載形式は冒頭に

一、三つの初　正月朔日の事（カ）
一、わかなの節句、人の日トモ　正月七日の事（カ）
一、ももの節句、みさゝ草の節句　正月三日の事（カ）
一、あやめの節句、ふききの御祝儀トモ　五月五日の事（カ）
一、文月の節句、かちの葉のいわゐ　七月七日の事（カ）……を掲げ、中ほどに
一、あさあさ　あさづけの事　一、くもじ、おはづけ　くきづけの事（カ）
一、白子草（カ）白根草（ト）　いもがらの事　一、をかべ　とうふの事
一、せんもじ　せんじ茶の事（中略）……最後は次で終わっている。
一、琴は　だんずると云（カ）　一、花は　一ともとと云（カ）
一、つゐまつ　歌がるたの事（カ）　一、なし物　たたきの事（カ）

2　女言葉（享保七年写本）

本書も、著者・成立年代ともに不明であるが、内容が1の『女中言葉』や3の『女中詞』と類似しているところから、三者は同じ源流から出たものと考えられる。流布の途上、語数（語種）にも増減が加えられ、書名も『女中言葉』『女言葉』『女中詞』と少しずつ変化し、語順も入れかわったと思われる。

本書の写本としては、東北大狩野文庫所蔵のもの（菊沢季生氏が昭和九年十二月号『国語研究』に、「女言葉――伊藤幸氏」として掲載）があり、女性語四三三語を収めてある。その奥書に

右童女指南為稽古諸書考記置畢、後人者猶増補女子朝夕之言語之為序有指南者也

享保七年壬寅二月廿二日　伊藤甚右衛門幸氏

と記されているので、その書写年代と書写の目的を知ることができる。

本書の記載形式は冒頭に

一、正月朔日のこと　みつの初と云　　一、正月七日のこと　若なの節句、人の日とも云

一、三月三日のこと　桃の節句、みき草の節句　　一、五月五日のこと　あやめの節句、ふきき草の節句

一、七月七日のこと　文月の節句、かちのはの節句……（中略）を掲げ、巻末は

一、かうかのこと　かんじよ　　一、昆布　ひろめと云

一、梅干を　おしわ物　　一、お火上り　枕直しのこと

で終わっている。

この『女言葉』は、既述の『女中言葉』（正徳二年・一七一二）や次項で述べる亀田次郎氏蔵本『女中詞』と大同小異であるが、三書のうち、本文は最も精確で、御所ことばなどの所収語は本書が四三三語、『女中言葉』（狩野本と東

大本の両書を校合したもの）は五〇三語、『女中詞』は三三一語である。

3　女中詞（嘉永元年写本）

本書の写本としては、亀田次郎氏蔵本〔玉岡松一郎氏が昭和九年十一月号『方言』に「女中詞（亀田次郎氏蔵本）」と題して掲載〕、東大図書館蔵の二本、静嘉堂文庫本などがある。この中、亀田次郎氏本の『女中詞』は、表紙・用紙・書体などからして、正徳二年書写の狩野文庫本『女中言葉』とほぼ同年代の写本と思われる。また東大本中の一本（嘉永本）と静嘉堂本は、亀田次郎氏本に類似しており、その中、東大本（嘉永本）には、次の奥書がある。見返しの部分に

大伴宿禰直剛廼本乎母天宇津之遠衣奴留者　　大蔵朝臣（花押）
嘉永元年十二月四日夜奈里計梨

また巻末に

右一巻以伊藤通久本騰写也
嘉永三年二月八日　　大蔵朝臣

なお、『女中詞』のうちで、東大国語研究室所蔵の黒川真頼本は、語数・語順など諸本と異なり、むしろ『女中言葉』に類似している。

内容は、東大本『女中言葉』と、ほとんど近似している。ただ本書のやや著しい特徴としては敬意の接頭語「お」をつけてあることが東大本より一層多く、「お|敷たへ・お|めんてふ・お|ふみ・お|けたれ・お|そへこ・お|油とり・お|它灶・お|它懸・お|かわほり・お|手なれ草・お|つたみ・お|ひるくこ・お|よこし・お|くろ物・お|かうかう・お|とし・お|かん

くろ」の一七語に冠され、反対に東大本で「おはかため・おかゝ」とあるのが、亀田本では「はかため餅・かゝ」となっている。

またこの本では、正徳本『女中言葉』・伊藤幸氏写本『女言葉』より漢字を用いることが一層多くなっている。

本書の記載形式は冒頭に

一、白かさね　白無垢なり
一、御身こり おかさね　単物事
一、いわた帯　懐妊帯也……を掲げ、中ほどに
一、かこもり　野老
一、たけとは　きのこ
一、こんとは　午蒡の事　（中略）、最後は
一、草きぬ うす絹共　被なり
一、長かつら なかかけ　長かもし也

一、山吹とは　黄無垢なり
一、うくいす なはた絹　袷の事
一、かい老　海老
一、木のめ　柚の葉
一、おまわし　腰巻
一、つほなり ほろぎ　かいとり

で終わり、女房詞など計三三一語を掲げてある。

4　公家言葉集存

この御所ことば語彙集は、華族会館旧堂上懇話会（同幹事大原重明伯爵）が昭和十九年に、当時の公家言葉を集めたときの草案で、敬称・人称・小児語など十項目に分類して、総数三七二語を収めてある。旧公家衆や河鰭実英氏らの公家言葉の資料を、大原重明伯爵、正親町鍾子典侍・山口正子権典侍・穂穙英子内侍の旧女官が検討し、さらにこれを回覧して各公家に増補を依頼してできたものである。この草案は、草案のままで終わり、その完成をみなかったが、

本文は、わら半紙八枚に謄写印刷されたものである。われわれはこれを発見し、旧堂上会（京都）の厚意によって、本書にその草案を掲げることができた。

この語彙集は、華族会館旧堂上懇話会の組織を通じて、公家自身が中心になって共同調査したものであること、公家言葉語彙集として、ほとんど最初の文献であり、従来は学界に知られていなかったこと、この資料によって、終戦前の一般の公家の言葉、宮中女官の言葉、尼門跡の言葉などの実態がわかる点、所収語が三七二の多数にのぼることなどの諸点からみて、きわめて注目すべき貴重な資料と思われる。所収の三七二語の内訳は、敬称一七、人称四一、小児語七、女官女職二〇、飲食物一三一、身体一八、衣服・品物五九、動作・形容六八、殿舎五、その他六である。

公家言葉集存

○上記ハ公家言葉
下記ハ注釈ナリ

（一）敬　称

主《ユッ》上《シヤウ》	天皇陛下
当《タウ》今《ギン》	同上
禁中《キンチウ》サン	同上（生源寺旧女官談話）
御《オ》カミ	同上
御《ゴ》所《シヨ》	同上
皇后宮《クワウゴウグウ》	皇后陛下
皇后《クワウグウ》サン	同上
皇太后宮《クワウダイコウグウ》	皇太后陛下
大宮《オホミヤ》サン	同上
東宮《トウグウ》サン	皇太子殿下
東宮《ハルノミヤ》サン	同上
御息所《ミヤスドコロ》サン	皇太子妃殿下
君サン	同上（生源寺旧女官談話）
・・・宮	皇族殿下
・・（宮）サン	同上
御息所サン	同上の妃殿下
・・君サン	同上

（二）人称　公家衆の自称及その家中よりの称呼

御所様《ゴッサン》	摂家清華大臣家以上の主人
大御所様《オホゴッサン》	同上の隠居
若御所様《ワカゴッサン》	同上の若主人
殿《トノ》　様《サン》	諸家堂上家の主人
大殿様《オホトノサン》	同上の隠居
若殿様《ワカトノサン》	同上の若主人
お方サン	方領米を拝受する息
御簾中様《ゴレンチウサン》	室（摂家清華）
君《サミ》　様《サン》	宮様より御降嫁の室
御裏様《オウラサン》	武家より嫁せる室（摂家清華）
・・・君様《サン》	子息（摂家清華）
・・・君様	子女（摂家清華）
御督様《オカミサン》	室（諸家堂上家）
奥　様《サン》	武家より嫁せる室（諸家堂上家）
奥方サン	同上（諸家堂上家）
若　様《サン》	子息（諸家堂上家）
・・・丸様《サン》	同上（同上）
オチゴサン	同上（同上）
・・・姫様《サン》	子女（諸家堂上家）
トウサン	子息子女（諸家堂上家）
・・・君	清華以上にて父母より子を呼ぶ時
・・・丸	諸家堂上家にて父母より子を呼ぶ時
・・・姫	同上
アモジ	姉（正親町家の例による）
ヒモジ	姫
家女房《イヘノ》	側室（直接に呼ぶ時は名を呼ぶ）
ソノ御所様《ゴッサン》	あなた様（清華以上の家）
御《ゴ》　前《ゼン》	あなた（男女共）
何　様《サン》	同輩同志の時
ソナタサン	貴君
尊　公	同上（公家男子間の語）
アナタ	同上
左府公	大臣に向ひ話す時
右府公	大臣に向ひ話す時
内府公	同上
ソナタ	其方
ソモジ	同上（目下）
ソチ	同上
ワシ	自分の事
コチ	同上
部《ベエ》	下僕

（三）小児語　敬称（父母兄弟姉妹　実子として他家へ入家せし時も同様に称す）

御申様《オマウサン》	御孟様とも記す事あり　宮中宮家をはじめ奉り摂家清華大臣家にて父上を称す
御多々様《オタアサン》	宮中宮家をはじめ奉り摂家清華大臣家にて母君を称す
御出居様《オデエサン》	諸家堂上家にて父上を称す
オタアサン	同上の母上を称す
御兄《オニイ》サン	兄（宮中堂上）

御姉《オネイ》サン　姉（宮中堂上）

・・・サン　弟又は妹（宮中堂上）

（四）女官官職

ニョクワン　女官

ウチノニョバウ　内女房（主上御侍附の女官、即ち典侍掌侍・命婦・女蔵人・御差）

ス　ケ　典侍

ダイスケ　大典侍（奥向の取締りをする職掌）

大スモジ　同上（御湯殿の上の日記）

権スモジ　権典侍（御湯殿の上の日記）

新スモジ　新典侍（御湯殿の上の日記）

内《ナイ》侍《シ》　掌侍

長橋局《ナガハシノツボネ》　勾当掌侍（口向の取締りをする職掌）

今《イマ》参《マヰリ》　新らしく奉仕せる高級の女官

メウブ　命婦

ニョクラウド　女蔵人

オサシ　御差

御《オ》下様《シモサマ》　命婦・女蔵人・御差を総称す

大乳人《オホチノヒト》　命婦の次席

三《ミ》頭《カシラ》　大典侍・勾当掌侍・伊予命婦の頭をいふ

三《ミ》仲間《ナカマ》　御末《オスエ》・女孺《ニョジュ》・御服所《ゴフクドコロ》をいふ

雑《ザツ》仕《シ》　仲居・茶之間をいふ

針《シン》女《メウ》　女官の御局に於ける上級の女中

仲《ナカ》居《ヰ》　女官の御局に於ける台所の女中

（五）飲食物に関する称呼

ウチマキ　米（高倉子爵談話）

オヨネ　同上

オクマ　御供米（高倉子爵談話）

ゴゼン　飯（御上の御料）（大原伯爵談話）

オバン　同上（女官の料）

ハ　ン　同上（自分の飯のこと）

ホモジ　乾飯（高倉子爵談話）

コワゴ　赤飯（大原伯爵談話）

コワクゴ　同上（同上）

フキヨセ　かやく御飯にだしのつゆをかけたもの

オフタタキ　二度たきの飯

オユニ　粥

オユノシタ　焦飯の粥

ウスズミ　蕎麦粥（御逸事　明治天皇の御逸事を藤波子爵の調査せしもの）

オカチン　餅（高倉子爵談話）

オベタベタ　餅に餡をまぶしたもの

オススリ　お汁粉（大原伯爵談話）

御焼ガチン　菱葩《ヒシハナビラ》

小《コ》戴《イタダキ》	円形の餅片に少し許りの小豆餡(但し砂糖なし)を盛りたるもの
烹《バウ》雑《ザウ》	正月元日に聞し召さるる御雑煮の一種
オアサノモノ	朝聞し召す餅
オヒシ	菱餅(御逸事)
ヒシガチン	同上
カキガチン	かき餅
オカキ	同上
イリイリ	豆の入りしあられ(生源寺旧女官談話)
ソモジ	蕎麦(高倉子爵談話)
ヒヤゾロ	冷麦
ゾロ	索麪(御逸事)
ゾロゾロ	同上(後水尾院年中行事)
オスモジ	鮨(高倉子爵談話)
スモジ	同上(大上﨟御名之事)
ヤハヤハ	萩餅(高倉子爵談話)
オマン	饅頭(御逸事)
オセン	煎餅(生源寺旧女官談話)
オイシイシ	団子(御逸事)
イシイシ	同上

マキ	粽(御逸事)
ウキウキ	白玉(御逸事)
チリチリ	麦こがし(大原伯爵談話)
チリノコ	同上(同上)
キイモ	薩摩芋
ヤヤイモ	小芋
オヒヤ	水(御逸事)
オサユ	湯(生源寺旧女官談話)
ササ	酒(御逸事)
オッコン	酒(高倉子爵談話)
クコン	同上(御逸事)
シロザサ	白酒(御湯殿の上の日記)
ネリクコン	同上(御逸事)
ネリオッコン	同上(生源寺旧女官談話)
天野	天野酒(御湯殿の上の日記)
オキジ	雉酒
アマオッコン	甘酒(高倉子爵談話)
シロモノ	塩(同上)
ムシ	味噌(御逸事)
オムシ	同上(御湯殿の上の日記)

オシタヂ	醤油(高倉子爵談話)
オツユ	すまし汁(生源寺旧女官談話)
オムシノオツユ	味噌汁
オミオツケ	同上(高倉子爵談話)
オカウコ	漬物(生源寺旧女官談話)
オクモジ	菜の漬物
カウモフリ	沢庵(御逸事)
スイクモジ	すぐき(高倉子爵談話)
オマワリ	副食物(同上)
ヒドリモノ	焼きものの総称(同上)
オアヘノモノ	和物(生源寺旧女官談話)
ワリフネ	磨糠《スリヌカ》(御逸事)
イト	納豆(御湯殿の上の日記)
ニャク	蒟蒻(同上)
カベシロモノ	豆腐(御逸事)
カベ	豆腐(御湯殿の上の日記)
オカベ	同上(生源寺旧女官談話)
ヤキオカベ	焼豆腐(高倉子爵談話)
アゲオカベ	揚豆腐(生源寺旧女官談話)
ウノハナ	豆腐の殻(高倉子爵談話)

アカ	小豆	（御逸事）
アヲモノ	菜	（生源寺旧女官談話）
軒《ノキ》信《シノブ》	乾菜	（高倉子爵談話）
オハビロ	萵萱《チサ》	
カラモノ	大根	（御逸事）
ゴン	牛蒡	（同上）
オカボ	南瓜	
ナス	茄子	
ネモジ	葱	
ネブカ	同上	（御湯殿の上の日記）
ヒトモジ	同上	（御逸事）
フタモジ	韮《ニラ》	（同上）
ニモジ	大蒜《ニンニク》	（大上臈御名之事）
タケ	筍	（御逸事）
タケノオバン	筍飯	
マツ	松茸	（御逸事）
マツノオバン	松茸飯	
ツク	土筆	（御逸事）

ワラ	蕨	（同上）
アンラ	花梨《カリン》	
オマナ	魚	（大上臈御名之事）
オヒラ	鯛	（御逸事）
グジ	甘鯛	
オカカ	鰹節	（御逸事）
オムラ	鰯《イワシ》	（同上）
オホソ	同上	（高倉子爵談話）
アカオマナ	鮭	（御逸事）
エモジ	鰕《エビ》	（同上）
ユキ	鱈《タラ》	（同上）
ナガイオマナ	鱧《ハモ》	（同上）
クチホソ	魳《カマス》	（同上）
カザ	蝤蛑《カザメ》	（同上）
シラナミ	鰣《エソ》	（同上）
タモジ	鮹《タコ》	（同上）
サモジ	鯖	（高倉子爵談話）
ユカリ	鰊	

カズカズ	数の子	
ウ	鰻	
ヤマブキ	鮒	（御逸事）
コモジ	鯉	（同上）
イモジ	烏賊	（同上）
スルスル	鯣	（大上臈御名之事）
コウバイ	海鼠腸《コノワタ》	（御逸事）
リョウリョウ	煎海鼠《イリコ》	
タツクリ	鱓《ゴマメ》	
ヤヤトト	縮緬雑魚《チリメンザコ》	（高倉子爵談話）
ジャモ	同上	（同上）
オナガ	長熨斗	
オイタ	蒲鉾	（御逸事）
オナマス	膾《ナマス》	（生源寺旧女官談話）
オナマ	同上	（御逸事）
オハマ	同上	（御逸事）
クロオトリ	雁	
シロオトリ	雉	（御逸事）

（六）身体に関するものの称呼

オツム　頭
オグシ　髪
シン　眉毛（大原伯爵談話）
御ミクビ　首（生源寺旧女官談話）
クモジ　同上（御湯殿の上の日記）
オスソ　足（生源寺旧女官談話）
オミヤ　同上

御ミアセ　血（お上）
アセ　血（高倉子爵談話）
オヌル　発熱（お上）
歓《カン》楽《ラク》　御目出度き時に病気せるをいふ
子細ノ所労　表面上忌引出来ざる時例へば生母或は実子等の死せし時に所労引に称ふる語
オムサムサ　軽症（御逸事）

オヨシヨシ　平癒（生源寺旧女官談話）
オマケ　月経
マケ　同上（御逸事）
オトウ　大便（高倉子爵談話）
オチョウズ　小便（小水）（同上）

（七）衣服・品物に関する称呼

御《ゴ》服《フク》　着物（お上）
オメシモノ　同上（目上）
オメシ　同上
メシモノ　同上（目下）
オシャウゾク　袍
オヒトヘ　単
オミアハセ　袷
オナカイレ　綿入（生源寺旧女官談話）
オデンチ　ちゃんちゃん

オモジ　帯（お上）（生源寺旧女官談話）
オミオビ　帯（宮様以下）
オカカヘ　丸絎《マルグケ》（生源寺旧女官談話）
シマカミ　縞社袮
御サラシ　かたびら（生源寺旧女官談話）
オユカタ　湯上り着（同上）
御カクシモノ　襦袢（お上）（同上）
オヒヨ　同上
ナガヒヨ　長襦袢

オシタノモノ　襁褓《ムツキ》（目上）
オムツ　同上（御逸事）
シタノモノ　男女犢鼻褌
イタノモノ　緞子・繻珍の類
ネモジ　練絹
越後　越後上布
オナカ　綿（高倉子爵談話）
ヤハヤハ　同上
オトコ　寝具（高倉子爵談話）

オジョウ　同上
オシトネ　茵
オシトネ　座布団（高倉子爵談話）
オスエ　末広（御逸事）
オセンス　扇
メシモノ　履物（生源寺旧女官談話）
金《コン》剛《ガウ》　草履
ナガサヲ　長持
オコタ　炬燵
オアカリ　燈火具
小盞　硯蓋
ミツアシ　三脚燭台
ケタル　剃刀
オケタ　同上
オハグロ　鉄漿（生源寺旧女官談話）
鳥《テウ》目《モク》　銭（高倉子爵談話）
御宝《タカラ》　同上（大原伯爵談話）
ノモジ　糊（高倉子爵談話）
ツク〳〵　月見の時用ふる臼（御逸事）
オヒツ　飯櫃
シャモジ　杓子
シュンカン　深い茶碗（高倉子爵談話）
オカブト　深い皿
オミハシ　箸（生源寺旧女官談話）
大《オホ》清《ギヨ》　陛下の御品物（御食品も含む）
清《キヨシ》　御祭の御料
「何」印　宮様方の御品
中《チユウ》清《ギヨ》　臣下の料
セキモリ　いかき（笊）（大原伯爵談話）
コボコボ　ぽっくり（女子用下駄の一種）（大原伯爵談話）
ジンコ箱　塵箱（同上）
オアクキリ　灰皿

（八）動作及形容に関する称呼

行《ギヤウ》幸《カウ》　主上の御出行（遠近共）をいふ
御《ゴ》幸《コウ》　上皇の御出行（遠近共）をいふ
行《ギヤウ》啓《ケイ》　后宮・東宮の御出行（遠近共）をいふ
ギョシナル　就床（お上）
オスマル　同上（同上）
ミコシ　同上（同上）
ギョシン　同上（宮様）
オシヅマル　同上
オヒケ　同上
オヒル　起床（お上）
オヒナル　起床（高倉子爵談話）
出《シユツ》御《ギヨ》　宮中の或る殿にお出ましのこと
入《ジユ》御《ギヨ》　宮中の或る殿より御退出のこと
クワンギヨ　親王関白の御帰還
クモジ　還御（御湯殿の上の日記）
カタヅク　嫁に行くこと（大原伯爵談話）
オシツケ　試嘗・試饌
御沙汰　仰せ
メシアガル　飲食する
メス　着る・人を呼ぶ
アゲル　してあげる（例　髪をあげる　御召をあげる）

アソバス　すること
シヤス　同上（大原伯爵談話）
シヤッタ　したこと（目下）（大原伯爵談話）
ナラシャル　入来（目上）
オイデニナル　同上
マヰル　来る
キヤッタ　来た（目下）（大原伯爵談話）
オヒロヒ　歩行（高倉子爵談話）
オワシヤッタ　居られた（大原伯爵談話）
有ラシャル　有ること（目上）
オナシ　抱くこと（生源寺旧女官談話）
オタタ　おんぶ
スベス　物を撤下すること
オトギ　相手をする
ハヤス　食物を細かくきざむこと
ナホス　食物を切ること

（九）殿舎に関する称呼

御清所《オキヨドコロ》　御料の御調理所
局口　女官の出入口・女中の出入口

ワタス　漬物等を切ること
ヒドル　物を焼くこと
シタタメル　煮ること
スマス　洗ふこと
オススギ　器物を洗ふこと
オスマシ　衣類等を洗ふこと
テウヅヲツカフ　洗顔
オシマヒ　化粧
オグシアゲ　結髪
オナデ　髪をなでつけること
タレル　剃ること
オタレガアガル　お剃りすること（生源寺旧女官談話）
オミヨウガヒ　嗽（お上）
オイトボイ　可愛い
イトボイ　同上（高倉子爵談話）
オイトシイ　気の毒
オトウ　厠（御逸事）
御手洗所《オチヨウズドコロ》　厠　御料（生源寺旧女官談話）

オスルスル　無事に
キヨクンナコト　驚くこと（高倉子爵談話）
キヨウガル　驚く（同上）
ムツカル　泣く（同上）
オイシイ　美味（同上）
ムツカシイ　高価なること（大原伯爵談話）
ヒクイ　低価なること（同上）
オメモジ　面会
与《ヨ》達《ダツ》　代理（高倉子爵談話）
上ゲマシャル　御上方よりの御献上
賜リ物　拝領品（大原伯爵談話）
下サレ物　同上（同上）
進ゼラル　贈与（御上方）
オカハリ　代価（大原伯爵談話）
オスス　煤払
閑所　同上（高倉子爵談話）

（十）其の他の語

オトシメシ　老人（御逸事）

御徳日　悪日

——オユ　浴

——オミヤ　土産

——寺《テラ》下ゲ　次男以下の子供の死亡

——ヒトマス　一升

三　辞書

1　日葡辞書

一六〇三年（慶長八年）に本編が、翌年に補遺が長崎学林から出版された。イエズス会宣教師数名が共編した。当時の標準語のほか方言・歌語・卑語・女性語など三二、八〇〇語を含み、語義のほか用法をも注記した室町時代語の研究には貴重な資料である。ここにあげた御所ことば資料はパジェスの仏訳本（Léon Pagés : Dictionnaire Japonais-Français 1868. Paris）によって筆者が訳出した（＊印は原典補遺に記載の分である）。例語にみられるように、Parole féminine 女性語、expression féminine 女性的表現、parole de femmes 女性の言、mot féminin 女性的語、Parole dont se servent ordinairement les femmes 普通女が使う言、のような注記のある語をすべて採った。これらの注の術語には、大した意味の差はないものと思われる。また「お」のついたことばにすべて「女性語」の注がある。ヨロコブの項には、パジェスの補記があり、Cami（上）とあるのは京都のこと（下は長崎）である。女房詞資料としての本書の価値は十分認識されなくてはならない。次に示す女性語は五十音順にした。なお「方言」第三巻五号に近藤国臣氏の紹介がある。

*　　*　　*

アカ　Aca. c. -à-d すなわち Azzouki, アヅキ. Espèce de petits haricots. 小さい豆の一種。（Peut-être おそらく le *Rottlera Japonica.* Sprengel-Hoffmann.）（Parole féminine 女性語）

*アカヲマナ　Acawomana, Saumon, poisson 鮭，魚（Parole féminine 女性語）

*アモ　Amo, Boulettes de farine de riz 餅，米の粉のだんご（parole des femmes et des enfants 女と子供の言）

イド，ヲイド　Woido, expression féminine pour désigner la partie postérieure du corps, en parlant avec respect. 敬意を以て話すとき，尻を示すための女性的表現。

ウチマキ　Outchimaki, Riz. 米 Parole féminine 女性語。

ウツヲ　Outsouwo, Ciboules, oignons 葱，王葱 Parole féminine 女性語。

*カウ　Cŏ, c. -à-d すなわち Miso, ミソ（Parole féminine 女性語）

*カエリコト　Cayericoto, Réponse par lettre 返信（Parole féminine 女性語）

*カヽ　Caca, c. -à-d. すなわち Catsouwo, カツヲ Nom d'un poisson 魚の名（Parole féminine 女性語）

カチン　Catchin,（Motchi モチ）, Boulettes de riz 餅（parole féminine 女性語）

カブ　Cabou. Pied ou souche de l'arbre, du bambou, etc., qui demeure après que la tige est coupée. 茎が切られて後に残る木または竹の根元又は株 ‖ Racine du navet, ou navet 蕪（の根）または蕪 parole féminine 女性語）, mieux もっとよくいうと *Caboura.*

*カベ　Cabe, c. -à-d. すなわち Tŏfou, タウフ, Epsèce de fromage qui se fait avec des haricots pulvérisés 粉末にした豆で作られるチーズの一種（parole féminine 女性語）

*カラコ　Coraco, son pour laver les mains 手を洗うための糠（parole féminine 女性語）

*カラモン　Coramon, Radis 二十日大根（parole féminine 女性語）

キヤモジナ　Kiamojina, ou または *Kiacha,* キヤシヤ Chose propre, nette, polie, pure, et agréable à voir. きれいな, 清潔な, 磨かれ, また見て気持のよいこと。Parole féminine 女性語。

*キリ　Kiri, Réchaud en bois, revêtu intérieurement d'argile, et fermé, dans lequel les Japonais mettent du feu pour se chauffer les pieds en hiver 内部を粘土で被い，閉じた木の焜炉で，その中に日本人は冬，足を暖めるために火を入れる chaufferette 足こたつ，Parole féminine 女性語。

*キリゾロ　Kirizoro, c. -à-d. すなわち Kirimoughi, キリムギ Espèce de vermicelle, そうめんの一種。Parole fèminine 女性語。

*ギンシ　Ghinchi, ‖ Vermicelle そうめん（parole féminine 女性語）

グゴ　Gougo, c. -à-d. すなわち *Mechi* メシ，riz cuit 飯（expression féminine 女性的表現）

クコン　Coucon, vin 酒（expression féminine 女性的表現）

*クチボソ　Coutchiboso, c. -à-d. すなわち *Camasou,* カマス nom d'un poisson 魚の名 expression féminine 女性的表現。

*クモジ　Coumoji, barbes ou racines de raves ou de navets, confits dans la saumure. 漬物用の塩水の中につけた蕪またはかぶらのひげ状のものまたは根（parole féminine 女性語）

*クロモノ　Couromono, marmite 鍋（expression féminine 女性的表現）

ゲヽ　Gheghe, c. -â-d. *Jŏri* ジヤウリ，Chaussure comme des sandales de paille 藁のサンダルのような履物，草履（expression féminine 女性的表現）Gheghewo sourou ゲヽヲスル，chausser de ces sandales de paille 草履を履く。

コウカ　Côca.（*Chiriyeno tana* シリエノタナ，c. -à-d. すなわち *Chôbenjo.* シヨウベンジヨ），cabinets pour les moindres nécessités 小便所（Expression féminine 女性的表現）

*コナカケ　Conacake, bouillon de riz, d'herbes, etc., ou autre mets mélangé 米・菜等のブイヨン，または他の混合食品。

*コ　モ　ジ　Comoji, froment 小麦（parole féminine 女性語）

サ　ヽ　Sasa, c. -à-d. すなわち *Sake* サケ Vin 酒 Parole féminine 女性語。

サヽヂン　Sasadgin, c. -à-d. すなわち *Noucamiso*, ヌカミソ, *Miso* fait avec le son du riz. 糠でつくったみそ（ぬかみそ）Parole féminine 女性語。

*サヽノミ　Sasanomi, c. -à-d. すなわち *Sakeno cazou* サケノカズ《ママ》, Résidu qui demeure après que le vin est exprimé. 酒がしぼられた後に残る残滓。Parole féminine. 女性語。

シ　ヽ　Chichi, Urine des enfants 子供の小便（parole féminine 女性語），*Chichiwo sourou*, シヽヲスル, Uriner 小便する（les enfants 子供たち）faire pipi おしっこする（bas 卑語）

シ　ヾ　Chiji, membre viril d'un enfant 子供の陰茎，（parole féminine 女性語）

*シタヂ　Chitadgi, Froment 小麦，（しょうゆか？）（parole féminine 女性語）

シロモノ　Chiromono, sel 塩（Parole féminine 女性語）

スマス　Soumachi, sou. ‖ Laver 洗う：parole féminine 女性語. Camiwo Soumasou, カミヲスマス, Laver la tête, ou les cheveux 頭または髪を洗う。

ゾ　ロ　Zoro, c. -à-d. すなわち *Sõmen*, サウメン, Vermicelle そうめん, Parole féminine 女性語。

チヽゴ　Tchitchigo, Père 父：parole féminine 女性語。

*ツキナイ　Tsoukinai, Chose impertinente et déplacée. 無作法で当を得ぬこと Parole féminine 女性語。

ツ　ワ　Tsouwa, Salive 唾：Parole féminine 女性語。

*テモト　Temoto ‖ c' est-à-dire すなわち, *Fachi* ハシ Les deux bâtonnets avec lesquels mangent ordinairement les Japonais：それを使って，日本人が普通食事する二つの小さい棒（箸）。

デン　Den, espèce de tranches, p. ex, de fromage frais. Ces tranches sont faites d'un fromage de haricots pulvérisés, et pétris avec du *Miso* ; elles sont mises en brochettes et grillées.（田楽豆腐）たとえば，新鮮なチーズに似た薄切れの一種，この薄切れは粉末状にされ，みそで捏ねられた豆のチーズで作られている。それらは小串にさして鉄炙で焼かれる。（Le mot *Den* est une expression féminine デンなる語は女性的表現である。）

*トヽ　Toto, c. -à-d. すなわち *Iwo* ウヲ，Poisson 魚，Parole féminine 女性語。

*ニモジ　Nimoji, Ail 韮：parole féminine 女性語。

ネモンジ（ネは子と記される）Espèce d'étoffe blanche du Japon 日本の白ねりの織物の一種 mot féminin 女性的語。

*ハギノハナ　Faghino fana, boulettes de riz contenant à l'intérieur des haricots en purée. 濃厚スープ状の豆（餡）を中に含む米のだんご（parole féminine 女性語）

*ハチノミ　Fatchinomi, pilon de mortier 乳鉢用の乳棒（すりこぎ）（expression féminine 女性的表現）

*ハビロ　Fabiro, laitue ちさ，Expression féminine 女性的表現。

ハヤシ，ース，ーヤイタ　Fayachi, sou, yaita. couper ou trancher 切るまたは薄く切る（expression féminine 女性的表現）

*ヒトクサ　Fitocousa, manière de compter les genres et les formes des choses 物の種類や形を数える方法（expression féminine 女性的表現）

ヒモジ　Fimoji, avoir faim 空腹である（parole féminine 女性語）

*ヒヤシ　Fiyachi, eau froide 冷水（parole féminine 女性語）

フクロ　Fucouro, mère.（母）Wofoucouro. ヲフクロ，人は普通ヲフクロという。Non seulement entre femmes, mais entre les autres personnes. 女性のあいだばかりでなく，他の人々の間でも。

フタトコロ　Foutatocoro, deux endroits 二ヶ所 ‖ Qqf. しばしば *Won foutatocoro*, ヲンフタトコロ mari et femme 夫妻（parole féminine 女性語）

ベニダイコン　Benidaicon, Radis rose 赤蕪（parole féminine 女性語）

ホシ〳〵　Fochifochi, c. -à-d. すなわち *Mame*, マメ，grains, ou haricots 穀粒または豆（expression féminine 女性的表現）

ボゞ　Parties sexuelles de la femme 女性の性器（paroles dont se servent les femmes et les jeunes filles. 婦人や乙女の使う言）

マナ　Mana, poisson 魚 Parole de femmes. 女性の言，On dit ordinairement *Womana* ヲマナ，人は普通ヲマナという。

マメヤカニ　Mameyacani, avec diligence et zèle 勤勉・熱心に，Parole dont se servent ordinairement les femmes. 普通女が使う言。

マワリ　Mawari, Toute espèce de mets, à l'exception du riz：米を除く料理の全種類，（お菜）mot dont se servent ordinairement les femmes en y ajoutant *Won* ヲン：女が普通それにヲンを加えて使用する語：*Wonmawariga nŏte meiwacoudgia*, ヲンマワリガナウテメイワクヂヤ。N'ayant pas d'aliments variées, éprouver du regret, etc. 種々の食物がないので遺憾に思う，など。

＊マン　Man, ou **Mandgioŭ**, マンヂウ，espèces de miches ou de petits pains de froment, cuits à la vapeur de l'eau bouillante. 沸騰している水の蒸気で煮た丸パンまたは小麦の小パンの一種，C'est une expression féminine. それは女性的表現である。

ミカド　Micado, c. -à-d. *soba* ソバ Espèce de *Miso*（mélange de haricots, de riz et de sel）menu：（豆・米・

塩の混合した）細いミソ状のもの〔そばがゆか？〕parole féminine. 女性語。

*ムシ　Mouchi, c. -à-d. *Miso,* ミソ，Parole féminine. 女性語。

ムツカリ，ル，カッタ　Moutsoucari, rou, catta, Pleurer 泣く，Parole usitée par les femmes : les hommes s'en servent égalemeut en parlant des enfants nobles. 女たちによって使用される言：男たちは貴人の子供に話すときに同じく使用する。

*ムモジ　Moumoji, Blé et orge 小麦と大麦，parole féminine 女性語。

*ムラサキ　Mourasaki, c. -à-d. すなわち，*Iwachi,* イワシ，Sardine 鰯，parole féminine. 女性語。

*メシモノ　Mechimono, Vêtement ou chaussure d'une personne noble. 貴人の衣服または履物，c'est d'ordinaire une parole féminine. それは一般に女性語である。

*メヽ　Riz cru 生米，parole feminine 女性語。

*ヤイバ　Yaiba, c. -à-d. すなわち *Momi* モミ，Riz avec l'écorce 籾殻のついた米，Parole féminine 女性語。

ヤウクワ　Yŏcoua, c. -à-d. *Mijozou* ミジヤウズ Certain aliment fait de riz et d'un mélange d'herbes, etc. 米と菜などを混じて作ったある食品，parole féminine 女性語。

*ヤマブキ　Yamabouki. ‖ c. -à-d. すなわち *Founa,* フナ，Nom d'un poisson d'eau douce 淡水魚の名 ‖ Vin blanc du Japon 日本の白酒 parole feminine 女性語。

ユガミ　Yougami, Cuiller さじ（匙）Expression féminine 女性的表現。

*ユキ　Youki, Mieux より良くいうと Youkino *iwo* ユキノイヲ Morue 鱈《タラ》，Parole féminine 女性語。

*ユキ　Youki, Rave 蕪 Parole féminine 女性語。

*ユメガマシイ　Youmegamachii, Chose de peu de valeur, et brève comme les songes：ほとんど価値なく，夢のように短いこと。parole féminine 女性語 ‖ Youmegamachisa ‖ Youmegamachoŭ

ユメユメシイ　Yuomeyoumechii, chose petite, minime. 小さい，極めて小さいこと，Parole féminine 女性語‖
Youmeyoumechicou ユメユメシク（adv. 副詞）peu 僅かに parole féminine 女性語。

ヨソイ，ソウ　Yosoi, sô. Tirer le riz dans les plats et les *Goki*, ゴキ，ou tasses. 皿，御器，茶碗の中へ米を取出す。

ヨルノモノ　Yorouno *mono*, Vêtement de nuit 夜着，parole féminine 女性語。

＊ヨロコビ，ブ，コウダ　Yorocobi, bou, côda‖*Enfanter 子を産む。*Cowo Yorocobou* コヲヨロコブ，ou または Yorocobiwo sourou ヨロコビヲスル Enfanter 子を産む。c'est une expression féminine dans le *Cami* これは上における女性的表現である。（Ce doit être une antiphrase euphémique ; ou une heureuse expression, si elle se rapporte à la joie de la femme devenue mère これは婉曲な反用にちがいない，またはそれが同時に母となった女に関するものであれば幸福な表現である。L. P. パジェス）

＊ワカトシ　Wacatochi, Année nouvelle 新年，C'est d'ordinaire une parole féminine それは普通女性語である。

ワラワ　Warawa, Je 私（は）: parole féminine 女性語。

＊ヲアシ　Woachi, c. -à-d. すなわち *Jeni* ゼニ Monnaies, deniers 金銭 Parole féminine 女性語。

＊ヲイタ　Woita, sel : 塩 parole féminine 女性語。

ヲヂゴ　Wôdgigo, ヲホヂゴ Seigneur, aïeul 殿，祖父：paroles des femmes ou des enfants 女または子供の言。

＊ヲカズ　Wocazou, c. -à-d. すなわち *Sai* サイ，Plat ou mets 一皿の料理，Parole féminine 女性語。

＊ヲカマ　Wocama, c. -à-d. すなわち *Camaboco*, カマボコ，Mets qui consiste en poisson haché 細かく刻んだ魚で作られる料理。

ヲグシ　Wogouchi, Tête d'une personne noble, ou cheveux de la tête : 貴人の頭，または頭髪，parole féminine 女性語。

ヲツケ　Wotsouke, *Chirou*, ou bouillon qui se prend avec le riz 飯と共に食べる汁（ブイヨン）parole féminine

女性語。

*ヲナカ Wonaca, Ventre 腹 Wonaca ga Waroui ヲナカガワルイ，avoir la diarrhée. 下痢をする Parole féminine 女性語。

ヲナマ Wonama , c. -à-d. すなわち *Namasou* ナマス（parole féminine 女性語）

*ヲハガタ Wofagata, c. -à-d. すなわち *Daicon* ダイコン Rave 蕪 parole féminine 女性語。

ヲハグロ Wofagouro, Teinture avec laquelle on se noircit les dents au Japon. 日本で人が歯を黒くする染料。*Wofagouro sourou* ヲハグロスル，Rendre les dents noires, les noircir 歯を黒くする。parole féminine 女性語。*Canewo tsoucourou* カネヲツクル，est l'expression usuelle. は日常表現である。

ヲヒヤシ Wofiyachi, Eau froide 冷水：parole des femmes, qui s'en servent en parlant de leur seigneur, ou d'une autre personne noble. 彼らの領主または他の貴人に話すときに使用する女性の言。

*ヲヒラ Wofira, c. -à-d. すなわち *Tainoiwo* タイノイヲ，Pagre, poisson 鯛, 魚：parole féminine 女性語。

ヲヒン Wofin, ou または *wofirou* ヲヒル, Se réveiller, ou se lever du lit une personne noble. 貴人が目覚める，または起床する。*Iza wofin are* イザヲヒンアレ，ou または Nasarei, ナサレイ，Holà ! que Votre Grâce se lève, etc.：さあ殿, お起きなさい。parole féminine 女性語。

ヲフル Wŏfourou, ワウフル chose vieille, comme un vêtement que la seigneur donne à un serviteur. 領主が召使に与える衣服などの古いもの。*Wŏfourouwo coudasarourou* ワウフルヲクダサルヽ, Donner（le seigneur）un vieux vêtement. 古衣を領主が与える。(parole féminine 女性語）

*ヲホソ Wofoso, Sardines 鰯 parole féminine 女性語。

ヲマナ Womana, Poisson 魚 parole féminine 女性語。

ヲマナカ Womanaca, Lieux d'aisance 便所，parole féminine 女性語。

ヲマワリ　**Womawari,** ou または *wocazou,* ヲカズ（parole féminine 女性語），Variété ou abondance de mets. 多様のお菜。

Womawari ヲマワリ，ou または *Wocazouga nŏte meiwacoudgia* ヲカズガ　ナウテメイワクヂヤ。Ne pas y avoir beaucoup de mets, c'est une peine et un déplaisir. あまりお菜がないので迷惑で不快だ。

*ヲマン　Woman, c. -à-d. すなわち，*mandgioŭ* マンヂウ Petits pains de blé cuits à la vapeur. 饅頭, 蒸気で煮た小麦の小さいパン Parole féminine 女性語：le mot propre est *Man* 本来の語はマンである。

*ヲミナメシ　Wominamechi, c. -à-d. すなわち，Awa. アワ *Miso,* avec du millet. 粟でつくったみそ parole féminine 女性語。

付　ロドリゲス日本大文典の「女子の消息に就いて」

書き言葉としての御所ことばは上流婦人の消息文に実践され、室町末ごろには消息文に定着した。この事情を示すものに、一六〇四〜八年（慶長九〜一三年）、イエズス会長崎学林刊、ロドリゲス著『日本大文典』（三巻一冊）の「女子の消息に就いて」がある。これを土井忠生博士著『ロドリゲス日本大文典』によって次に示す。

○〔筆者前略〕女子の方から男子へ贈る消息には，書面の終に敬語を書かず，判も月日も加へない。Fumi xite, Mairaxe soro[2]（文して参らせそろ），Von vrexiqu soro（御うれしくそろ），Vomoi mairaxe soro（思ひ参らせそろ），Sazosazo（さぞさぞ），Iroiro（いろいろ）などのやうな優しい語が多く使はれる。又語頭の綴字を切取ってそれにMonji（文字）といふ綴字を添へたものは，元の語の意味を表すのであって，それが使はれる。例へば Fumonji（ふ文字）は Fumi（文）を意味し，Somonji（そ文字）は Sonata（そなた），Pamonji（ぱ文字）は Padre（ぱあてれ）を意味する。

○以上の外にも特殊な語が多くあって，女同志の間とか，男子との間とかだけで使はれる。例へばSaque（酒）の意の Cucon（九献）。Midzu（水）の意の Fiyaxi（ひやし）。Iuaxi（鰯）の意の Murasaqui（紫）。Mochi（餅）の意の Cachin（かちん）。

注〈2〉は Fumixite mairaxe と続けるべきもの。

なおこの文献では、もじ言葉の「もじ」は「もじ」〔modzi〕でなく、「もんじ」（monji）を添えるとしてあることに注意したい。

四　婦人教養書

1　婦人養草

梅塢散人著、五巻。元禄二年（一六八九）五月刊。本書は、貞享三年冬（一六八六）に成り、三年後の元禄二年五月に刊行された。その第五巻二九項「女の物いひつゝしみの事並女中のつかふ言語の事」に、「女の物いひつゝしみの事」をあげ、次に御所ことば一二一語を掲げてある。その内訳は「着類并諸道具の和言の事」（大和詞三四語）・「食類の事」（三八語）・「青物の名の事」（二四語）・「魚類の名の事」（一六語）・「道具名の事」（九語）である。本書所収の本文は京大文学部所蔵本によった。本書は、これ以後にあらわれる『女重宝記』『女今川姫鏡』など、一連の婦人教養書のさきがけをなすもので、このような婦人教養書中に御所ことばが収められるようになったのは、御所ことばが一般婦人の教養として流布されるようになったことを意味すると思われる。なお、寛政十三年（一八〇一）に刊行された、藤井懶斎述の『女万宝操鑑』所収のものは、本書と全く同じである。

『婦人養草』の「女中のつかふ言葉の事」

着類《きるい》并諸道具《しょどうぐ》の和言《やまとことば》の事

小袖《こそで》は　呉服《ごふく》といふ
わたは　御《お》なかといふ
帯《おび》は　おもじと

ゆぐは　ゆもじと
夜着《よぎ》は　よるの物と
かやは　かてうと

とんすのかやは　どんてうと
木綿《もめん》のかやは　めんてうと
はな紙《かみ》は　ほざつしと

かみそりは　おけたれと
紅粉《べに》は　おいろと
貝《かい》あわせは　貝《かい》をほいと
哥《うた》がるたは　とると
のり物は　御《お》こしと
のる事は　めすと
ねる事は　おしづまると
をきる事は　おひるなると
なく事は　おむつかると

かみあらふは　御ぐしすますと
人よぶ事は　めすと
ありく事は　をひろいと
物まいる事は　あがると
物よくまいるは　御手がつくと
物くひしまうは　御ぜんすへると
むまい事は　いしいと
物きる事は　なをすと
やく事は　ふうすると

物にる事は　した丶むると
大小にゆくは　やうかなへると
雨ふる事は　おさかりと
熱《ねつ》さしたるは　おぬると
水は　おひやと
一盃《はい》は　一《ひと》つと
あしは　おみあしと

食類《しよくるい》の事

米《こめ》は　うちまきと
めしは　ぐ御《ご》と
味噌は　むしと
酒《さけ》は　くこんと又さゝ共
あま酒《さけ》は　あまくこんと
ごとみそは　さゝぢんと
赤飯《せきはん》は　こわく御《ご》と
まんちうは　まんと
ちまきは　まきと

もちは　かちんと又あも共
かいもちは　萩《はぎ》の花と　又やわ〳〵とも云
小豆《あづき》もちは　あかのかちん
しんこは　しら糸《いと》と
だんごは　いし〳〵と
ほら貝餅《かいもち》は　ほらがちんと
あんもちは　あんがちんと
大豆粉《まめのこ》の餅《もち》は　きなこのかちんと
むきは　むもしと

あわは　をみなへしと
わらび餅《もち》は　わらのかちんと
さゝけの付餅《つくもち》は　藤《ふじ》の花と
ふのやきは　あさがほと
やきめしは　むすび
蕎麦《そば》かい餅《もち》は　うすずみと
なはんは　葉のぐごと
そうめんは　いれぞろと
ひやむぎは　きりと

とうふは　おかべと
こんにやくは　にやくと
てんがくは　おでんと
餅《もち》くしさしやくは　ひがくと
きらずは　おかべのからと
あづきは　あかと
まめのこは　きなこと
ゆのこは　をゆのしたと
ひしほは　あまむしと
しやうゆふは　をしたしと
のりは　のもじと

青物《あをもの》名《な》の事

なすびは　なすと
さゝけは　さゝと
ほしなは　ひばと
ちさは　おはびろと
よめがはぎは　よめなと
ほしふりは　ほり〳〵と
大こんは　からものと
ほし大こんは　ほしから物と
ごぼう　ごんと
なは　おはと
かうの物は　かう〳〵と
あさつけは　あさ〳〵と
くきは　くもじと
つく〳〵しは　つくと
わらびは　くろとりと
松だけは　まつと
うこぎは　うのめと
芋葉《いもば》とあつきの入しるを　ふしのおつけと
こなに芋《いも》の汁《しる》は　柳《やなぎ》にまりと
ずいき汁《しる》は　露《つゆ》のおつけと
しほは　なみの花と
さわしがきは　おさきたゝれと
すぎばしは　かうばいのはしと
白はしは　ねもしのはしと

魚類《ぎよるい》の名《な》の事

鮒《ふな》は　やきふきと
鱖《さけ》は　あかをまなと
鯛《たい》は　おひらと
鱒《ます》は　はらかと
鰯《いわし》は　おむらと
鱈《たら》は　雪のをまなと
かずのこは　かず〳〵と
鯨《くしら》は　おさぐりと
すしは　すもじと
たこは　たもじと
いかは　いもじと
するめは　する〳〵と

かつをは　か丶と　　いひずしは　月よと

小たいは　小ひらと　　ゑびは　ゑもじと

道具名《どうぐな》の事

金《きん》いちぶは　金《きん》百ひきと　　かんなべは　かんくろと　　しやくしは　しやもじと

銭《ぜに》百は　をあし一すじと　　ますは　四方《よほう》と　　なべは　くろと

一文《もん》弐文は　壱つ弐つと　　せつかいは　うぐひすと　　かまは　くろと

2　女重宝記

高井蘭山（苗村艾伯・艸田寸木子）著。元禄五年（一六九二）刊。一巻の五に「女ことばづかひの事付タリやまと詞」という項があり、女性語の原則を説くとともに、女のやわらかな語約三五語、御所ことばの直系である大和言葉約一〇九語、計約一四四語をあげてある。本書は前記の『婦人養草』に類似しているが、本書の方が、その内容上、御所ことばに対する整理が行きとどいている。

「女ことばづかひの事付タリやまと詞」

①「女ことばづかひの事」の初めの段で、まず男女の言葉づかいに言及して、「男の中にそだちたる女は男らしく詞も男にうつる物也　男の詞つかひを女のいひたるは耳にあたりて聞にくき物也　女の詞は片言まじりにやはらか成もよけれ　もじにあたりこばしなどしていふ事かへす〴〵あしき事也　万の詞におともじとを付やはらか成べし」と、女性の使うべきことばは男性語に対するものとして、男性語を退け、やわらかさ・上品さを要求している。

② 漢語・流行語を避ける。

一　内《うち》の者《もの》〔又〕は下《した》々というべきを　家来《けらい》又は下人《げにん》といふはあしし
一　奥《をく》様御内《みうち》さまといふべきを　内儀内室《ないぎないしつ》などいふはかたし

などと婦人の慎むべき語を、「あしし・かたし・すさまじ・しさいらし・いや也・口上らし・男らし・石也・ききにくし」として、男性的な漢語の使用を戒め、また「時行詞《はやりことば》などよき女中の一言ものたまふ事にあらず嗜給ふべし」と流行語を堅く戒めている。

③ 女らしい詞すなわち「女のやはらか成詞」として、「ねる」を「おしづまる」、「おきる」を「おひるなる」など約三五語をあげて、その使用を奨励している。その内訳は動作に関する語一六、数の名五、食物三〔ひるぐご（昼食）・大まん（壱分饅頭）・小まん（五りん饅頭）〕、果物二〔桃のみ・桃のしん（桃のさね）〕、魚類一〔とと（うお）〕、形容二〔いしい（むまい）・御きげんあしき（気のわるき）〕、身体人倫三〔おみあし（あし）・おさなひ（子供）・おこたち（子供達）〕、遊戯一〔かいおほい（貝合）〕、その他二〔おみや（みやげ）・御こし（のり物）〕となっている。

大和言葉

同書の「大和言葉」の項は、着類・食物・青物・魚類・諸道具に分類して、御所ことばの直系である「大和言葉」約一〇九語を所収し、その内訳は、衣類一一、狭義の飲食物四一、青物二五、魚類一七、道具一三、動作一〔ひかく（餅を櫛にさしてやく）〕、その他一〔おさがり（雨ふる）〕である。

この項の最後に「右は御所方の詞づかひなれ共地下に用事を丶し」と記して、地下すなわち御所方以外の一般の婦人なども御所ことばを用いることが多いとしている。これは元禄時代における御所ことば普及の状態を示すものとして注目すべきものである。

本文

①

女重宝記所載　女ことばづかひの事付タリ屋まと詞《ことば》

唐土《もろこし》孟子《もうじ》といふ賢人《けんじん》の御母《はゝ》かしこくましまして孟子《もうじ》いとけなき時《とき》三度《たび》となりをかへ給ふ　はじめはあきんどの隣《となり》に宿《やど》かり給へば孟子《もうじ》うりかいのまねをのみし給ふ　次に寺《てら》の辺《ほとり》にすみ給へば死人《しにん》をほうむるまねをのみしたまふ　三たびめに学文《がくもん》しやの隣《となり》に宿《やど》かへ給へば孟子《もうじ》あさゆふがくもんしてつゐに賢人《けんじん》と成給ふ　されば孟子《もうじ》のごとく成賢人《けんじん》さへなるゝ事に心うつるなればいはんや常《つね》の女などはかりにも男《をとこ》ちかくそだつべからず　男《をとこ》の中にそだちたる女は男らしく詞《ことば》も男にうつる物也　男《をとこ》の詞《ことば》つかひを女のいひたるは耳《みゝ》にあたりて聞《きゝ》にくき物也　女の詞《ことば》は片言《かたこと》まじりにやはらか成もよけれ　もじにあたりこばしなどしていふ事かへす〴〵あしき事也　万《よろづ》の詞《ことば》におともじとを付やはらか成べし　有増《あらまし》こゝに書付《かきつけ》しらしむ

一内《うち》の者《もの》〔又〕は下《した》々といふべきを　家来《けらい》又は下人《げにん》といふはあしし

一奥《をく》様御内《みうち》さまといふべきを　内義内室《ないぎないしつ》などいふはかたし

一殿《との》又は御《ご》ていなどといふべきを　亭主《ていしゆ》の男《をとこ》といふはさもし

一もとよりといふべきを　元来《ぐわんらい》の根元《こんげん》のといふはすさまじ

一かさねてといふべきを　以来《いらい》の向後《きやうこう》のといふはしさいらし

一よそへ行《ゆき》かへられましたを　罷出《まかりで》られ罷《まかり》かへられましたもいや也

一めでたふぞんじますを　珍重《ちんちやう》に存《ぞんじ》ますといふも口上《こうしやう》らし

一万《よろづ》のはからひといふべきを　万端《ばんたん》の了管《れうけん》のといふはうるさし

一私《わたくし》もをなじ事といふべきを　見とも同前《とうせん》といふは男らしし

一いかふおそなはりましたを　莫大《ばくたい》に延引《あんいん》しましたといふも石《いし》也

一あたいむつかしきといふを　代物《たいもつ》高直《かうしき》といふはきゝにくし
一お過《すぎ》なされ終《をはり》よかりしといふを　往生《わうじやう》なされ臨終《りんじう》よきといふは聞《き》ゝにくし
一すきにてまいり過《すぐ》すといふを　好物《こうぶつ》にて飽食《ばうしよく》なさるゝといふはかたし

右の外《ほか》いか程《ほと》もあれ共こと〳〵く書記《かきしるす》に及《をよは》ず此たぐひをしはかり知《しる》べし　此外《ほか》にくいやつ。誰め。すきと。しかと。ひどい。けびる。やく。いきぢ。きざし。そふした事。きのとをる。すい。おてき。〔きのとをる。〕やりばなし。かやうの時行詞《はやりことは》などよき女中《ぢよちう》の一言《こん》ものたまふ事にあらす嗜《たしなみ》給ふべし　女のやはらか成詞《ことは》といふは　子共《こども》をおさなひといふ　子共達《たち》をおこたちといふ　なくをおむつかるといふ　ねるをおしづまるといふ　おきるをおひるなるといふ　のり物を御こしといふ　のるをめすといふ　人よぶをめすといふ　物まいるをあぐるといふ　かみあらふを御ぐしすます　物よくまいるを御手がつくといふ　物くいしまふを御ぜんすべる　昼食《ひるめし》をひるぐごといふ　壱分饅頭《まんぢう》大まんといふ　五リン饅頭を小まんといふ　むまいといふをいしいといふ　ありくをおひろいといふ　哥《うた》がるたはとるといふ　貝合《かいあわせ》はかいおほいといふ　みやげをおみやといふ　あしをおみあしといふ　桃《もも》のさねをもゝのみ又はしん　うをはとゝといふ　気《き》のわるきを御きげんあしき　熱《ねつ》さしたるをおぬるといふ　疱瘡湯《ほうさうのゆ》かくるをさかゆひく　ほうこうをみやづかへといふ　しん上物は一折といふ　花一本を一もといふ　壱升《しやう》を一ますといふ　一はいをひとつといふ　二つを一かさねといふ　大小にゆくをおとうにゆくといふ　琴《こと》をひくをだんずるといふ

右此外いくつもあれども此たぐひをしはかり給ふべし〔元禄十五年八月刊『ゑ入女重宝記』巻一による〕

② 女重宝記所載　大和言葉《やまとことは》　着類《きるい》　食物《しよくもつ》　青物《あをもの》　魚類《きよるい》　諸道具《しよたうぐ》

〔きるい〕
一こそでは ごふくといふ
一わたは 御なかといふ
一おびは おもじといふ
一ゆぐは ゆもじといふ
一よぎは よるの物といふ
一かやは かちやう
一どんすかやは どんちよう
一木棉《もめん》がや めんちよう
一はな紙《かみ》は おさつし
一べには おいろ
一水《みづ》は おひや
一雨《あめ》ふるは おさがり

〔しよく物〕
一こめは うちまき
一めしは ぐご
一みそは むし
一さけは 九こん
一あま酒《さけ》は あま九こん
一ごとみそは さゝぢん
一こぬかは まちかね

一せきはんは　こはくご
一もちは　かちん
一しんこは　しらいと
一あん餅《もち》は　あんかちん
一よもぎ餅　くさのかちん
一ささげのついたしんこ　ふぢの花
一やき食は　むすび
一そうめんは　ぞろ
一こんにやくは　にやく
一あづきは　あか
一餅《もち》を櫛《くし》さしやく　ひかく
一のりは　のもじ
一ささげは　さゝ
一よめがはげ　よめな
一ごぼうは　ごん
一あさつけは　あさ〳〵
一わらびは　くろとり
一うこぎは　うのめ
一小なに　のものしるは　柳にまり
一さはし柿《かき》　おさきたゝれ

一饅頭《まんぢう》は　大まん　小まん
一ぼた餅《もち》は　やは〳〵　おはぎ
一だんごは　いし〳〵
一まめのこ餅は　きなこかちん
一わらび餅　わらのかちん
一あわは　おみなへし
一入みそは　おぢや
一ひやむぎは　きり
一でんがくは　おでん
一まめのこ　きなこ
一ひしほは　あまむし

〔あを物〕

一ほしなは　ひば
一ほしうりは　ほり〳〵
一なは　おは
一くきは　くもじ
一松《まつ》だけは　まつ
一いものはにあつきの汁《しる》　ふししる
一干大根《ほしだいこん》に　よめなは　山ぶき
一杉《すぎ》ばしは　かうばいのはし

一ちまきは　まき
一あづき餅は　あかのかちん
一ほらがいは　ほらのかちん
一たうきび餅《もち》　もろこし
一そばかい餅　うすずみ
一ふのやきは　あさがほ
一なめしは　はのぐご
一たうふは　おかべ
一きらずは　おかべのから
一ゆのこは　おゆのした
一しやうゆは　おしたし
一なすびは　なす
一ちさは　おはひろ
一大こんは　からもの
一かうの物は　かう〳〵
一つく〳〵しは　つく
一竹《たけ》のこは　たけ
一ずいき汁《じる》　つゆのおつけ
一しほは　なみのはな
一白はしは　ねもじのはし

〔きよるい〕
一鱒《ます》のうをは　あかおまな
一くじらは　おさぐり
一たこは　たもじ
一かつうをは　か、
一いひずしは　同上〔ことのばら〕
一ぜには　おはし
一一文二文は　一つ二つ
一かみそりは　をけたれ
一れんぎは　こがらし
一ふなは　やまぶき
一かずのこは　かず〳〵
一たらは　ゆきのおまな
一いかは　いもじ
一小たいは　こひら
一ゑびは　ゑもじ
一金壱歩《ぶ》は　百疋《ひき》
一ますは　四《よ》ほう
一なべかまは　くろ
一せつかいは　うぐひす
一さけの魚《うを》は　あかおまな
一鰯《いわし》は　おひらとも　おぼそ共
一すずは　すもじ
一するめは　する〳〵
一ごまめは　ことのばら
〔たうぐ〕
一ぜに百は　一すじ
一かんなべは　かんくろ
一いかきは　せきもり
一しやくしは　しやもじ
一哥かるたは　をのまつ
右は御所方《ごしよがた》の詞《ことば》づかひなれ共地下《ぢげ》に用《もちゆる》事を、し〔元禄十五年八月刊行『ゑ入女重宝記』巻一による〕

3　女消息華文庫

内藤玉枝著。元文六年（一七四一）刊。本書は、女消息の文範であるが、広く女房のしつけについて述べた婦人教養書の一つである。御所ことばとしては、「新撰大和詞」「女中言葉遣」「婦人忌詞」の項目があるが、前に述べた『女重宝記』の諸例に類似している。すなわち、「婦人忌詞」の諸例は、『女重宝記』の「女ことばづかひの事」の項に、「有増こゝに書付しらしむ」として載せられた前半の十数語と重なり、「女中言葉遣」の三〇語は、同様の箇所に「女のやはらか成詞といふは」として所載の後半の語と一致している。また「新撰大和詞」の九三語は、「付タリ大和言葉」の項に載せられた諸例とほとんど一致している。

4　女今川姫鏡

宝暦十三年（一七六三）七月刊。本書の「京女郎詞よせ」の項に、御所ことば五五語を掲げてある。

○父《ち》をたらちを又ともじといふ　○母《は》をたらちめ又かもじといふ
○男子《なんし》をわこといふ　○女子をおごりやうと云
○御内儀《ないぎ》をおくさまと云……を最初に掲げ、最後は
○ぼたもちをおはぎ　○あま酒をあま九こん
○ごとみそをささぢん　○ちまきをまきといふ

で終わる。

なお、本書の系統をひくものに『女中言葉づかひ』がある。『女中言葉づかひ』は、江戸時代末期のものと推定され、本文に「今川氏が制詞に擬へ」とあるところから、『女今川姫鏡』の系統をひくものと思われる。御所ことば約一五一語を収めてある。この書の特徴は、『女中言葉』の各語にそれぞれ絵を示して実物を明確化した点である。

5　女諸礼綾錦

北尾辰宣著。寛政八年（一七九六）五月刊。本書は、当時の女性の守るべき諸礼儀の作法を記載したもので、その七の巻の「大和こと葉」の項で、大和言葉六三語を所収してある。所収語彙の内訳は、衣類六・狭義の食物三一・魚類七・道具七・身体二・動詞九・形容詞一である。

本書の記載形式の、冒頭は次のようである。

一 着物《きるもの》は　小そで
一 帯《おび》は　おもし おみおひ
一 夜着蒲団《よぎふとん》　よるのもの
一 子供《こども》　こたち 男はわこ 女はひめご
一 むすめ　五もし　御りやう人とも

一 布子《ぬのこ》は　御卑衣《おひえ》
一 内衣《ゆぐ》は　ゆもし
を揚げ、（中略）最後は次で終わっている。
一 内儀《ないぎ》　うもじ
一 かもしといふはかみさまといふにもかゝさまといふ
にもかよふなり

なお、木村繁雄著『増補女諸礼綾錦』（天保十二年・一八四二）があり、その下巻に「大和言葉」六五語を所収してある。

6　女万宝操鑑

藤井懶斎述の『女万宝操鑑』は、寛政十三年（一八〇一）刊。その百七十五項で、「女の物いひつつしみの事并女の遣ふ言語の事」を掲げてある。

① 「女の物いひつつしみの事」

ここでは、「女中などのあらけなき東夷のことばをいひ片言まじりにいひちらし哥物語のてにおはをちかへなとするは興さめておほえ侍る物なり」とし、「女中はなほしも言語のつゝしみたしなみかんやう也まづいひて益なき事はいはずしもありたきものと知べし　言多ければ偽多し」といい、「わか口をば酒瓮《さかがめ》の口のやうにかたく紙にてはり塞《ふさ》内《ぎ》より言《ことば》の出ぬやうにとのつゝしみなり」とまで極言している。

② 「女の遣ふ言語の事」

ここでは、女中のつかう大和詞を「着類并諸道具の和言《やまとことば》の事」（大和詞三四語）、「食類の事」（同三八語）、「青物の名の事」（同二四語）、「魚類の名の事」（同一六語）、「道具名の事」（同九語）に分類して、総計一二一語を掲げてある。既述の『女重宝記』の「大和言葉」と例語が大同小異であるところから、本書は前書を手本とし、これに若干増補したものとみられる。

五　日　記

『お湯殿の上の日記』〔文明九年・一四七七以降〕、『尼門跡日記』〔慶安元年・一六四八以降〕および『静寛院宮御側日記』〔万延元年・一八六〇～慶応三年・一八六七〕などがある。

なお、〔　〕の中は著者の注記である。

1　大聖寺御日記　万治三年正月

祢正月〔子年の正月、万治三年は庚子〕

一日　はる丶

やうとく院ゟ〔陽徳院様、当時、嵯峨今林の蓮華清浄寺に隠居中の先住〕へ御れいニならせられ候[1]　御としたまに金壱分二つまいらせらる丶[2]　そきんゟ〔陽徳院様に仕えていた上臈カ〕へかいはりこ〔貝張子〕[3]一つなつめはりこ〔棗張子〕[4]一つこかわ〔粉河〕殿へかミ一そく今おりおひ〔帯〕一すしなかと〔長門〕殿へ上下壱くこんのせうへうねたひ〔畦足袋〕二そくしゆせいへ同おまんへ今おりおひ一すちつかわされ候[5]　あなたよりもならせられ候　御としたまニこふんかう〔小文庫〕二つまいる　はうき〔伯耆、女官名〕殿よりこん〔　〕〔破レ〕〔ふいりカ〕あかる

二日　はる丶

院御所ゟ〔後水尾上皇〕[6]へ御れいニならせられ候　御としたまニくわしこんふ五わあかる　女院御所ゟ〔東福門院〕へ

すきはら〔杉原紙〕十てうさけおひ〔提帯〕[7]三すち《おなし一すち》あかる　しん中なこんゟ〔新広義門院藤国子カ〕へ御ちやわん廿しん少御ゟ〔女院付きの女官〕へちやわん十ゑもんのすけゟ〔衛門典侍〕へ御ちやわん廿まいらせらるゝ　くはん〔還〕御なり候てかてゟ〔勘解由小路《かでのこうじ》左衛門佐資忠、のち参議〕御まいりなされ候　御さかつき出候　いつミ殿御まいり御ちやわん廿上ル　小一てうゟ御まいりなされ候　御ちやわん十まいる　ゑちせん〔越前〕殿も御まいり水引五十は上ル

三日　はるゝ

おたき〔愛宕〕少将ゟれんせい〔冷泉〕中将ゟなかそのゟ〔左中将中園秀定卿〕ひくちゟ〔樋口信康卿〕かしんゟ御まいりなされ候　御さかつき出候　ゆふふ卿〔右府卿右大臣徳大寺公信〕御まいりやうかん三さほ上ル　こすき〔小杉原紙〕二そくあふ《三ほん入》きはこ一つくたされ候　ひらおか殿御まいりとうせんへい〔唐煎餅〕すこしあかる　ふせん殿御きさ[8]御まいりくるみすこし上ル　ゆらのみや〔玲瓏宮〕[9]ゟ御礼ニならせられ候　御としたまニかや〔榧の実〕一はこ御ち〔乳〕の人よりこうりさたう〔氷砂糖〕一まけ物上ル

四日　はるゝ

ほん〔本〕光院ゟ〔陽徳院宮の生母〕[10]御れいニ御まいりなされ候　御としたまニうかいちやわん〔うがい用の大茶碗〕三つまいる　そのゟ〔園基福〕[11]御礼ニ御まいりなされ候　ゑん〔円〕光院ゟ〔円光院瑞雲文英尼〕[12]も御まいりなされ候　御としたまに御ちやわん廿まいる　ミんふ〔民部〕ゟも御まいりなされ候　入道ゟ〔ご隠居様〕より〔　〕〔破レ〕御たるまいる。

五日　はるゝ

ほんそん〔本尊、お釈迦様〕御かゝみひらき〔鏡開き、鏡餅を切る行事〕あり[13]　御いわ井〔祝〕やうとくいんゟ〔陽徳院

様〕へまいらせらるゝ　御よねも御礼ニまいり御ちよく十あかる　ひめ宮ゟ御礼ニならせられ候　御としたまニ引〔引合紙〕十てうはく水引〔金箔の水引〕百はまいる　御ちの人より御ちゃわん十上ル　御ミつゟも御まいりなされ候　すみ十丁あかる　おさ五よりかき〔干柿〕一ゑた上ル　くはんきゃういんゟ　御まいりなされ候　御ふた〔札〕あかる　ゑいかつよりこすき〔小杉原紙〕五そくあかる。

註

（1）御れいニならせられ候……大聖寺の当世の宮様（十六世芳桂院久山元昌宮、後水尾天皇の皇女（滋子）が陽徳院様へお礼にお出あそばしましたの意。

（2）まいらせらるゝ……大聖寺の宮様が陽徳院の宮様へお上げになる意。

（3）かいはりこ……かいばりこ（貝張子）は幼児の玩具。蛤貝を合わせた中へ、鈴を入れたなる子で、貝の上にいろいろな布切れを張る。

（4）なつめはりこ……なつめばりこ（棗張子）はなつめの形をした張りぼてに布切れを張ったもの。

（5）つかわされ候……大聖寺宮様から、陽徳院様に仕えている人々におやりになりましたの意。

（6）院御所ゟ……院御所は上皇のおいでになる仙洞御所。ここでは後水尾上皇の敬

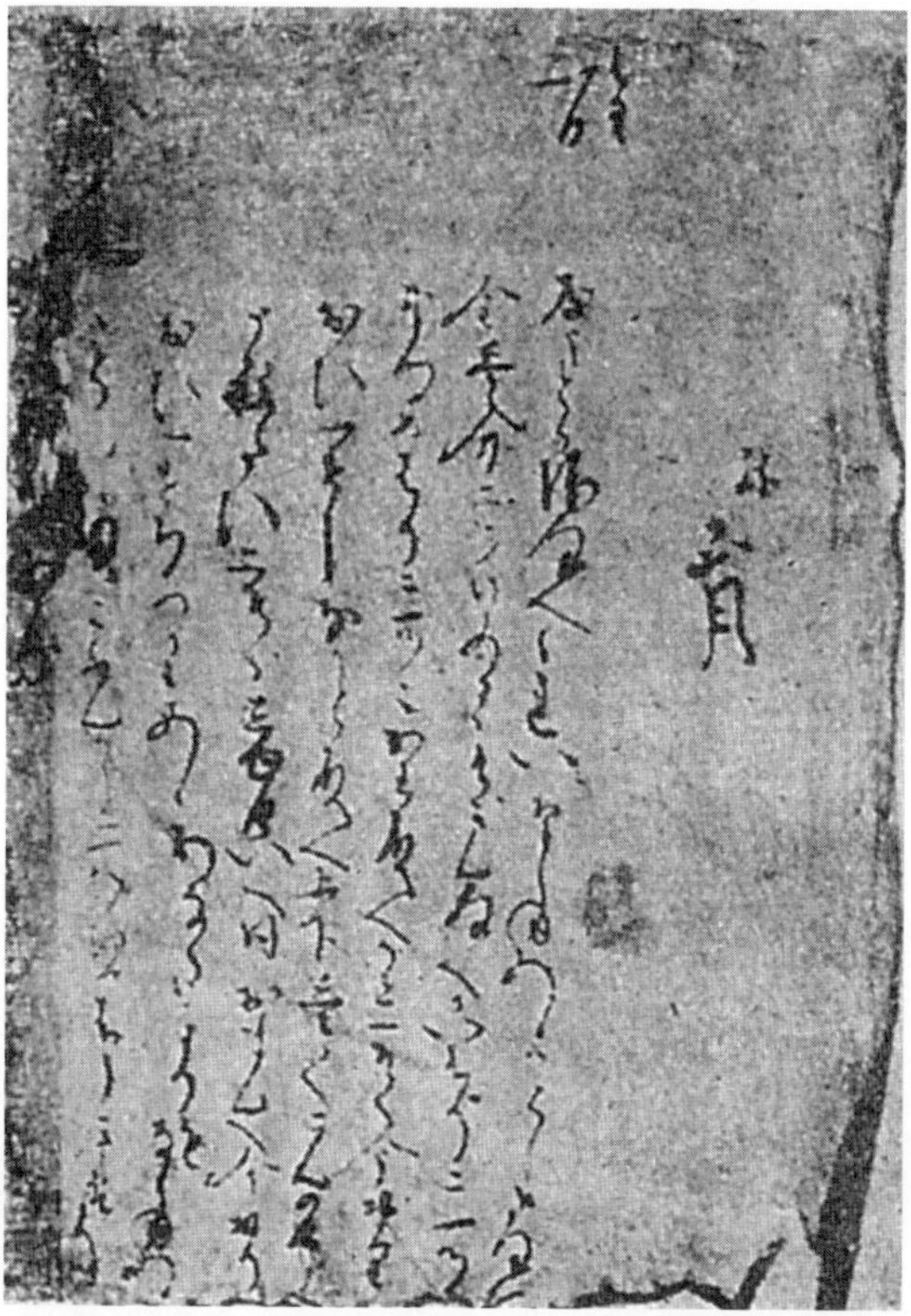
図－6　大聖寺日記（万治3年正月1日）

称。後水尾上皇は当世の宮の父帝。

（7）さけおひ……提帯は附帯ともいい、室町時代に禁裏女房の用いた帯。金糸、繡《ぬい》模様、幅七寸、前で結んだ（寛永の附帯の幅は八分）。『後水尾院当時年中行事』下に、「帯は絵様の帯を用、或は、薄のさげ帯也、近年、唐様、染物、縫箔、等のくけ帯をも用、本式にあらず」と。尼門跡の喝色（かっしき）のときには、緋の精好（せいご）のさげ帯を用いたという。（大聖寺ゴゼン談）

（8）ひらおか殿ふせん殿御きさ……いずれも大聖寺へ出入りの方か。「御きさ」には「どの」がついていないから目下の人と思われる。

（9）ゆらのみや……玲瓏（ゆら）宮は大聖寺当代の宮と同じく、後水尾天皇の皇子、尊証法親王。生母は新広義門院。青蓮院（京都市東山区粟田口）に入室された。

（10）ほん光院ゟ……本光院は陽徳院の宮の生母、西洞院参議時慶の女時子で、平内侍あるいは勘解由の局といった。本光院（京都市北区紫野）はその隠居所である。

（11）そのゟ……園基福、従二位。京極園家は大聖寺当世の宮（芳桂院）の生母の生家（当時二十九歳）。

（12）ゑん光院ゟ……円光院瑞雲文英尼は円通寺の開祖（後水尾天皇のご生母中和門院の侍女。霊元天皇の乳人）。円通寺は京都市左京区岩倉幡枝にある。なお、明暦三年宝鏡寺お文には「はたえたへならせられ候」とある。

（13）ほんそん御かゝみひらきあり……ご本尊（お釈迦さま）に供えた鏡餅を五日に切る正月の行事がある（正月のお供物は正月三日にさげる）。

2 御ゆとのゝうへの日記（本文は続群書類従完成会本による。〔 〕のなかは著者の補ったもの。）

慶長三年　つちのへいぬのとし

正月

一日。はるゝ。雪すこしふる。　四はうはい〔四方拝〕あり。ふ〔奉〕行頭弁〔日野〕資勝朝臣。御きよ〔裾〕。御簾おなし。御さうかい〔草鞋〕右少弁光広〔文禄三年七月右少弁〕。御けん〔劒〕けん〔源〕少将〔庭田〕重定朝臣。しそく〔指燭〕五てう〔条〕ためつね〔為経〕朝臣。れ《上》いせいためちか〔冷泉為満〕朝臣。れ《下》いせい少将ためのふ。（これはおそくてつとめられず。）さまのかみ元中(仲)〔左馬頭元仲、慶長五年、之仲と改名〕朝臣。さへもんのすけひてなを〔左衛門佐秀直〕。あすか井〔飛鳥井〕侍従まさかた。持明院し、う〔侍従〕もとひさ〔基久〕。きよく郎〔極﨟〕。新くら〔蔵〕人也。する〳〵とめてたし。御うけとり〔請取の九献、正月三が日、主上に差上げる膳部〕大すけ〔大典侍〕殿。なかはし〔長橋〕よりまいる。御さか月〔盃〕いつものことく二こん〔献〕まいる。しゆこう〔准后、後陽成天皇の御母〕より御かれい〔嘉例〕の御たる〔酒樽〕まいる。せちゑ〔節会〕あり。内弁たかつかさ左大将のふふさ〔鷹司信房、権大納言〕の卿。けへん〔外弁〕おほゐのみかと大なこんつねより〔大炊御門大納言経頼〕の卿。こか〔久我敦通〕の大なこん〔大納言〕。からすまろ〔烏丸光宣〕大納言。はうしやうもりなか〔坊城盛長、権中納言、従二位〕。までのこうし〔万里小路充房、正三位〕中納言。藤さい〔宰〕相。中の御かと《右大弁さい相》すけたね〔中御門資胤参議、従三位〕の朝臣。ししやう〔次将〕れいせいためちか朝臣。けん少将しけさた朝臣。あの〔阿野〕。その〔園〕少将なり。ふ〔奉〕行右少弁みつひろ〔光広〕なり。せちゑのまへ。まつこてうはい〔小朝拝〕あり。ねり〔練〕は左大将のふふさ〔信房〕の卿。右大将さねます〔西園寺実益、権大納言、正二位〕の卿也。せつふん〔節分〕の御さか月一こん。御こふ〔昆布〕あわ〔鮑〕。かちんくり〔餅と栗か、搗栗とも〕。まめ。まも〔頭芋〕にてまいる。まめいつものことくうたせられて〔主上が節分の豆をお撒きあそばして〕のち。なかはし御うちあり。一日の御さか月三こん。いつものことくまいり候て。女中。男たち〔男房の人たち〕御とをり〔盃事でお流れを頂戴すること〕あり。こわく御〔強供御〕まつまいる。御はいせん〔陪膳〕大すけとの。なかはし。いよ〔伊豫、女官名〕との也。いつものことく五きぬ。はりはかま〔張袴〕にてまいらる〻。く御〔供御、ここは天皇のこと〕にも物のく〔具〕めさします〔礼装をお召しあそばす〕。御ふく〔お上の御服掛り〕は四方はいニは藤宰相。御まへ御ふくはく〔伯〕三位。御(小)てうはいにも。おなしく御もの、くは藤さい相。ひろはし〔広橋兼勝〕まいらる〻。御吉書はしめあり。へちてん〔別殿〕なかはしへならします。三こんまいる。女中。男たち御とをりあり。朝かれゐまいる。御はいせん大すけ殿。長はし。いよとの御まわりあり〔当番にあたった〕。めてたし〳〵。ないし〔内侍〕所よりいつものこ

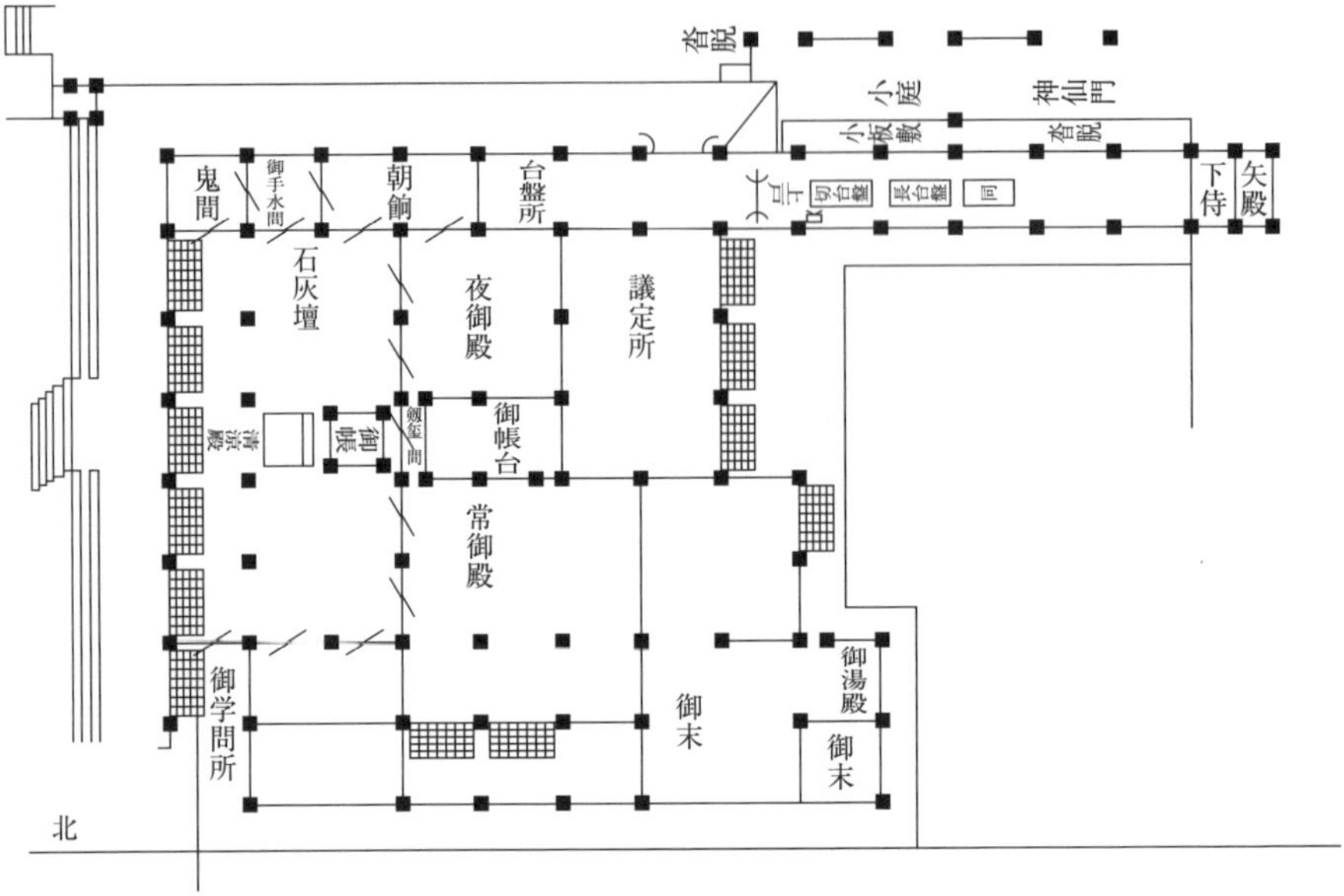

図－７　常御所図（土御門殿之御即位差図の一部、御湯殿の図）

とく御くま〔御供米〕まいる。
〔頭書〕朝御さか月まいる

二日。はるゝ。　朝御さか月まいる。御うけとり〔請取〕しん大すけ〔新大典侍、藤輝子〕殿。しんないし〔新内侍、持明院基子か〕殿よりまいる。御さか月二こんまいる。二人なから御さか月御いたゝき。女御〔近衛前子《さき》〕より御かれい〔嘉例〕とて二色〔酒の肴二種類〕。一たるまいる。御さか月御まいり。朝かれゐ〔朝食当番〕新大すけとの。しんないしとの。いよ殿也。こわく御まいる。こよひの御さか月三こんいつものことくまいる。御とをり女中。おとこたちいつものことし。しゆこう御まいり。こほし〔小法師〕御はうきしん上す。御はきそめあり。けふは立春なれとも。いつものこわく御参りて。へちにはまいらす。御さか月も同事也。しゆこうへ御こきいた〔胡鬼板〕まいる。おとこたちに御あふき申のくちにてたふ。御とりそめ御さか月〔男たちへの正月最初の盃〕一こんまいる。なかはし御さか月御いたゝきあり。女御よりかわちしや〔川萵苣〕まいる。

三日。てんきよし。すこしふる。雪　朝御さか月まいる。御うけとり権すけ

〔典侍〕殿。大御ちの人〔後陽成帝の御乳母〕よりまいる。御さか月二こんまいる。権すけ殿御さか月御いたゝき。大御ちの人御下かはらけ〔盃が重ねてある、その下の方のかわらけの盃〕御いたゝき。御所〳〵へ御こきいたまいる。いよ殿もちて。なかはしそいて御まいり。こわく御まいる。御さか月三こんまいる。しゆこう御まいり。女中。おとこたち御とをり。しゆこう御まいり。しゆこうより御うし〔丑献、丑の日の献上物〕まいる。あさかれゐ権すけ殿。なかはし。いよ殿御まはりあり〔当番にあたった〕。大御ちの人よりこん〔献料〕まいる。御代くわん〔願〕まいりきよし〔清荒神〕。くらま〔鞍馬寺〕へ。女中御くちとり〔鬮取〕あり。

六　御所ことば批判書

草むすび

田安宗武著。安永三年（一七七四）書写。本書は、八代将軍徳川吉宗の次子田安宗武の著で、『玉函叢説』巻四に収められている。ここには田安家の女房たちの御所ことばによる生活に対する宗武の否定的・尚古的・階級的言語観が示されているとともに、同家で採集した御所ことば三四語について、各語の由来と批判を記してある。たとえば、おひや（冷水）、ごん（午蒡）、おつけ（汁）、むし（味噌）、やわやわ（搔餅）などは、下層階級の語をとり入れたもので、卑しい言葉であるとしている。しかし、この宗武の御所ことばに対する考えには、古語を尊しとし、御所ことばをくずれた形とする尚古思想や階級意識に結びついた独断も多い。本書の写本としては、東大国語研究室所蔵の一本（安永三年書写）、京大所蔵の一本、および土岐善麿博士によるもの（『田安宗武』第四冊所収）がある。この中、土岐本および京大本は類似し、宗武自身の付したといわれている頭注（京大本には後半から欠く）があり、東大本はその頭注を欠いているが、書写者の筆になると思われる奥書があり、「こまのちかすけ」および「賀茂真淵」の氏名がみえる。本書には、土岐本を底本として、それを東大国語研究室所蔵の一本と校合して所収した。

宗武の試みた御所ことば各語に対する批評は、たとえば、次のようである。

飯を供御といふ。おほやけにたてまつるをこそさはいうめれ。ただ人の料にしもいふよ、いとも恐こき。（おほやけとは、ここにては禁裏仙洞などを申したる也。ただ人とは凡人をいへり。恐こきとは凡人の食物を供御と唱ふる事は甚恐多き事なればいへり）すべての御物をも供御の物といふを、飯のみいふもいかにぞや。

宗武が禁裏・仙洞に奉るものを「供御」というべきなのに、ただ人（凡人）のにもいうのはいとも恐れ多いとしているのは、宗武の階級的意識によるところが多い。このように「供御」（飯）以下、ささ（酒〈さけ〉）・おめぐり（菜）・おは（菘〈な〉）・おひや（冷水〈ひやみづ〉）・あか（小豆〈あづき〉）・やはやは（掻餅〈かいもちひ〉）・かうかう（香の物）・にやく（こんにゃく）・ぞろ（索麺〈さうめん〉）・うちまき（米）・おひら（鯛〈たひ〉）・かべ（豆腐〈とうふ〉）・かず（数〈かず〉の子）・から物（蘿蔔〈おほね〉）・ごん（午房〈うまふき〉）・かちん（餅〈もちひ〉）・むし（未醤〈みそ〉）・しろもの（塩）・わら（蕨〈わらび〉）・つく（つくづくし）の類、こもじ（鯉）・ふもじ（鮒）の類、むらさき・おむら・おほそ（いわし）・おいろ（べに）をあげ、一々について語源を説き、これを批判している。

本文中において、おひや（冷水）・ごん（午蒡）・おつけ（汁）・むし（味噌）・やわやわ（掻餅）などは、下層階級語の取り入れられたものだから卑しいといっている。各語について、その由来を説明し、ぞろ（索麺）は食べるときの音から、かべ（豆腐）は壁の色との連想だとし、「お」ことばや「もじ」ことばに対する見解も含まれている。

所収語彙の内訳をみると、この書には、御所ことば三四語を収め、狭義の飲食物一九語、野菜六語、魚類六語、化粧一語（おいろ＝べに）、食器一語（黒物＝鍋）、天候一語（おさがり＝雨）となっている。

今、これらの語と宗武も引用している『蜑藻屑』所収の語と比べてみると、次のようになる。

①『蜑藻屑』所掲の一八語中、一三語までが『草むすび』に記されている。

②『蜑藻屑』に記されて、『草むすび』に所収されない語（四語）〔ウツホ（ヒトモジ）・ツモジ（ツグミ）・スイバ（相原）・ヒキ（引合）〕

③『蜑藻屑』と同じ標語をあげながら、異名の語（一語）〔索麺を「蜑」ではホソモノ、「草」ではゾロ〕

本文は、土岐善麿博士の『田安宗武』所収の『草むすび』により（同書の頭注はカッコ内に示した）、それを東大国語研究室本と校合し、これを〔　〕中に示したものである。なお東大本には、（　）中に示した「注」はない。

草むすび

雪をおもみ、すゑくだちゆくままに、人のことばもいやしうなりもてゆくは、なゆ《〔くれ〕》竹の世の常なめれど、をみなの言葉ばかり殊にあさましきものはある・・・《〔あらすなりにたるものはある〕》。いそのかみふりにし物の名のうるはしきをも、《〔・〕》あらぬさま《〔よしなう・・〕》にいひかへなどすめる《〔に〕》よ。またあるは、さるうるはしき名のあるにはあらで《〔・・な〕》、文字のままに聞ゆる・・・《〔ことさへくこゑのま丶によび〕》、またおろかなる名などつきたる《〔あまさかるひなひたる名〕》ものは・・・・・《〔なとつけたるものはいひ〕》喚びかへもすべかめれど、そのかへ聞ゆるが中々にもとつ名よりしもあしかめるぞあさましき。されば、かかることば《〔は〕》・しも、此御館《〔みたち〕》・には近うさ《〔侍・〕》むらふをば《〔なとは〕》・いましめおき《〔て〕》でさせたまひて、草木にもあらぬはしたうど《〔ふとなと〕》・・ならでは聞え・・《〔侍ら〕》ぬなるべし。さてかのあやしういひかへ《〔る〕》もて来にし事は、大勝金剛院の僧正と《〔へ〕》聞えし人の記したまひけん《〔あま〕》「蜑のもくつ」てふふみに、内裏仙洞のみにて喚びけるを近頃は将軍家にも女房は皆異名を《〔・〕》申すとぞあなる。さらば明徳応永などいふらんほどにや初まりけん。いでや内の《〔ひめとは〕》女房・・たちなどのいひそめたまひなば、《〔・・〕》いとうるはしう《〔・〕》あるべきに、こよなうひきかへていやしげなるこそ心ゆかね。もしは下人たはれめなどのいひそめたる《〔そのとしころ・・・・・・・・・・〕》が、よつの海浪たちさわぎたる《〔うみの浪かせしくめる・・ま丶に・あまのよひ声うかれめのことはなとや〕》風のまにまに・・・・・・・・・・玉しく庭《〔のみきりにし〕》・に・も聞え・《〔て〕》そめつるにや、《〔らん・〕》いともいぶかしきわざなりけり。そもそもかの金剛院の記《〔ふみ〕》・には、今聞ゆることばも又《〔はた〕》・聞えぬも侍る《〔め〕》なり。おまへに御つれづれなるをり、いぶかしからんをあげつろひて、かつはおごれらん心をもしるしものせよとのたまはするに、いとたへがたうおもふたまふれど、まことしく仰せたまはんには、あるが中になにのあやめも弁《〔わき〕》へ侍らぬをもとより知らせおはしませば、御たはむれにてもいなみ奉らんはかしこうおぼえ給へて、おろおろものして奉るになん。

飯《イヒ》を供御《グゴ》といふ。おほやけにたてまつるをこそさはいふめれ。ただ人の料にしもいふよ、《〔ら・また・・・・〕》いとも恐こき。（おほやけとは、ここにては禁裏仙洞などを申したる也。ただ人とは凡人をいへり。恐こきとは凡人の食物を供御と唱ふる事は甚恐多き事なればいへり。）〔この注、東大本なし〕すべての御物をも供御の物と《〔は〕》・いふを、飯を《〔・〕》のみいふ《〔をや・・・・・〕》もいかにぞや。

酒《サケ》をささといふ。唐の書《〔もろこしのふみ〕》・・・に竹葉とかいふらん。古言によれるにや。されどただかうかうなど聞ゆる類也《〔たくひにて・・〕》。・・・酒のさをかさね《〔重・〕》いへるのみなるべし。また九献ともいふ。叔孫通《〔といふ人〕》・・・が定めつる酒のむゐ《〔とかいふによりけんかし・・・・〕》（禮）やによりけんかし。いとしたりがほの名なり。

菜《アハセモノ》をおめぐりといふ。飯をむね《〔宗・〕》として、それがめぐりにあなれば、さはいふにや。（飯のかたへのあはせ物を菜の字書きて即さいと唱ふるも、江家次第などにみゆ。是もあはせ物てふ古き名を、やや忘れゆく世にて、野菜園菜などより転じてすべてを俗のさいといへりけんを、其後はた女ことばならずとて、めぐりなど改めつらんかし。語をあらためんにはあとある事をかうがへてこそせめ。私になすはおひおひに浅ましき也。）さらばめぐりのものなどこそいはめ。またおかずともいふ。此名は殊にいふがひなきを、ここにはもはらいふめり。（ここにとは武蔵にはという事也。）古き物がたりぶみに、いひ《〔飯・〕》などのついでにはあはせとぞあな《〔こそ是をはかきたれされどそれ一つをいはんには〕》る。それ一ついふには・・・・・・・あはせものともいひつべし。かくよき名の侍るものを。〔この項の注、東大本なし〕菘《〔菘菜(アヲナ)〕》（ナ）・をおはといふめり。葉を摘みてものするは多かれど、それが中《〔・・・・・〕》にむねとあるなればいふにや。されど、な《〔菘(ナ)〕》てふことは此国のうまし言葉なるにや、あがれる代のおほみ歌《〔御・・〕》にさへ《〔すし〕》侍るを、くだれる代にいひかへたる《〔・〕》いといとあさまし（あがれる代の御歌にさへとは、古事記仁徳天皇御歌に、夜麻賀多尓麻祁流阿袁那母岐備比登々等母迩斯都米婆多怒斯久母阿流迦《ヤマガタニマケルアヲナモキビビトトトモニシツメバタヌシクモアルカ》、この上に為レ煮二大御羹ヲ一採二地之菘菜ヲ一とあり、又万葉集雄略天皇御製に、此岳尓菜採須児家告閉名告沙根《コノヲカニナツムスゴイヘノラヘナノラサネ》とよませたまひしをいへり。）〔この注、

東大本なし〕

冷水《ヒヤミヅ》をおひやといふめり。下部はひや水となんいへば、それをもとにていひ出したるにやあさまし。〔「冷水から……あさまし」まで、東大本なし〕

小豆《アヅキ》をあかといふ。小豆《アヅキ》また此国のうまし名也。いろのあかければ、をさな児《ゴ》のこと〔言・〕調らぬほどに、あかといひおし〔て・を〕へたるが・〔けんにし〕およづけてもなほ〔猶・〕いひもてゆき〔行・〕たるにや、いといぶかし〔いふかし・・〕。（およづけてもは年ゆきても也。）（いひもてゆきたるにやとは、をさなき比よりいひつけたるが、年ゆきても猶いひけるを、あまねく人にもおよぼしけるにやとなり。）〔この注、東大本なし〕

掻餅《カイモチヒ》をやはやはといふ。此の掻飯〔かいもち〕には萩餅みだれ萩などいふ遠からねど、〔を〕おかしげなる〔にも・・〕名もあめるを、いかなる賤の女のやはやは〔やわ〱〕とはいひ出し〔て・〕つらん、いとあさまし〔あさまし〱〕・・・。（春夏はぼうたん、秋冬は萩なんどわけていへるは、好事の人のいひそめける事なるべければ、もらされけるにや。）〔この注、東大本なし〕

香物《カウノモノ》をかうかうといふ。此名は近き世につけたるにや。かうかうとは、をさなごの物いひ習〔い〕ふほどは、かさねいふをやすしとすれば、かうかうとておし〔を〕へたるが、〔か〕是も・〔はた〕赤のごと、およづけてもいひもてゆき〔こしや・・・・・〕たるにや。

雨《アメ》をおさがりといふ。あめ〔雨・〕こそうまし〔・よき〕名なるに。

こにやくをにやくといふ。上の詞をそぎたるにや。紅の毛あるてふ人の詞めきたり。（異朝に阿蘭陀を紅毛人といへり。）索麺をぞろといふ。すすりたふべるおとなひをもて〔より・いふ・〕いへるにや。いと・〔も〕いやしげなり。また蜑のもくづには細物と侍り。是はほそきをめづればなるべし。今昔物語に麦縄と侍るは、此物のうまし名〔をいふとみゆる也さらはこれぞよき名なりけるを〕なるにや。（今昔物語に麦縄と侍る、こは今昔物語旧本第十九に、「夏比麦縄多ク出来ケルヲ客人共集テ食ケルニ食残シタリケルヲ少シ此置タラン旧麦ハ薬ナド云タレバト云テ大ナル折櫃一合ニ入テ前ナル間木ニ指上テ置テゲリ云々」と見えたり。此次々の語にも麦とも麦縄ともいへり。然れば索麺の事也。今の俗も旧索麺は腹病の薬とて明る年の夏など腹煩ふに喰ふ事なり。）〔この注、東大本なし〕

米をうちまきといふ。神事〔に米打ちらす事あり仏事にも散米とて物するを・・〕仏事などにも・・・散米といふ事あり。それを物語ぶみに〔は〕・うちまきといひたり。是よりやさらぬ米をもいひなれたるに〔しならむ・・・〕ぞあらん。打ちらさでしかいは〔いふへきかは〕んやは・。〔さて〕はたいといにしへは、こめといへる〔りしを〕を・中ごろよりやよねともいふ〔ひっ〕・・らん。今はいづ〔れ・〕かたにもいふべ〔し・・・・・〕きものなめり。（こめ・よねの二つは、日本紀の歌にはこめと侍り。和名抄には多くはよねとあるをいふなるべし。）〔この注、東大本なし〕

鯛《タヒ》をおひらといふ。たひら〔か〕・なる魚なれば、たひら魚てふをつづめてたひといふとか。さてひらといふも、〔かたちのたひらか〕それがかたちのたひらなるからいふべければ、〔なるをさしいふへければ・・〕めづらかに〔聞えしに・・〕かへたるにしもあらず。さらばなどおひらかにたひをとは〔いはさるらむ又いとふ〕きこえぬにや。いと〔るくもなかころにも歌にたひといひたるをいかなるみ、にき、にくしとおもひつらむあるはあかめとこそ神代よりも聞へつれ〕心ゆかね。あかめなどこそ・・・・・・・・・・・・・かみ代よりもきこえつれ。（あかめなどこそ神代よりも聞えつれとは、神代巻に海ノ神乃集ニテ大小之魚一ヲ逼メ問フ之僉《ミナ》曰不レ識唯赤女、赤女ハ鯛魚名也比有ニ口ノ疾一而不レ来と見えたり。）〔この項の注、東大本なし〕

豆腐《トウフ》をかべといふ。かべの色に似たればにや。（さりとも壁色などやいはん。はたさるべき名もあるべきを）壁をきこしめすなどき〔・〕こ〔・〕えんは、いと〔もっきなく〕あさましうものぐるほしかし〔よ・〕。又ここには、おの〔語・・〕ことばをくはへておかべといへば、かべといはんより少し聞きよし。されどすべておてふ〔言〕語を上に置きて喚〔・〕ぶ物多し。おは、〔・・・〕おひや、おつけ、おひらなど猶多かり。是等はみな下づかへなどの我主の料の〔なる〕・を敬ひて〔いやまひて〕・・いへりたらんを、其主のいはけなきが人の言まねびいひて〔て・〕、およづけてもあらためずなりにたるより、おのことばまで其ものの名にむすばれたるなめり。〔かし〕・・（いはけなきとはいとけなき也。）〔この項

の注、東大本なし〕

数《カズ》の子をかずかずといふ。まこと〔誠に・・〕は鰊《カド》てふうをの子なれば、かどの子といふべき〔い〕を、言祝《コトホ》ぎ〔・・〕てわざと数の子といひかへた〔ふならし・・・〕るならし。数々とはいと心ゆかず。よき事もあしき事〔で〕もかずかずつどふ事はあべいかし。

蘿蔔《オホネ》をから物といふ。おほねてふ名は、あがれる代のおほみ〔御・・〕歌にも侍るにや。（あがれる代の御歌にも侍るにやとは、仁徳天皇の御製に、宇智辞於朋泥泥士漏能辞漏多娜武枳《ウチシオホネネジロノシロタダムキ》とよませたまひしをいへり。）まことに此みかど〔朝・・〕のうまし名なるに、から物とはなどや云ひかへけん。古くは（などやいひかへけんとは、是は生にては辛ければいふにや、されどからき物こそ多ければ、是のみいふべからぬ故なるべし。）干たるものをこそから物とはいひためれ。〔・・〕さて大根と書き〔・・〕てやがてだい〔ひ〕こんといふは、十月をかみな月と此〔朝〕国にはいふを・・・〔それを〕神無月と書き〔・〕てしんむげつといはんがごとし。だいこんといふは僻事なり。〔この項の注、東大本なし〕

午房《うまふき》をごんといふ。賤の男〔を〕はよこなまりてごんぼうとなんいふめり。それを元としていひそめたるならし・・・・・〔うまきこそよけん〕（うまふきをふきといふは、むかしはふふきとこそいひたれ、ふふの下のふはうのごとく唱ふるなり。）〔この注、東大本なし〕

汁をおつけといふ。〔ゐ〕飯に湯をかけたるを湯漬などいへば、下人などは飯に汁をうちかけて常にものすれば、〔いにしへは鰒の汁つけ海藻のしるつけなどもいひたれはそれをはぶきてつけとのみもいひけるにやされとさまてはあらで飯のあはせのうちにむねとあれは付添ふるてふ心にて下人のいへりけんかし猶しるものといにしへよりいへるがことあらまほしけれ〕汁てふ物は飯にうちかけん料ぞと思ひて、かくはいひたるにや。

餅《もちひ》をかちんといふ。山城に・〔て〕も、〔・・・〕またはゐなかに・〔て〕もうす・〔して〕・〔・〕つく事をもちをかつ、米麦〔・〕をかちてなどいふ人もありといへり。搗栗てふ物〔を〕もさる心の名なりといへれば、（応仁の此世のいたくさはぎて大内もいとおとろへぬるに、或はつぼねのはしたものにや、市にいでて餅を買ひてもて入りけるに、みかきもり何ぞととがめければ、はづかしくておひらかに餅とも得いはで、うへにおほひたる布のかちそめなりければ、かちんと答へける。それより餅をかちんといへることのあれど、附会の説なればもらされけるなめり。）〔この注、東大本なし〕げに搔合〔・〕せて物するをかいもちひ〔・・・・〕といへば、つきてすなるをかちもちひとはいふなるべし。（もちいひをもちひ、かれいひをかれひといふ。皆いひを略してひといふ。されば、かちいひをかちひといふべし。さて五十音のイキシチニヒミヰリイの韻の中下にあるは音便にて、はねて唱ふる例也。ちりひぢをちりんぢ、よろこびてをよろこんでといふがごとし。）〔この注、東大本なし〕それをなほ人は〔の言〕語の短きをば引〔・〕きてもはねてもいへばかちんとはいひならは〔ひし・・〕したるか。またかちいひの心にてかちひといへるならば、ひをは〔り〕ねて唱ふるぞ音の〔此国の言の〕・・・古き〔に記しなるとかや〕ためしなりける。又もちといは〔わ〕んは語もたらはず。里びても聞ゆるに〔を〕、もちひといふときはやん〔は・〕ごとなき御前にてもはづかしからぬを、さるあたりにももちとのみいふがにくければにや〔・・〕、女房などのいひかへ〔つ〕たらんかし。猶もちひとてぞあらまほし。（もちひのひはいの如く唱ふるなり。又もちといふは、すべてねばりある物をいへり、鳥とる黏、もちつつじなどのごとし。然れば米のもちひももちとのみいひてはことわりなきなり。和名抄にも餅を毛知比とこそあれ。仮名も今の人もちゐと書ける誤りしるべし。）〔この注、東大本なし〕

未醤《みそ》をむしといふこそいと心ゆかね。下部なる者に問い侍りつるに、此ものは蒸してなんす〔な〕・ればさる意〔心〕にやと申しき。さらば是もあやしのもののいひ初めたるなるべし。（令に未醤とあるこれならん。和名抄に未味など書けるは訛れりといへり其後又醤を噌とも書きなせるなるべし。みそてふ語はやがて未醤の音をつづめて唱ふる事うたがひなければ、ここにはさる字をしるせるなるべし。）〔この注、東大本なし〕

塩をしろものといへ〔ふ・〕り。〔しほかま塩やけむり〕塩竈、塩焼烟・・・などは、あがれる代よりももて興じけり。融の大臣は〔の〕ちかの塩竈のかたち〔・〕を〔河原の〕・・・院に移したまひしなど、あまざかるひな人すらも耳馴る〔れっき〕べきを、いかなるむくつけもののしろものとはいひか〔・・〕へつらん〔む〕。鍋を黒物といふ。万葉集にさすなべ、伊勢物語になべの数・〔かず〕みんなど侍れば、いとふるきときより聞えし名なりけり。興福寺の宝蔵にも銀の御鍋の侍るめれば、黒きにのみ定め・〔さんめつ〕たらんよなどいへば、また人焼きなば〔・〕くろくなりなんかしと・侍〔言〕・〔り〕。さかしかたへならん〔る・〕釜を・〔ば〕おきてひとりにやは。

蕨《わらび》をわら、つくづくしをつくなど、此類ひ猶〔・〕おほし・・〔かなり〕。それが中にも、食物の名にから〔わら〕てふはよしと思ひてやいひけんうま、うしなど〔・・〕こそくはめ・・〔まうほらめ〕。わらびとてこそ歌にもよまれ〔き〕ためれ、つくづくし〔〜〕も名のをかしきを、あいなうつくとつづめたらん心ばへ、むくつけなりや。松茸を松・〔まつ〕といふもあさまし〔いかにかや〕〔竹〕・。茸の中にはむねとある物なれば〔れは・・〕、ひとりに茸〔・〕とこそいはめ。かやの実、栗の実なども、みな、かや、栗といへば、松の実こそは松ともい・〔は〕ふべきを、〔・〕其松の実は干菓子〔・〕〔・〕の中にも殊更めきて、御賀にはわきて用〔ゐ〕ひらるるにや。されど近・・〔ちかき〕世の下部などはある物と・〔し〕も知らぬおほし。〔松茸をまつ以下を東大本は改行〕

文字《もじ》をつけて喚〔言・〕ぶあり。鯉をこもじ、鮒をふもじのたぐひ、猶・〔いと〕多し。是等は〔若は〕もし延政門院・〔の〕いときなくおはしましけるとき、こひしくおぼしめすとある事をかくしてよませおはしまつる御歌より、ひが心得て、〔・・〕ただかくしいはん・〔に〕は文字と〔もていふそと〕いふぞと・思ひたるにや。かの御うたは、この字をば二つもじ、いの字をばうしの角・〔つの〕文字など、〔・〕其字のかたちをこそのたまひつるに〔へれ・・〕、鯉をこもじ、鮒をふもじなど、其詞〔・〕のかしら字に・・〔の一言に〕もじつけていふは、〔・・・・〕いといとゆゑなきわざなり・〔めり〕。ねぎをひともじといふ。是はまへにかきつるもじそへ〔ん〕ていふなる〔・・〕類ひに・〔は〕あらで、ねぎ、わけぎ、あさつきなど、皆きといふ一文字をそへ〔ん〕いへばにや。されど〔は〕、さは〔・・〕、わけぎ、あさつきをばおきて、此ものにのみかぎりいひたるはいかにぞや。・・・・・・・・・・・・・・・・・〔ねきをきゝにくしとおもはゝふゆきなとこそいはめ〕

いわしをむらさき、おむら、おほそなどぞ〔・〕いふなる。さてむらさきとは、此魚の海に集まりたる所は〔を〕むらさき・色に〔の〕波の上のみゆる〔くゆらし〕と浦人のいふをつねに聞きたりと〔・・・・・・・・〕人のいへりき。又塩〔ゑほ〕・おしたるがむらさきめきたれば〔い〕いふにや。おむらは、おのことばは〔・〕例の御の心にて、〔・・〕むらはかの紫のかたはしをいひたるなめり〔、〕。おほそとは、〔・〕〔・・・・〕その魚のかたちをいひたるに〔ふ・・〕や。まことにいわしてふ名ぞ此国〔みかとのよろしき〕・・のうまし・名にて、大嘗《おおみべ》にも奉れたまふ物にや。

べにをおいろといふ。平家物語に、小松大臣入道相国のあしくおはしますをなげきたまひて、熊野にまうでたまへりける〔ひしかへ〕を・書きたる所に、〔さに〕〔・・・・・・・・・・・・〕大臣下向のとき岩田川を渡られけるに〔たる事書し所に〕・・・嫡子〔・・〕〔権〕ごすのすけ少将維盛以下〔巳〕の公達〔上〕、浄衣の下にうす色の衣《きぬ》を著て、夏の事なればなにとなう〔何・〕水にたはむれたまふほどに、浄衣のぬれて衣にうつりたるが、ひとへに色のごとくに見えけるを、筑後守貞能、是を見とがめて〔・〕、なにとやらん〔何・〕あの御浄衣の世にいまはしげにみえさせましまし〔〱〕候、いそぎめしかへらるべうもや候らんと申しければ、大臣、さては我所願すでに〔ら〕成就しにけり、あへて其浄衣あらたむべからずとて、岩田川〔いはたは〕・より熊野へ別して悦の奉幣をぞたてられけると侍るは、古くはいろといひに〔・〕たるは鈍色の事なるべし。さて鈍色は喪服〔衣〕の色なれば、鈍色といふだにいまはしければ、いろとのみいひたるなるべし。今もゐなか人は喪の衣をいろとのみいふといへり。されば今〔ら〕〔・〕べにをいろといふ事〔は・・〕、いとあさましくいまはしき事〔・〕なり。〔かかる事猶こそ多からめ、おもひよれるをはつれ〱に申てんこれをおしてしらるゝもあらんかし〕・・・・・・・・・・・・・・・・・・・・・・・・・・・・

此草結てふものは、御かたはらに侍る女の童なんどにをしへさせたまはんとてつくらせたまひけるなりけり。さればひたすらにおみなの作りたることばざまにものさせ給ひ、且つ本文のみにてめのわらはなんどにわかちがたからんところどころに、こと人のくはへたるがさまにかしらがきくはへさせたまひたる也けり。〔「此草結……也けり」の三行は、玉函叢説にあって、東大本にはない。東大本にはこれに代わって以下の文（是はしも……著なり）が入る。）

是はしも出やすのとのに侍る又わかき女房の書ためるとそはやき代にふみよく書けんこたちの心しらひこそめりけれすへてのちの世にうたよむてふひめとねなとはあるをか丶る事こそ聞えねこれか丶せさせ給ふにえ堪て師に聞おけることなどわたくしことし侍りしをも聞しめてくはへてをとおほせらる丶にかつかつ此かみにしるしつ此人は古くもあたらしくも心をやりてかくさたむなれはおまへに侍る人々常の言葉よりしてみやひか成道に入たらんよすかとも成なんさるはこのふみをくさむすびとやいはんと申す

こまのちかすけ

賀茂真淵

この草結は玉函叢説巻四に見えて田安宗武の著なり

この他、ここでは特に解説はしないが、『女教文章鑑』（寛保二年・一七四二）、『女寺子調法記』（文化三年・一八〇六）、『婦人手紙之文言』（文政三年・一八二〇）にみえる「女中言葉遣」、『女文林宝袋』（元文三年・一七三八）『女千載和訓文』（宝暦九年・一七五九）の「女言葉遣」、『女今川錦の子宝』（文政十年・一八二七）の「女言葉よしあし」などがある。これらは、『婦人養草』や『女重宝記』以後おびただしく出版された婦人教養書の系統をひくものであって、当時、婦人の教養として御所ことばによる言葉づかいが大切なものの一つに数えられていたことをうかがうことができる。その他にも、この類書には、実用書簡書の形をとったものなど、種々ある。

以上が、御所ことば関係文献の主なるものである。なお研究書としては、現代のものには、菊沢季生氏、三宅武郎氏、真下三郎氏、杉本つとむ氏、国田百合子氏の諸研究がある。（巻末の「御所ことば研究文献目録」参照）

第四章　御所ことば語彙集

一　分類御所ことば語彙集

ここに収めた語彙は宮中女官や尼門跡で現用されている御所ことばならびに、従来の御所ことば文献所収のものなどを広く集成したものである。御所ことば約一、四〇〇語を分類し、これに五十音引き索引を付けた。なお便宜上御所的慣用語その他をも記した。

所収語の出典（年代順）の略称は、次のとおりである。

蜑藻屑〔「海人」と略称、一四二〇年〕
大上臈御名之事〔「大上」、一四三五～一四九〇年ごろ〕
禁裡女房内々記〔「禁裡」〕
洞中年中行事〔「洞中」〕
女房躾書〔「躾書」〕
日葡辞書〔「日ポ」、一六〇三年〕
ロドリゲスの日本大文典〔「大文典」〕
御湯殿の上の日記文明十四年〔「ゆどの文明14」〕
同天正七年〔「ゆどの天正7」〕
同慶長七年〔「ゆどの慶長7」〕
同貞享三年〔「ゆどの貞享3」〕
宝鏡寺日記慶安元年〔「宝鏡日記慶安1」〕
同慶安二年〔「宝鏡日記慶安2」〕
同慶安四年〔「宝鏡日記慶安4」〕
同承応二年〔「宝鏡日記承応2」〕
同承応三年〔「宝鏡日記承応3」〕
同明暦三年〔「宝鏡日記明暦3」〕
同万治三年〔「宝鏡日記万治3」〕
大聖寺日記万治三年〔「大聖日記万治3」〕
婦人養草〔「養草」、一六八九年〕

女重宝記〔「女重」、一六九二年〕
女中言葉〔「女中」、一七一二年〕
女言葉〔「女言」、一七二二年〕
女中詞〔「女詞」、一七二二年書写〕
貞丈雑記〔「貞丈」、一七六三年〕
草むすび〔「草」、一七七七年〕
物類称呼〔「物類」、一七七五年〕

女諸礼綾錦〔「女礼」、一七九六年〕
女中言葉づかひ〔「言葉遣」〕
静寛院宮御側日記〔「静」、一八六〇～一八六六年筆〕
公家言葉集存〔「公家」、一九四四年〕
宮廷秘歌〔「宮」、一九五〇年〕
女官〔「女官」、一九四九年〕

隠語辞典〔「隠語」、一九五六年〕
大聖寺石野門跡使用語〔「大聖」〕
宝鏡寺門跡現用語〔「宝鏡」〕
曇華院門跡現用語〔「曇華」〕

なお「しゃもじ」「おしゃもじ」のように、「お」のつくものと、そうでないものとの、両形のあるものの見出し語は便宜に従った。また、語釈はなるべく文献所掲のままにしたので、説明不十分なものもある。また、文献所収の花鳥草木名中、歌語と思われるものは省略した。

語彙の配列は八類に分け、各類中の語は五十音順（ただし恒例年中行事は月日順）にした。

語彙の類別と配列は次のとおりである。

（例）は文例、（解）は解説、（同）は同義語、（関）は関係語の略称である。

1　飲食物

主　食　（米・ご飯・餅・麺類）

一　**あかのおばん**　小豆ご飯〔大聖〕（例）御前《ごぜん》、あかのおばんをあがらっしゃりますか。〔大聖〕（同）二　**あかねのめし**〔女中・女詞〕　三　**おあかのめし**〔女言〕

四　**あさがお**　焼きふ（麩）〔宝鏡日記・片言・養草・女重・女詞・隠語―（江戸時代）〕（解）太陽や火にあたると萎むのが、朝顔の花に似ているので、この名が付いたか。（例）あさかほ御進上〔宝鏡日記承応2・10・27〕

五　**あゆのすもじ**　鮎鮨〔ゆどの〕（例）おはり中納言よりあゆのすもじしん上〔ゆどの貞享3・6・25〕

六　**あわのはん**　粟飯〔ゆどの〕（例）北ばたけよりあはのはんまいる。〔ゆどの文明14・4・29〕（同）七　**おみなえし**〔養草・女重・言葉遺〕

八　**うきうき**　すすり団子〔女中〕（同）九　**うきふ**〔女中〕

一〇　**うちまき**　〔白〕米〔ゆどの・日ポ・養草・女重・女中・女詞・草・女礼・言葉遣・公家・女官・大聖・宝鏡・隠語―（室町時代）〕（例）ながはしよりあたらしきうちまきまいる。〔ゆどの慶長3・6・19〕うちまきの配給です。〔大聖〕（解）施し米として米をまく。それから米をうちまきという。今でも神社では米をまくことは多い。（散米・打ちまき米・花米とも）婦女の詞に米をうちまきといふは撒米よりいへるなり。〔閑田耕筆〕（同）一〇―二　**おめし**〔躾書〕　一一　**およね**〔大上・静・公家・大聖・宝鏡〕（解）「うちまき」というより「およね」の方が上品〔大聖寺談〕（関）一二　**あらいよね**（洗米）〔大聖日記・宝鏡日記〕（例）御かうじん様の御なで物御あらいよねまいらせられ候。〔宝鏡日記万治3・3・1〕　一三　**おくま**（お供米《くまい》）〔ゆどの・宝鏡日記・静・公家〕（例）ないしどころよりおくままいる。〔ゆどの慶長3・6・15〕　一四　**おはつお**（お初穂）〔ゆどの〕（例）ないし所へ御はつほにまいる。〔ゆどの慶長3・4・23〕

一五　**おあさのもの**　朝、天皇が召し上がる餅〔公家〕

一六　**おうわゆ**　おもゆ〔静〕（同）一七　**おねばりのおうわゆ**（関）一八　**おしたまじりのおうわゆ**〔静〕（米粒のまじった重湯）

一九　**おかがみ**　鏡餅〔女中・女言・女詞〕（同）二〇　**おそなえ**〔女中・女言・静〕　二一　**おしとぎ**〔女中・女言・女詞〕（お粢は供餅、和名抄・十三に「粢餅之度岐祭餅也」とあり、壱岐方言ではオシドリという）（関）二二　**おげんちょ**（亥の子の餅）〔女言・静、玄猪にもとづく〕　二三　**ささべ**（七月七日に供える餅）〔貞丈〕　二四　**ささへい**〔禁裡・洞中〕　二五　**はがためもち**（歯固め祝いに使う餅）〔女詞〕

二六　**おかゆ**　お粥〔大上・ゆどの・静〕（例）御かゆにてくわしまいる。〔ゆどの慶長3・2・27〕（解）一月十五日にお粥進上。十二月八日には、あしたのものにうんざうがゆを供した。〔後水尾院当時年中行事〕（同）二七　**おゆに**〔公家・大聖・女官〕（関）二八　**おゆのした**（湯の子）〔養草・女重・女中・女言・女詞〕

二九　**おじや**　雑炊〔女重・女中・女言・女詞・言葉遣・大聖・隠語―（江戸時代）〕（関）三〇　**おみそう**（「おみそうず」の略、味噌汁の雑炊、七草には、七草のおみそうというのがある）。〔ゆどの〕（例）御みそうの御いわゐあり。〔ゆどの慶長3・1・7〕　三一　**おみそ**（同上）〔大上・貞丈・女詞〕　三二　**おみぞいり**（同上）〔宝鏡〕　三三　**おみみ**（同上）〔女中・女言・言葉遣・隠語―（室町時代）〕

三四　**おながもの**　うどん〔女中・女言・女詞・隠語―（室町時代）〕（同）三五　**あつもの**〔躾書・隠語―（室町時代）〕　三六　**おわりもの**〔女中〕　三七　**しらきん**〔女中・女言・女詞〕

三八　**おみなえし**　粟〔養草・女重〕（同）三九　**おみなめし**〔日ポ〕（関）四〇　**おみなめし**　粟食〔女中・女言・女詞〕

四一　**おはのめし**　菜飯〔女中・女言・女詞〕（同）四二　**はのぐご**〔女重・女詞・女礼〕

四三　**おばん**〔四四　**はん**〕　めし（飯）〔女中・女言・女詞・女官・大聖〕（解）宮中では、お上のものは、四五　**ごぜん**「オカミがゴゼンをあがらシャリました」穂穙女官談。尼門跡では、自分のものは「はん」、神仏に供えるものは「ごぜん」、ゴゼン（尼門跡）のものは「おばん」という。（同）四六　**おだい**〔貞丈〕、加賀・越中・武蔵の南岸でも。〔物類称呼〕、おだいとは誰々も知る如く中昔よりの女詞にて飯《はん》の事なり〔用捨箱〕、殿様のとがひにだいつぶがついた。〔醒睡笑〕だいつぶはおだいつぶの誤用。　四七　**おだいぐご**〔大上・女官・隠語―（室町時代）〕　四七―二　**おめしのはな**〔躾書〕　四八　**くご**〔海人・ゆどの・養草・女中・女言・女詞・貞丈〕　**ぐご**〔日ポ・草・女礼・言葉遣・隠語―（室町時代）〕、〔草〕に飯《イヒ》を供御《グゴ》といふ。おほやけにたてまつるをこそさはいふめれ、ただ人の料にしもいふよ、いとも恐こき。（例）じゆごう。女御。女中しゆく御あり。〔ゆどの慶長3・3・4〕（解）天皇の飲食物の称にもとづく。『天正十八年本節用集』に供御日本女呼飯云とあり、一般婦人語となる。『物類称呼』に昼食の畿内方言。「ゆどの」では「くご」は天皇の意味でも用いられる。 四九 **おこご** あれみなおこごの時分ぢゃ。〔氷は氷の朔日〕、飯の東国方言の 五〇 **ゴ** **ゴ**は、くごよりきたもの。 五一 **おなか**〔大上・女官「おなかいれ」は食事〔「おなかいれでおじゃ」〕〕 五二 **まま**〔女礼〕（解）うまうまのうを省いたもの〔於路加於比、下、天保〕

五二—二 **おまま**〔躾書〕（関）五三 **おくご** 中食ヲ御所方ニテ女中ノコトバニハオ供御トイフ。〔世事百談〕 五四 **おべん** お弁は弁当。〔隠語—（室町時代）〕

五五 **おひやかし** ほしい〔干飯〕〔女中・女詞〕（同）五六 **ほもじ**〔ゆどの・公家・大聖・隠語—（江戸時代）〕（例）むろまちどのよりほもじまいる。〔ゆどの文明9・7・2〕

五七 **おひらのすもじ** 鯛鮨〔ゆどの〕（例）じゆごうより御ひらのすもじまいる。〔ゆどの慶長3・2・27〕（解）おひらは鯛、すもじは鮨の御所ことば。

五八 **おふたたき** 二度たきの飯〔公家・大聖〕

五九 **おみそう** お雑煮、みそ汁の雑炊、こながき〔ゆどの〕（例）あさ御さかづきおなじ。御みそうまいる。〔ゆどの文明14・1・7〕（同）六〇 **おみぞう**〔隠語—（室町時代）〕

六一 **ほうぞう**〔禁裡・洞中・貞丈・公家〕（例）年の暮れに祝儀とて、餅に鳩を添へて一首よみておくられけるに、狂歌そへて給はる。鳩の岑ほうざう坊の風をもちひて〔拾遺家土産〕（解）ほうぞうは保蔵・烹雑。

六二 **おむすび** にぎり飯〔静・大聖〕（同）六三 **むすび**〔隠語—（江戸時代）〕

六四 **およなが** 夜食〔女中・女詞・大聖・隠語—（室町時代）〕（例）およながを上げまして〔大聖〕（解）『松屋筆記』三八に「婦女の詞に夜食をオヨナガといへり」。『浜荻』に江戸のヨナガと仙台のユウナガとを対している。今でもオユナガ〔岩手〕・オヨナガ〔加賀〕・ヨウナゴ〔甲斐・静岡〕・ヨナガ〔岩手・越中・加賀〕・ヨナカリ〔広島〕、ヨナガリ〔島原・日向〕・ヨナガレ〔豊後・日向・種子ヶ島〕という。動詞として、 六五 **およなる**〔女言〕 六六 **ゆうなる**〔女中・女言〕がある。

六七 **おやき** 焼餅〔女中・女言・女詞・隠語—（室町時代）・津軽方言〕（解）ひしはなびらを焼いたもの。（同）六八 **お**

やきがちん　〔ゆどの・女中・女言・女詞・大聖〕（例）おやきがちんまいる。〔ゆどの貞享3・1・1〕

六九　**かきがちん**　かき餅〔宝鏡日記・公家〕（例）御庭のひばかきがちん三色まいらせらるゝ。〔宝鏡日記承応3・5・23〕（同）六九―二　**おかき**〔公家・女官〕

七〇　**かちん**（七一　**おかちん**）餅〔海人・大上・ゆどの・日ポ・大聖日記・宝鏡日記・養草・女重・女中・女言・女詞・草・女礼・言葉遣・静・公家・女官・大聖・宝鏡・隠語―（室町時代）〕（例）こがねのふねにかちん入たるをまいらせらるる。〔ゆどの文明14・2・28〕おかちんをあもじでひどつておくれ。〔大聖〕（解）「おかちん」は一般語になっている。語源としては、①搗飯説〔新井白石、貞丈〕春杵でかついて作った。②かちん色の帽子または着物をきた女が宮中へ餅を売りに来た。〔林羅山〕③歌賃説。歌の力により功徳があったので、餅をついて祝った。④かたくなった餅の意〔対馬方言でも〕などの説がある。餅は年中行事や吉凶その他の行事と深い関係にある。（例）どんけ院殿より御いのこのかちん一ふたまいる。〔ゆどの慶長3・10・19〕本院の御かたより御みゝふさぎの御かちん御たる。さかなまいる。〔ゆどの貞享3・12・2〕（同）七二　**あも**〔物類称呼・浪花聞書・京都方言・五十年忌歌念仏、なお、幼児や女性の用いる一般語となっている。餡餅の約。アンモとも〕七二―二　**おあも**〔躾書〕（関）七三　**あぶらのかちん**（あげ餅）みなせよりあぶらのかちんまいる。〔ゆどの天正15・6・25〕七四　**いのこのかちん**〔亥の子餅〕〔宝鏡日記〕七五　**むしかちん**（蒸餅）〔宝鏡日記承応2・7・4〕

七六　**こおりがちん**　氷餅〔ゆどの・静〕（例）こほりがちんまいる。〔ゆどの慶長3・6・1〕（解）寒水にさらして凍らせた餅。六月一日に食べる。〔後水尾院当時年中行事〕

七七　**ことのはら**　おしずし（押鮨）〔女重〕（関）七八　**かわのすもじ**　竹の皮で包んだ鮨か〔ゆどの〕（例）どんけ院殿より河のすもじまいる。〔ゆどの慶長3・7・3〕

七九　**こわくご**　赤飯・おこわ〔ゆどの・禁裡・洞中・養草・女重・公家・女官〕（例）御こわくごの後三こんまいる。〔ゆどの文明14・1・1〕（同）八〇　**こわめし**〔貞丈〕八一　**おこわ**〔女中・女言・女詞・言葉遣・隠語―（室町時代）〕（解）「おこわ」は一般語として用いている。八二　**あかきおこわくご**〔ゆどの〕（例）上らふよりあかき御こわく御一御かはらけまいる。〔ゆどの天正7・8・6〕八三　**あかこわい**〔女礼〕

八四 **さくず** こぬか〔小糠〕〔女中・女言・言葉遣、岩手・宮城・福島・佐賀〕（同）八五 **まちかね**〔女重・言葉遣・隠語―〔江戸時代〕〕（解）来ぬか来ぬかで待ちかね。〔醒睡笑一〕

八六 **しそのすもじ** しそずし〔紫蘇鮨〕〔ゆどの〕（例）林丘寺の宮よりしそのすもじまいる。〔ゆどの貞享3・6・28〕

八七 **しらいと** 白糸餅〔宝鏡日記〕（例）御みやにしらいと御そへおかずごんかう〱。〔宝鏡日記慶長3・12・1〕

八八 **しんこう** 「深更」は餅の上に小豆を乗せたもの。小豆を「赤」ということから、「赤付き」＝暁。その縁語で「深更」となった〔隠語―〔江戸時代〕〕

八九 **すもじ**〔八九―二 **おすもじ**〕 鮨〔大上・ゆどの・女中・女言・女詞・貞丈・言葉遣・静・公家・隠語―〔室町時代〕〕（例）北こうじ殿よりすもじまいる。〔ゆどの文明14・4・4〕（解）一般語になっている。（関）九〇 **やまぶきのすもじ**〔鮒ずし〕（例）山ぶきのすもじまいる。〔ゆどの享禄4・5・3〕

九一 **そもじ** そば〔蕎麦〕〔静・公家・大聖・隠語―〔宮廷・現代〕〕（同）九二 **あおい**〔大上・貞丈・女官〕 九三 **みかど**〔日ポ・女中・女言・女詞・言葉遣・隠語―〔室町時代〕〕 九四 **むし**〔隠語―〔室町時代〕〕（関）九五 **うすずみ**〔そばの粥〕〔大上・女重・女中・女言・女詞・貞丈・公家〕

九六 **ぞろ** そうめん〔大上・禁裡・洞中・日ポ・女重・草・宝鏡日記・公家・大聖・隠語―〔鎌倉時代〕〕（解）ぞろはぞろぞろの下略語（同）九七 **おぞろ**〔言葉遣〕 九八 **ぞろぞろ**〔ゆどの・公家〕（例）あつきぞろ〱一物にて御さか月まいり。はて、おりの物にて一こんまいる。〔ゆどの文明17・2・7〕（解）ぞろぞろは食べるときの感触から命名〔草〕、ゾロ〔信濃・美濃・豊後〕、ゾロゾロ〔米沢・上総・佐渡・出雲・肥後〕と幼児語でいう。九九 **いともの**〔養草・女中・女詞〕 一〇〇 **いれぞろ**〔養草〕 一〇〇―二 **おひや**〔躾書〕 一〇一 **おほそもの**〔隠語―〔室町時代〕〕 一〇二 **ぎんし**〔日ポ〕 一〇三 **しらいと**〔言葉遣・宝鏡日記・隠語―〔室町時代〕〕 一〇四 **しろいと**〔女言・女詞・隠語―〔江戸時代〕〕 一〇五 **ほそもの**〔海人・大上・女中・女言・女詞・隠語―〔室町時代〕〕（関）一〇六 **きり**〔きり麦〕〔養草・女重・女中・女詞〕 一〇七 **きりぞろ**〔きり麦〕〔大上・日ポ〕 一〇八 **つめたいぞろ**〔ひや麦〕〔大上・貞丈・隠語―〔室町時代〕〕 一〇九 **ひやぞろ**〔ひや麦〕〔公家〕 一一〇 **おひやぞろ**〔ひやしそうめん〕〔女中・女詞〕

一一一 **たけのおばん** 筍飯〔公家・大聖・宝鏡〕

一一二　**たけのすもじ**　筍鮨〔ゆどの〕（例）たけのすもじまいる。〔ゆどの文明14・6・30〕

一一三　**つきよ**　いいずし（飯鮨）巻ずしは切り口が丸くて白いからいう。〔ゆどの・養草・女中・女言・女詞・隠語―（江戸時代）〕（例）あなたよりも月夜まいいる。〔ゆどの貞享3・4・11〕

一一四　**はすのくご**〔ゆどの・禁裡・洞中・宝鏡日記承応2・7・9〕（例）はすのくごとし〳〵のごとし。〔ゆどの文明14・7・15〕（解）もち米の蒸したものを蓮の葉でつつんだもの。

一一五　**ばらのすもじ**　ばらずし〔大聖〕

一一六　**ひるくご**　昼食〔女重・女中・女言〕（同）一一七　**おひるくご**〔女詞〕　一一八　**おこし**〔女中〕　一一九　**おひるこし**〔女中〕

一二〇　**ひしはなびら**　菱餅（ひしはなびらのかちんの略）〔ゆどの・大聖日記・宝鏡日記・公家・大聖・宝鏡〕（例）四季の間にてひしはなびらのかちんにて御いわゐまいる。〔ゆどの貞享3・1・1〕（解）菱形に切った餅。御所ではこれを用いる。正月のお雑煮もこの餅でする。白い餅に菱形の薄赤の餅を重ねて入れ、たたきごん（たたきごぼう）をはさみ、中の菱餅とごぼうを食べる。（同）一二一　**はなびら**　宮中でいう（伊賀方言でも）。　一二二　**ひしがちん**〔ゆどの・公家〕（例）女院ノ御方よりひしのかちん。〔ゆどの延宝5・3・3〕じゆごうより草のひしのかちんまいる。〔ゆどの天正16・3・3〕　一二三　**おひし**〔公家〕

一二四　**ふきよせ**　吹寄せ飯〔公家・大聖〕（同）一二五　**ようか**〔日ポ〕

一二六　**むもじ**　麦〔日ポ・養草・女詞・隠語―（江戸時代）、大聖〕（関）一二七　**としこえぐさ**〔女中・女言・女詞〕　一二八　**あおやぎ**（青い麦）〔女中・女言〕　一二九　**こもじ**（小麦）〔日ポ〕

一三〇　**からこ**（小麦の粕）〔女中・女言〕　一三一　**もみじ**（同上）〔女中・女言〕　一三二　**みずのこ**（小麦粉）〔躾書・女中・女言・女詞〕　一三三　**ちりのこ**（米麦を煎ったもの）〔公家〕

一三四　**みずのこ**（同上）〔女中・女言・女詞・宝鏡日記〕　一三五　**みずのちりちり**（同上）〔公家〕　一三六　**くもり**（同上）〔女中・女言・女詞〕　一三七　**くもりちらし**（同上）〔言葉遣〕

一三八　**おかちのめし**（麦飯）〔女中・女言・女詞〕　一三九　**むしのめし**（同上）〔女中〕　一四〇　**むもじ**（同上）〔日ポ・養草・女詞・隠語―（江戸時代）・大聖〕　一四一　**むもじのおばん**（同上）〔大聖〕　一四二　**むもじのくご**（同上）〔宝鏡日記〕

一四三　**むもじのしょく**（同上）〔女言〕

一四四　**もろこし**　唐きび〔女重〕
一四五　**やいば**　もみ（籾）〔日ポ〕（解）籾の旁の訓読から「やいば」という。（関）一四六　**わりふね**　すり糠〔大上・公家〕
一四七　**やまかけ**　こげ飯〔女中・女言・女詞〕

副食物（総称・豆類・野菜類・漬物類・魚貝・鳥獣・その他）

（1）総称

一四八　**おまわり**〔一四九　**まわり**〕おさい（菜）〔海人・日ポ・女官・大聖・隠語―（室町時代）〕（解）蜑藻屑に「御菜ヲメクリト云　常ニヲマワ《ハ》リト云ハワロシ」、〔日ポ〕に「まわり」
一五〇　**おんまわり**（ヲンマワリガナウテメイワクヂヤ）、「皇太神宮年中行事」に「御廻八種《オンマハリ》」、京都市・高松市・長崎市（各方言）で「オマワリ」、沖縄の上流語で「一五一　**オマワイ**」。（同）一五二　**めぐり**〔ゆどの〕では、「めぐり」は疫病よけに夏の土用に食べるものをいう。一五三　**おめぐり**〔海人・草・隠語―（室町時代）〕（解）〔草〕に、飯のめぐりの意とある。大聖寺では「おめぐり」は使用せず、「おまわり」を用いる。

一五四　**おくご**　お供御は中食〔隠語―（室町時代）〕
一五五　**おしたため**　賜わった食事〔隠語―（江戸時代）〕
一五六　**おしょうじもの**　精進料理〔大上・貞丈・女官〕（解）大聖寺・宝鏡寺で「おしょうじん」という。（関）一五七　**おせちみ**〔女官・女言〕（解）せちみ（節忌）で、斎日に精進潔斎すること。一五八　**きよまいり**（同上）〔女官・女言・隠語―（室町時代）〕

（2）豆類（豆類・豆腐）

一五九　**あか**　あずき（小豆）〔大上・ゆどの・日ポ・養草・女重・女中・女詞・貞丈・草・公家・女官・大聖・隠語―（室町時代）〕（例）上らふよりきんとんにあかの入たるまいる。〔ゆどの天正9・5・15〕（解）〔ゆどの〕では、一六〇　**あかのくご**（赤飯）のような形でよく用いられる。（同）一六一　**あかあか**〔大上・貞丈・隠語―（室町時代）〕　一六二　**あかか**〔女官〕
一六三　**あまもの**〔躾書・女中・女官・隠語―（室町時代）〕
一六四　**ありあけ**〔女言〕　一六五　**いろのまる**〔女中・女言・女詞・隠語―（室町時代）〕　一六六　**おあか**〔隠語―（室町時代）〕
一六七　**いと**　豆なっとう〔大上・ゆどの・貞丈・公家・女官・大聖〕（例）みなせよりいとまいる。〔ゆどの文明12・4・4〕

（同）一六八　**いとひき**〔ゆどの〕（例）かぢ井どのよりいとひきまいる。〔ゆどの明応3・12・24〕（解）江戸初期には、茶の子にも用い、粘りがあって糸をひくところから「糸引き」という。「いと」はその下略語。

一六九　**いとこに**　従兄弟煮　小豆・ごぼう・いも・大根・豆腐・焼栗・くわいなどを合わせて煮た料理。〔隠語―（江戸時代）〕古くは十二月八日に食べた。煮え難い物から「追々に煮る」→「甥々に煮る」、甥と甥＝いとこ、という洒落。

一七〇　**いりいり**　いり豆〔女中・女言・女詞・言葉遣・大聖〕（解）大聖寺では「あられ」のことも。　（同）一七一　**ほしほし**〔女中・女言・女詞・言葉遣〕

一七二　**うのはな**　豆腐かす〔公家〕　（同）一七三　**おから**〔公家・女官・大聖〕（解）おからは民間でも。　一七四　**おかべのから**〔養草・女重〕　一七五　**ゆき**〔女礼〕

一七六　**おでん**〔一七七　**でん**〕でんがく豆腐〔日ポ・養草・女重・女中・女言・女礼・大聖・隠語―（室町時代）〕（解）〔日ポ〕には「でん」とある。　（同）一七八　**おわたし**〔躾書・女中・女言・女詞・言葉遣・隠語―（室町時代）〕　一七九　**みだれがみ**〔女中・女言・女詞・言葉遣〕

一八〇　**おはのみ**　豆〔女中・女言〕　一八〇―二　**おはとのみ**〔躾書〕　（同）一八一　**おまめ**〔大上〕（解）大聖寺では、「おまめさん」は、町方の表現だとして用いず、「まめ」という。

一八二　**おめきらし**〔女中・女言〕　一八三　**ほしほし**〔日ポ〕

一八四　**かべ**〔一八五　**おかべ**〕豆腐〔海人・大上・ゆどの・日ポ・養草・女重・女中・女言・女詞・草・女礼・言葉遣・宝鏡日記・公家・女官・大聖〕（例）みやの御かたの御ちの人よりかべ一ふたまいる。〔ゆどの天正7・9・21〕じゆごうよりかうらいかべ一ふたまいる。〔ゆどの慶長5・2・4〕『骨董集』に「今女ノ言ニ豆腐ヲおかべト云フモフルキ言ナリ」。（解）〔草〕に白かべの色からいうとある。大聖寺では「おかべ」といい、「かべ」を用いない。日向・薩摩方言で「おかべ」という。　（同）一八六　**かべしろもの**〔公家〕　一八七　**しろもの**〔大上・隠語―（室町時代）〕　（関）一八八　**あげかべ**〔揚豆腐〕〔大聖〕　一八九　**やきおかべ**〔焼豆腐〕〔公家〕（解）大聖寺では一九〇　**やきかべ**　といって、「やきおかべ」とはいわない。

一九一　**きなこ**　黄な粉は豆の粉〔隠語―（江戸時代）〕　一九一―二　**うすいろのこ**〔躾書〕

一九二　**ささ**　ささげ豆〔大上・養草・女重・女中・女詞・女言・貞丈・女官・大聖・隠語―（室町時代）〕

（3）青物類〔菜・大根・うり・芋など〕

一九三　**ありあけ**　野びる〔女中〕（同）一九四　**あさつき**〔女中・女詞〕（解）葉や茎を食用にする。　一九四─二　**くさもじ**〔躾書〕

一九五　**うのめ**　うこぎ〔五加木〕〔養草・女重・女言・女詞〕（解）姫うこぎの若葉を食用する。

一九六　**えびかずら**　ぶどう〔隠語─〔室町時代〕〕

一九七　**おかぼ**〔一九八　**かぼ**〕かぼちゃ〔南瓜〕〔公家・女官・大聖〕（解）京都方言でも「おかぼ」、大聖寺で「**かぼ**」とも。

一九九　**おなま**　なます〔膾〕〔大上・日ポ・女中・女言・女詞・貞丈・公家・女官・隠語─〔室町時代〕〕（解）なますは野菜や魚を材料にした酢のもの。　（同）二〇〇　**おなます**〔公家・大聖〕（解）京都方言でも。　二〇一　**おはま**〔公家〕

二〇二　**つめたもの**〔大上・貞丈・隠語─〔室町時代〕〕（関）二〇三　**おあえもの**〔あえもの〕〔公家・大聖では、（解）二〇四　**おなま**〔なますとは別で、味噌が入ったものの意〕〕　二〇五　**おあえ**〔同上〕〔宝鏡・京都方言〕　二〇六　**およごし**〔同上〕〔躾書・女言・女詞〕丹波通辞、加賀・筑前・佐賀・長崎の方言でも。

二〇七　**みそみそ**〔同上〕〔大上・貞丈・女官・隠語─〔室町時代〕〕味噌であえた物。　二〇八　**よごし**〔同上〕〔女中、磐城・相模・佐渡・肥後・薩摩の方言〕、『籠耳双紙』に「侍などの詞に聞きにくきは……あへものをよごし」と。

二〇九　**おは**　な〔菜〕〔大上・貞丈・公家・女官・隠語─〔室町時代〕〕　**おもの**〔菜〕〔養草・女重・草・大聖〕（同）二一〇　**あ**

（関）二一一　**ほながな**〔祝菜〕〔大聖〕　二一二　**やまのは**〔大根葉〕〔女中・女詞・女官〕

二一三　**かこもり**　ところ〔野老、やまのいも科の多年生蔓草の根茎〕〔女中・女詞〕

二一四　**からもの**　大根〔大上・日ポ・女中・女詞・貞丈・女官・大聖・宝鏡・隠語─〔室町時代〕〕（例）からもんとややいもを浮かせまして〔宝鏡〕（解）〔草〕には古くは干したるものをいうとあるから、干大根のことか。　（同）二一五　**からもん**〔養草・女重・女言・草・言葉遣・公家〕　二一六　**おはがた**〔蕪のことも〕〔日ポ〕　二一七　**かがみぐさ**〔言葉遣〕　二一八　**からみぐさ**〔女中・女言・女詞〕　（関）二一九　**はりはり**〔千切大根〕〔公家・大聖、上田市方言〕なお千切大根を漬けたものを京・大阪でいう。　二二〇　**ほしからもの**〔干大根〕〔養草・宝鏡日記・大聖〕

二二一　**くく**　くくたち〔菜のとう、特にすずなのとう〕〔大上・

ゆどの・隠語―〔室町時代〕〕（例）さへもんのすけよりめいぶつとてく丶一折まいる。〔ゆどの慶長5・1・27〕

二二二　**くもじ**　茎〔大上・ゆどの・養草・女重〕（例）うぢよりくもじ物などまいる。〔ゆどの文明15・1・8〕（解）茎のもじことばで、町方でも使う。

二二三　**くもじ**　にんにく〔女詞・貞丈〕（同）二二四　**にもじ**〔大上・日ポ・貞丈・公家・女官〕

二二五　**ごん**　ごぼう（午蒡）〔大上・養草・女重・言葉遣・宝鏡日記・女官・大聖・隠語―〔室町時代〕〕（解）「ごんぼう」の下略語。（同）二二六　**うまふさ**〔女中・女言・女詞・貞丈・公家〕（解）午房の訓読語か。

二二七　**しろねぐさ**　芋がら〔女中・女言・女詞〕（同）二二八　**しろこぐさ**〔女中〕（関）二二九　**ふじ**（干した芋がら）〔貞丈〕藤色からの命名か。

二三〇　**せもじ**　せり（芹）〔大聖〕（解）芹のもじことば。（同）二三一　**ねじろぐさ**〔女中・女言・女詞・言葉遣〕

二三二　**たけ**　きのこ〔女中・女言・女詞〕（解）方言として、京都・大阪・奈良・播磨・因幡・石見・備後・大分の各一部で。

二三三　**たけ**　たけのこ〔ゆどの・貞丈・公家・女官・大聖・隠語―〔室町時代〕〕（例）じゆごうよりたけまいる。〔ゆどの慶長3・4・19〕

二三四　**つく**　つくし〔海人・大上・ゆどの・養草・女重・女中・女言・女詞・貞丈・公家・女官・大聖・隠語―〔室町時代〕〕（例）仁和寺宮よりつくまいる。〔ゆどの貞享3・3・12〕（解）つくつくしの下略語。（同）二三五　**つくつく**〔女中・宝鏡日記〕　二三六　**つちのふで**〔女中・女詞〕　二三七　**つちふで**〔女言〕　二三八　**ちのふで**〔女詞〕

二三九　**なりのもの**　うり（瓜）〔女中・女言〕（同）二四〇　**あちうり**〔女言〕　二四一　**おうり**〔ゆどの〕（例）御うり御ふたに入てまいる。〔ゆどの文明10・6・8〕　二四二　**きんか**〔女中・女言〕『物類称呼』にまくわうりを陸中・陸奥の南部で「きんくは」というと。　二四三―二　**なつのもの**〔躾書〕　二四三　**なりもの**〔女詞〕　二四四　**はびろぐさ**〔女中・女言・女詞〕　二四五　**ほそお**〔女中・女詞〕　二四六　**ほそおの**〔女言〕（関）二四七　**あかきおうり**（西瓜）（例）大すもじよりもあかき御うりまいる。〔ゆどの延徳4・6・16〕　二四八　**はりはり**（干うり）〔女重〕（解）上田市方言では切干のこと。　二四九　**ほりほり**（干うり）〔養草・女中・女言・女詞・隠語―〔室町時代〕〕　二五〇　**こおのうり**（味噌づけの白うり）〔貞丈〕（解）なお、〔ゆどの〕では、二五一　「**しろおうり**」とあり、白うりのことか。(例) むろまちどのよりしろ御うりはじめてまいる。〔ゆどの文明17・4・20〕 二五二 **しろもの** (白瓜か)〔ゆどの〕(例) くはんしゆうじよりならのしろ物御たる一かまいる。〔ゆどの文明17・9・30〕

二五三 **にもじ** にんにく〔大上・日ポ・貞丈・公家・女官・隠語—(室町時代)〕 (同) 二五四 **くもじ** 〔女詞・貞丈〕 二五五 **くさのもの**〔女中〕 二五六 **くさもじ**〔女言・隠語—(室町時代)〕

二五七 **にゃく** こんにゃく〔大上・養草・女重・貞丈・草・宝鏡日記・公家・女官・大聖・隠語—(室町時代)〕(解) 室町時代一月十日には宮中に進上した。 (同) 二五八 **おした**〔女詞〕

二五九 **した**〔女中・女言・言葉遣・隠語—(室町時代)〕

二六〇 **はす** 山の芋〔隠語—(江戸時代)〕

二六一 **はつみ** 椎茸〔隠語—(江戸時代)〕

二六二 **はびろ** (二六三 **おはびろ**) ちしゃ(萵苣)〔大上・日ポ・養草・女重・女中・女言・女詞・貞丈・公家・大聖〕 二六四 **ひろは**〔隠語—(室町時代)〕

二六五 **ひともじ** ねぎ〔大上・貞丈・女礼・言葉遣・公家・大聖・隠語—(室町時代)〕 古くはねぎを「き」と呼んだので一文字という。近江でも。(例) 引見れば根は白糸のうつほ草ひともじなれど数の多さよ〔物類称呼〕 (同) 二六六 **うつお**〔海人・日ポ〕 二六七 **うつぼ**〔女中・女言〕(例) もみぢせで秋ももえぎのうつぼぐさ露なき玉と見ゆる月かな〔七十一番職人尽歌合四十番〕 二六八 **おならし**〔躾書・女言〕

二六九 **おるは**〔女言〕 二七〇 **くさみの**〔女詞〕(「くさもの」の誤りか。女詞の一本には「くさもの」とある) 二七一 **くさみ**〔隠語—(鎌倉時代)〕 二七二 **くさもの**〔女中・女言・女詞・言葉遣〕 二七三 **しろね**〔ゆどの・女言・女詞・言葉遣〕(例) うぢよりくもじ。むめ。しろねまいる。〔ゆどの文明15・1・13〕 二七四 **つおぐさ**〔女中・女詞〕 二七五 **むもじ**〔公家・女官・大聖・隠語—(江戸時代)〕 (関) 二七五—二 **くさおつけ**〔ゆどの〕(ねぎのみそ汁)(例) けさよりくさ御つけまいる。〔ゆどの文明12・3・1〕

二七六 **ひば** ほしな(干菜、大根葉をほしたもの)〔養草・女重・女中・女言・女礼・大聖〕 (同) 二七七 **ちば**〔女中・女詞〕

二七八 **のきしのぶ**〔公家・大聖・宝鏡・隠語—(江戸時代)〕

二七九 **ふたもじ** にら(韮)〔大上・貞丈・公家・女官・隠語—(室町時代)〕、上総でも。〔物類称呼〕 (同) 二八〇 **おさかし**〔女言・女詞〕 二八〇—二 **おさわがし**〔躾書・女中〕 二八〇—三 **おくさもの**〔躾書〕

二八一　**まつ**　まつたけ〔海人・大上・ゆどの・養草・女重・女中・女言・女詞・貞丈・草・公家・女官・大聖〕（例）八わたのたなかまつ二をりまいる。〔ゆどの文明9・9・8〕むろまち殿より大折の松まいる。〔ゆどの明応3・9・23〕正こうゐん殿よりまつ一折まいる。〔ゆどの慶長13・9・28〕ふしみ殿より松一つ、みまいる。〔ゆどの文明14・8・14〕（解）「草」には「松茸を松といふもあさまし」とある。（同）

二八二　**たけ**〔大上・女重・女中・女言・女詞・公家〕

二八三　**まも**　芋〔大上・禁裡・洞中・ゆどの・貞丈・隠語―〔江戸時代〕〕（例）としこしの御さかづきまめ。まもにて一こんまいる。〔ゆどの延宝3・12・23〕（同）二八四　**おいも**〔大上・静・女官〕〔京都方言でも使用〕（関）二八五　**きぬかずき**〔里芋〕〔女中・女言・女詞〕〔大聖寺では皮のままゆでる芋は衣を被《かず》いているから〕　二八六　**とうなん**〔唐の芋、里芋の一種〕〔女言・女詞・言葉遣〕　二八七　**ややいも**〔小芋〕〔公家・大聖〕

二八八　**おさつ**〔さつまいも〕〔女官・大聖・隠語―〔明治時代〕〕

二八九　**きいも**〔さつまいも〕〔公家〕　二九〇　**うこもり**〔山芋〕〔女中・女詞〕

二九一　**もみじ**　なす〔茄子〕〔女中・女言・女詞・言葉遣・隠語―〔江戸時代〕〕（同）二九一―二　**おきやす**〔躾書〕　二九二　**げんじ**〔女詞〕

二九三　**ゆき**　かぶ〔蕪〕〔日ポ〕（同）二九四　**おかぶ**〔隠語―〔室町時代〕〕　二九五　**おかぶら**〔女中・女言・言葉遣〕　二九六　**かぶ**〔日ポ・女官・大聖〕（関）二九七　**べにだいこん**〔赤かぶ〕〔日ポ〕

二九八　**わら**　わらび〔海人・大上・ゆどの・女中・女言・女詞・貞丈・草・宝鏡日記・公家・女官・大聖・隠語―〔室町時代〕〕（例）りしやう院よりわらまいる。〔ゆどの文明14・4・3〕めうほう院よりわら一をりまいる。〔ゆどの明応6・3・26〕（同）二九九　**おかだゆう**　岡大夫〔隠語―〔平安時代〕〕　三〇〇　**さんまいぐさ**〔女中〕　三〇一　**みかつぐさ**〔女中〕　三〇二　**やまねぐさ**〔女中〕（関）三〇三　**くろとり**〔ほしわらび〕〔大上・養草・女重・女中・女言・女詞・貞丈〕　三〇四　**わらのかちん**〔わらび餅〕〔宝鏡日記承応2・6・13〕　三〇五　**わらのこ**〔わらびの粉〕〔宝鏡日記承応2・6・13〕

（4）漬物類

三〇六　**おしわもの**　お皺物は梅干〔女言・隠語―〔室町時代〕〕（解）梅干は皺になっているところからの命名。

三〇七　**くもじ**〔三〇八　**おくもじ**〕茎づけ〔ゆどの・日ポ・女中・女

言・女詞・宝鏡日記・公家・女官・大聖・宝鏡・浪花聞書・隠語―（江戸時代）〕（例）うぢのほうをん院よりくもじ二をけ。〔ゆどの文明14・1・9〕きたの、しんまんゐんよりとし〲のくもじのおけ〔ゆどの天正7・1・16〕北野めうさういんよりこわう。くわんじゆ。くもじのおけまいる。〔ゆどの慶長3・1・16〕（同）三〇九 **おはづけ**〔女中・女言・女詞〕（解）方言としては、オクモジ（能登・加賀・播磨・広島・高松・阿波・筑前・佐賀・島原） 三一〇 **オコモジ**（広島）

三一一 **クキ**（若狭・近江・和歌山・小豆島・長崎市）クモジ（奈良市・和歌山・神戸・播磨・備前・小豆島・阿波・佐賀・長崎市）（関）三一二 **すいくもじ**（すぐき）〔公家・上賀茂社家〕 三一三 **すいぐき**（すぐき）〔公家〕

三一四 **こりこり** 漬物用の干瓜のことか。〔ゆどの・宝鏡日記〕（例）大聖寺の宮よりこり〲まいる。〔ゆどの貞享2・6・18〕あをうりのこり〲もちてまいる。〔宝鏡日記慶安2・1・9〕

三一五 **しらいと** たくあん〔養草・女重・女中・女言・女礼〕（同）三一六 **おこうこう**〔女言・女詞・静・公家・女官〕 三一七 **おこうのもの**〔女官〕 三一八 **おしおづけ**〔女中〕 三一八―二 **おしおづ**〔躾書〕 三一九 **おつまみ**〔女中・女言・女詞〕

三二〇 **こうこう**〔養草・女重・女中・女言・草・女礼・隠語―（室町時代）〕 三二一 **こうのもの**〔女礼・隠語―（室町時代）〕

三二二 **こうのふり**〔大上・女官〕 三二三 **こうもふり**〔公家〕

三二四 **とうなん**〔女中〕 三二五 **しんこ**〔女礼〕 三二六 **ねじねじ**〔女詞〕（関）三二七 **あさあさ**（あさ漬）〔大上・ゆどの・養草・女重・女中・女言・女詞・貞丈・言葉遣・宝鏡日記・女官・大聖・隠語―（室町時代）〕（例）ごんすけ殿よりあさ〲。くもじまいる。〔ゆどの慶長3・2・11〕 三二八 **ふじのはな**（ささげのついた新香）〔女重〕 三二九 **あかのしんこう**〔女言・女詞〕

（5）魚貝・鳥獣

a **魚貝類**（総称・海水魚・淡水魚・貝類）

三三〇 **あまおひら** 甘鯛〔ゆどの〕（例）ながはしよりあま御ひら。〔ゆどの長享2・2・16〕

三三一 **あかおまな** 鮭〔日ポ・養草・女重・女中・女言・女詞・貞丈・言葉遣・公家・女官・隠語―（室町時代）〕（例）むろまちどのよりあか御まなまいる。〔ゆどの文明9・8・20〕のぶながよりはつあか御まな二まいる。〔ゆどの天正7・9・13〕（解）あかおまな（赤御真菜）は赤い魚の意で、鮭・鱒の両義に使った。（同）三三二 **あかおなま**〔大上〕三三三 **かわつら**〔女中・女言・言葉遣〕三三四 **くわつし**〔女中〕〔「女中」の一本「躾書」には「おはづし」とある〕（関）三三五 **からから**〔大上・貞丈・女官・隠語――（室町時代）〕鮭のこと（解）乾鮭。

三三六 **あかおまな**　ます（鱒）〔女重〕（同）三三七 **みずのいろ**〔女中・女言・言葉遣〕三三八 **みずのくろ**〔女詞〕三三九 **はらか**〔養草、腹赤にもとづくか〕

三四〇 **いもじ**　いか（烏賊）〔大上・女重・女中・女詞・貞丈・公家・女官・言葉遣・隠語――（鎌倉時代）〕（例）じゆごうの御かたより御そへおかずとていもじまいる。〔ゆどの慶長3・9・6〕（解）いもじは腰巻のことにもいう。（関）三四一 **するする**（するめ）〔大上・養草・女重・女中・女言・公家・女官・大聖・隠語――（室町時代）〕

三四二 **う**　うなぎ（鰻）〔公家・女官・大聖〕

三四三 **うきうき**　焼肴（焼きもの）〔大上・女官・隠語――（室町時代）〕（解）すすり団子のことも。（同）三四四 **おさかな**〔女官〕

三四五 **うのはな**　鮎〔女中・女言・女詞・言葉遣〕（解）鵜のとる魚からの命名か。六月に、京都保津川の鮎を朝廷に進上した。

三四六 **うみくさ**　あわび（鮑）〔女言・女詞〕（同）三四七 **うみつき**〔女中〕三四八 **おみおかい**〔女中・女言・女詞〕三四九 **おみちかい**〔女詞〕〔「おみちかい」は誤記か。女詞の一本には「おみおかい」〕三五〇 **おみなかい**〔女中〕〔「おみおかい」の誤りか〕三五一 **かいあわ**〔ゆどの〕（例）すゑよりがん二。かいあわ一折。ゆき五まいる。〔ゆどの文明14・12・28〕三五二 **あわ**〔禁裡・洞中〕三五三 **ほそおおい**〔女中・女言〕

（関）三五四 **つぼみ**（のしあわび）〔女中・女言・言葉遣〕三五五 **ほうじ**（同上）〔女中・女言・言葉遣〕三五六 **ほそひらめ**（同上）〔女中・女言・言葉遣〕

三五七 **えもじ**　えび〔養草・女中・女言・言葉遣・公家・女官・大聖・隠語――（現代）〕（例）じゆごうより御いた。ゑもじまいる。〔ゆどの慶長3・8・30〕（同）三五八 **かがみもの**〔大上・貞丈・女官・隠語――（室町時代）〕（解）屈む物の意か　三五九 **かいろう**〔女中・女言・女詞・言葉遣〕（解）海老の音読。

三六〇 **えもじ**　えそ（狗母魚）〔女重・女中・貞丈〕（同）三六一 **こんもじ**〔大上・女官・隠語――（室町時代）〕　三六二 **しらなみ**〔大上・公家・女官〕

三六三 **おいた** かまぼこ〔大上・貞丈・公家・女官・大聖・隠語―〔江戸時代〕〕（例）じゆごうより御いた。ゐもじまいる。〔ゆどの慶長3・8・30〕（解）かまぼこは板につけてあるからいう。京都方言で、 三六四 **いた** （同） 三六五 **おかま** 〔日ポ・女中・女言・女詞・隠語―〔室町時代〕〕（解）おかまぼこの下略語。

三六六 **おこぶし** さざえ〔女中・女言・女詞・言葉遣・隠語―〔室町時代〕〕（解）拳の形からか。

三六七 **おさし** 刺身〔女中・女言・女詞・隠語―〔江戸時代〕〕（同） 三六八 **おつくり** 〔女官〕（解）「おつくり」は京都方言でも。 三六九 **さしみ** 〔ゆどの〕（例）夕かたの御いはゐもいつものことし。みん部卿す丶き一さしみまいる。〔ゆどの文明15・10・1〕 三七〇 **ふくみ** 〔隠語―〔江戸時代〕〕

三七一 **おぬめり** なまこ（海鼠）〔女中・女言・女詞・言葉遣・隠語―〔江戸時代〕〕（解）柔軟でぬめぬめしているから、お粘《ぬめ》りというか。（同） 三七二 **はなだ** 〔大上・貞丈・女官・隠語―〔室町時代〕〕

三七三 **おひら** 鯛〔大上・ゆどの・禁裡・洞中・日ポ・養草・女中・女言・貞丈・草・言葉遣・公家・女官・大聖・隠語―〔室町時代〕〕（例）ながはし御たる一。御ひら一をしきまいらる丶。〔ゆどの文明9・4・22〕じゆごうより御ひらまいる。〔ゆどの慶長3・1・12〕（解）平たい形からいう。（同） 三七四 **おたし** 〔女中・女言・言葉遣〕（関） 三七五 **こひら** （小鯛）〔養草・女重・女言・女礼〕（解）こびらと〔女中〕に濁ってある。

三七六 **おむら** いわし（鰯）〔養草・女中・女言・女詞・草・女礼・言葉遣・公家・女官〕（解）おむらさきの下略語。（同） 三七七 **おほそ** 〔日ポ・女中・女言・女詞・言葉遣・隠語―〔室町時代〕〕（解）形からお細というか。 三七八 **おぼそ** 〔女重・女礼・隠語―〔室町時代〕〕 三七九 **おひら** 〔女重〕 三八〇 **おむらさき** 〔女礼〕（解）いわしは群集すると波の色が紫色に見えるからの命名か、塩押したいわしは紫めくからとも。〔草〕 三八一 **かわぼそ** 〔女詞〕 三八二 **きぬかずき** 〔大上・貞丈〕 三八三 **むらさき** 〔大上・醒睡笑・貞丈・草・公家・隠語―〔室町時代〕〕（例）鰯をば上臈方のことばに紫ともてはやさる丶。〔醒睡笑〕鰯を婦人の詞にムラサキまたはヲムラといふは鮎にまさるといふ意なり〔嘉良喜随　第五〕

三八四 **かか** （三八五 **おかか**）かつお（鰹）〔大上・日ポ・養草・女重〕（同） 三八六 **おかつ** 〔大上・貞丈・女官・隠語―〔江戸時代〕〕 三八七 **かつかつ** 〔貞丈〕 三八八 **からから** 〔大上〕

三八九　**かか**（三九〇　**おかか**）鰹節〔女中・女言・女詞・公家・女官〕（例）江戸にて……鰹節をかつぶし、又おかか〔皇都午睡三上〕（関）三九一　**はなかか**（花鰹）〔女言〕　三九二　**おはな**（同上）〔女言〕　三九三　**うめかか**　鰹節のでんぶ〔隠語―（江戸時代）〕

三九四　**かざ**　かざみ（わたり蟹）〔大上・貞丈・公家・女官・隠語―（室町時代）〕

三九五　**かずかず**　数の子〔養草・女重・女中・女言・女詞・女礼・公家・女官・大聖〕（例）今俗青魚《カド》の子をかずの子といひ、正月これを用ゆ。女詞にはかず〳〵といふ。〔嬉遊笑覧八〕（同）三九六　**かず**〔草〕　三九七　**かどのこ**〔女礼、かど（鰊）の子の意〕

三九八　**かため**　平目〔大上・貞丈・女官〕（解）片目であるから名づけた。かれいのこともいう。

三九九　**かため**　かれい〔大上・隠語―（室町時代）〕

四〇〇　**くちぼそ**　かます（魳）〔大上・日ポ・貞丈・女官・隠語―（室町時代）〕（解）口細はその形から。くちほそ〔公家―明治天皇御逸事〕とも。

四〇一　**くろもの**　いりこ（熬海鼠）〔大上・貞丈・女官・隠語―（室町時代）〕（解）なまこをゆでて乾したもの。黒物はその色からか。（同）四〇二　**りょうりょう**〔公家〕

四〇三　**こうばい**　このわた（海鼠腸）〔大上・ゆどの・公家・女官・隠語―（江戸時代）〕（例）むろまちどのよりこうばゐ五十まいる。〔ゆどの文明14・2・10〕

四〇四　**こもじ**　鯉〔海人・大上・ゆどの・女中・女言・女詞・草・公家・女官・隠語―（室町時代）〕（例）二でう殿よりこもじまいる。〔ゆどの文明14・1・19〕右少弁よりるす事とて。でんがく、あまくこん。こもじまいる。〔ゆどの天正7・10・19〕（解）鯉の文字ことば。淀川の鯉はびわ湖の鮒とともに昔から有名。　四〇五　**こもじ**　は乞食の意に使う〔大聖〕、小麦〔日ポ〕のことにも。（同）四〇六　**ふんしょう**〔女言・女詞〕（関）四〇七　**ひのとと**〔女中・女言〕（解）鯉とあるが、緋鯉のことか。

四〇八　**ことのばら**　ごまめ（鱓）・田作〔女重・女中・女言・女詞・女礼〕

四〇九　**さいぎょう**　にし（螺）、あかにし・田にしの類〔女中・女言・女詞・言葉遣・隠語―（室町時代）〕（解）西行法師のように歩き回るからいうか。

四一〇　**さもじ**　さば（鯖）〔大上・貞丈・公家・女官・大聖・隠語―（室町時代）〕（解）刺鯖（しめさば）・肴・砂糖の意にも。

四一一　**さもじ**　刺鯖（しめ鯖）〔女中・女言・女詞〕（同）四一二

いろのとと〔女中・女言・女詞〕（解）色のととの「とと」は魚の意。

四一三　**さもじ**　肴〔浮世風呂〕（例）鮓《すし》をすもじ肴《さかな》をさもじとお云ひだから〔浮世風呂　三下一〕

四一四　**するする**　するめ〔大上・養草・女重・女中・女言・公家・女官・大聖・隠語―（室町時代）〕（解）するめの下略の畳語（同）四一五　**すかすか**〔女詞〕（関）四一六　**よこがみ**（同上）〔大上・女中・女言・女詞・貞丈・女官・隠語―（室町時代）〕　四一七　**よどがわ**（同上）〔女言〕

四一八　**たもじ**　**たこ**（蛸）〔大上・養草・女重・女中・女言・言葉遣・公家・女官・大聖・隠語―（江戸時代）〕（同）四一九　**てんがい**〔隠語―（江戸時代）〕

四二〇　**ながいおまな**　長い御真菜ははも（鱧）〔貞丈・公家・女官・隠語―（室町時代）〕（解）形が細長いからの命名。

四二一　**ながいおなま**　長いお生〔隠語―（室町時代）〕

四二二　**はま**（四二三　**おはま**）御浜ははまぐり（蛤）〔大上・ゆどの・女中・女言・女詞・言葉遣・女官・隠語―（室町時代）〕（例）じゆごうよりはま一折まいる。〔ゆどの慶長3・1・12〕（同）四二四　**おあわせ**〔女中・女言・女詞・言葉遣・隠語―（室町時代）〕蛤の字の旁を訓読したもの。　四二五　**おはた**〔女中〕（解）一本に「おはま」とある。「おはま」の誤りか。（関）四二六　**はまあぶり**〔ゆどの〕たけたはまあぶりまいらする。〔ゆどの文明19・4・18〕

四二七　**ひらめ**　かれい〔隠語―（室町時代）〕

四二八　**ふもじ**　ふな（鮒）〔海人・ゆどの・女中・女言・女詞・隠語―（室町時代）〕（例）ふもじ。御さかなにてすけ一まいる。〔ゆどの文明14・3・9〕（同）四二九　**おなおし**〔女中・女言・女詞・言葉遣〕　四三〇　**おびら**〔女中〕　四三一　**おひらめ**〔女言〕　四三二　**ふうき**〔女言〕　四三三　**やまぶき**〔大上・日ポ・ゆどの・養草・女重・女中・女言・女詞・貞丈・言葉遣・公家・女官・隠語―（江戸時代）〕（例）きくてい山ぶきのすもじ一をしきまいらる丶。〔ゆどの文明12・3・6〕やまぶきの御ふるまいあり。〔ゆどの慶長3・3・20〕（解）鮒の卵子が山吹色なのによるか、山吹は実がないので鮒の身が少ないのによるとも考えられる。

四三四　**まな**（四三五　**おまな**）魚〔大上・ゆどの・日ポ・貞丈・静・公家・女官・大聖・隠語―（室町時代）〕（解）大納言殿よりとし〴〵の御あふぎ。御まな三色まいる。〔ゆどの文明14・1・4〕じゆごうの御かたより御まなまいる。〔ゆどの慶長

3・3・13〕千種大なごんより御まな一折しん上。〔ゆどの貞享3・1・8〕（解）魚・肴をまな（おまな）という。「まな」は真菜にもとづく。〔貞丈〕（飲食之部）に「女の詞に魚をまなと云　真《マ》菜《ナ》《マコトノサイ》也　「な」とはさいの事也　今も京の詞に鮓魚《スシウヲ》をすしなと云　又魚屋をなやと云もなほ魚の事也　魚類のさいを真菜と云」と。なお大聖寺では魚屋を

四三六　**おまなや**　という。（同）

四三七　**おさかな**〔大上・言葉遣・静〕

四三八　**とと**〔日ポ・女重・女中・女言・言葉遣・隠語―（江戸時代）〕（例）〔運歩色葉集〕に「倭国小児呼魚曰斗々」（解）京都方言で幼児語に現用。幼児語の借用。

四三九　**こん**（肴）〔ゆどの・隠語―（江戸時代）〕（例）御ゆづけ。こん。一物など三こんまいる。〔ゆどの文明14・2・19〕つねの御所にて。まん。かべのこんにて二こんまいる。〔ゆどの貞享3・7・4〕（関）三三　あかおまな（鮭・鱒）　四三〇　ながいおまな（はも）

四四〇　**おなま**（生魚）〔隠語―（室町時代）〕

四四一　**むしづけのおまな**（みそ漬けの魚）〔静〕

四四二　**みずのはな**　すずき（鱸）〔女中・女言・女詞・言葉遣〕（解）水の花は尾花のすすきに掛けていうからか。

四四三　**ややとと**　じゃこ（雑魚）〔静・公家・女官・大聖〕（解）「やや」は小さい意の京都方言。

四四四　**ゆかり**　にしん（鰊）〔公家・大聖〕

四四五　**ゆき**　たら（鱈）〔大上・日ポ・女言・女詞・貞丈・公家・女官〕（例）すゑよりがん二。かいあわ一折。ゆき五まいる。〔ゆどの文明14・12・28〕（解）雪の御真菜の下略語。かぶ（蕪）を「ゆき」とも。（同）

四四六　**おさかわし**〔女中〕一本では韮のこと。

四四七　**ゆきのいお**〔日ポ〕（解）雪の魚

四四八　**ゆきのおまな**〔養草・女重〕（例）ゆきのおまなすへよりまいる。〔ゆどの文明9・11・16〕

四四九　**ゆきのした**〔女中・女言〕

四五〇　**ゆきのとと**〔女中・女詞〕（関）四五一　**くるくる**〔来る来る〕は鱈の腹わた。もとは「こずこず」と呼んだが、正月に使うため縁起を祝って「来る来る」に変えた。〔隠語―（江戸時代）〕

四五二　**しろまな**〔ゆどの〕（例）わかさたけ田よりとし〴〵のしろまなまいる。〔ゆどの永禄6・3・15〕

b　鳥　獣

四五三　**おおとと**　鯨〔女中・女言・女詞〕（解）大魚の意から。（関）四五四　**おおおまな**（大魚の意か）（例）一条殿より大御まな二まいる。〔ゆどの文明16・11・19〕

四五五　**かるこ**　かも（鴨）〔女中・女言・女詞〕

四五六　**くろおとり**　がん（雁）〔大上・公家・女官・隠語―（室

町時代)〕(解)雁の進上が〔ゆどの〕にしばしば出る。

四五七 **しろおとり** 雉〔隠語――(室町時代)〕

四五八 **けりけり** けり(鳧)(例)じゆごうよりけり〳〵まいる。〔ゆどの慶長3・12・13〕

四五九 **つもじ** つぐみ〔大上・隠語――(江戸時代)〕

調味料 (味噌・醤油・塩)

四六〇 **あまむし** ひしお(醤は近世では、なめ味噌の一種)〔養草・女重・女中・女詞・女礼〕(同)四六一 **あまぼし**〔女言〕

四六二 **おしたじ** お下地は「醤油」〔女中・女官・大聖・宝鏡・隠語――(江戸時代)・近江八幡〕(同)四六三 **おひたじ**〔女中・女言・女詞〕 四六四 **おむら** お紫の略〔隠語――(室町時代)〕 四六五 **むらさき**〔女官〕

四六六 **くさおす** 柚の酢〔大上・貞丈〕(解)臭柑の酢で、「くさ」はその「臭」を訓読したものか。

四六七 **くだもの** こうじ〔貞丈〕

四六八 **ささじん** 糠みそ〔躾書・日ポ・養草・女重・女中・女言・女詞・女礼・隠語――(江戸時代)〕 (同)四六九 **わかむし**〔女中・女言・女詞〕 四六九―二 **ちらしみそ**〔躾書〕

四七〇 **さもじ** 砂糖〔隠語――(江戸時代)〕

四七一 **しろもの** (四七二 **おしろもの**) 塩〔海人・大上・日ポ・女中・女言・草・言葉遣・公家・女官・大聖・隠語――(室町時代)〕(例)はんしゆゐんしろ物のつぼしん上あり。〔ゆどの慶長5・10・15〕豆腐・白瓜・白い物の意にも使う。〔大聖〕では「お」をつけて現用。 (同)四七三 **おいた**〔日ポ〕 四七四 **おいたみ**〔大上・貞丈・隠語――(室町時代)〕 四七五 **おいたもの**〔宝鏡〕 四七五―二 **おみかき**〔躾書〕 四七六 **なみのはな**〔養草・女重・女中・女言・女詞・女官〕 (関)四七七 **くろおいた**(岩塩か)〔ゆどの〕(例)はくの二位くろ御いたまいらする。〔ゆどの文明13・6・8〕 四七八 **やきおいた**(焼塩〔大上・貞丈・隠語――(江戸時代)〕 四七九 **やきしろもん**(焼塩)〔大聖〕

四八〇 **むし** (四八一 **おむし**) 味噌〔海人・大上・日ポ・養草・女重・女中・女言・女詞・草・言葉遣・公家・女官・大聖・隠語――(室町時代)〕(例)頭中将よりむしまいる。〔ゆどの永禄9・8・21〕(解)〔大聖〕では「お」をつけて現用。〔草〕に蒸して造るからいうかとある。ムシまたはオムシと近畿・岡山・四国・大垣・福井の各方言でもいう。 (同)四八二 **こう**〔日ポ〕 四八三 **ひぐらし**〔女中・女言・女詞・貞丈〕　四八四　**みもじ**〔日蓮書簡・隠語―（江戸時代）〕（関）四八五　**こうのみず**〔大上に、汁のしたりの味噌〕　四八六　**いろのみず**（味噌汁）〔女中・女言・女詞〕　四八七　**おつけ**（同上）〔女中・女詞・草〕　四八八　**おみおつけ**（同上）〔公家・女官・大聖・近畿・愛知方言〕　四八九　**おむしのおつゆ**（同上）〔公家〕　四九〇　**たれみそのしる**（同上）〔貞丈〕　四九一　**むしづけ**（「おむしづけとも」）（味噌づけ）〔静・大聖〕　四九二　**おむしあえ**（味噌あえ）〔大聖〕　四九三　**しぎつぼ**（柚みそ）〔女中・女言・女詞・言葉遣〕　四九四　**ゆむし**（柚みそ）〔大聖〕

嗜好品（酒・茶・たばこなど）

四九五　**あまくこん**　甘酒〔ゆどの・養草・女重・女中・女言・女礼・宝鏡日記・大聖〕（例）わか宮の御かたよりあかき御こわく御と。あまくこんとまいる。〔ゆどの天正7・9・3〕上下の御くらよりあま九こん。かう〳〵。御まなしん上す。〔ゆどの貞享3・8・1〕（解）甘九献は甘い酒の意。大聖寺では、四九六　**あまっこん**　ともいい、愛飲される。（同）

四九七　**あまおっこん**〔公家・女官〕

四九八　**くこん**　酒〔海人・大上・ゆどの・日ポ・養草・女重・女中・女言・女詞・草・女礼・言葉遣・女官・大聖・隠語―（室町時代）〕（例）ゑしやう院御やうの事ありてめす。くこんなどたぶ。〔ゆどの文明14・7・3〕奥には酒をとり調べ、九献を一ツきこし召せとて〔大蔵狂言、花子〕（解）九献。こん（献）は献盃で、盃ごと。花のもとにてにわかにくこん事あり。〔ゆどの天正7・3・6〕それから酒のことに。九献《くこん》日本女呼酒云〔天正十八年本節用集〕一般婦人語となる。（同）

四九九　**おっこん**〔静・公家・女官・大聖〕　五〇〇　**くもじ**〔ゆどの〕（例）女房たち。ばんしゅなどにくもじたぶ。〔ゆどの文明17・3・10〕　五〇一　**こん**〔ゆどの〕（例）ひむがしのとうゐんどの御まいり。御たるいつものごとし。こん三こん。〔ゆどの文明14・1・22〕（解）（九献の上略語）　五〇二　**さ**〔言葉遣〕　五〇三　**ささ**〔ゆどの・躾書・女中・女言・女詞・草・女官・隠語―（江戸時代）〕『撈海一得』上に「今女ノ言ニ酒ヲさゝト云フ」　五〇四　**いなか**〔ゆどの〕（例）御みやげいなか一か。〔ゆどの文明14・11・2〕（関）五〇五　**おきじ**（雉子酒、元旦の供御にした。雉子の代わりに、焼豆腐を用いることもある。〔ゆどの延宝9・1・1〕には「かべのこん」）〔公家・女官・大聖〕　五〇六　**きじのこん**（同上）　五〇七　**こんのもの**（酒の肴）〔ゆどの文明13・12・11〕　五〇八　**ささ**

のみ〔酒の粕〕〔日ポ〕

五〇九　**やなぎ**〔酒だる〕（例）三ぼう院より折五こう。やな木五かまいる。〔ゆどの文明14・2・14〕

五一〇　**せんもじ**　せんじ茶〔女中・女言・女詞・隠語―（室町時代）〕（関）五一一　**このめ**　「木の芽」は茶〔隠語―（室町時代）〕　五一二　**うもじ**　宇治茶〔隠語―（江戸時代）〕

五一三　**たもじ**　たばこ〔女中・女言・女詞〕

五一四　**ねりくこん**　白酒〔女中・女言・女詞・静・公家・大聖〕（解）ねり九献　（同）五一五　**ねりおっこん**〔公家〕　五一六　**ねりっこん**〔大聖〕　五一七　**しろきくこん**〔禁裡・洞中・貞丈〕　五一八　**しろざさ**〔公家〕

菓子・果物など

五一九　**あかぞろ**　煮た小豆に砂糖をかけて食べるもの〔大聖〕

五二〇　**あかのかちん**　小豆あんをつけた餅〔ゆどの・養草・女重・後水尾院当時年中行事・宝鏡日記・静〕（例）上らふよりけさあかのかちんまいる。〔ゆどの天正8・12・28〕けふよりのちはあしたの物には、あかのかちんなどを奉る。今日も御粥を供す。〔後水尾院当時年中行事　一月十六日〕（解）あかは小豆、かちんは餅の御所ことば。大聖寺では、あかのおかちんを現用。ご誕生日の陛下用を、五二一　**おべたべた**　宮様・摂関用を「こいただき」という由。（同）五二二　**あんかちん**〔養草・女重・静〕　五二三　**こいただきのかちん**（例）みやの御かた御しやうたんじやう日にて。こいたゞきのかちん。御てうしひさげ女御よりまいる。〔ゆどの慶長6・6・4〕　五二四　**べたべたのかちん**〔ゆどの・禁裡・洞中・貞丈〕（例）御いわゐいつものごとくべた〳〵のかちんにて一こんまいり。〔ゆどの慶長6・2・15〕　五二五　**やわやわ**〔女中・女言・女詞・草・言葉遣・宝鏡日記・女官・大聖〕

五二六　**よふね**〔女中・女詞・言葉遣・隠語―（室町時代）〕ぼた餅は中が明るく（白く）、外が暗い（黒い）という洒落（関）

五二七　**きなこかちん**（黄粉を付けた餅）〔養草・女重〕　五二八　**くさのかちん**（草餅・よもぎ餅、三月三日の節句に用いる）〔女重・女中・女言・女礼・大聖〕　五二九　**くりのかちん**（栗餅）〔ゆどの・大聖〕（例）御ちの人よりくりのかちん一ふたまいる。〔ゆどの天正7・8・23〕（解）『後水尾院当時年中行事』に一月二十日に食すとある。

五三〇　**いしいし**　団子〔養草・女重・女中・女言・女詞・言葉遣・公家・女官・大聖・柳多留・隠語―（室町時代）〕（例）い

し〳〵を食べて明石へ書きかゝり〔柳多留〕（解）〔公家〕には「いしいし」「おいしいし」「おいしいし―明治天皇御逸事」とあり、将軍家でも「おいしいし」といったが、大聖寺では「いしいし」を現用。「いし」は「おいし」の「いし」か。方言でイシイシ〔播磨〕、『物類称呼』に尾張で丸い団子を平めたものとある。　五三一　**イシシ**〔岐阜養老〕　五三二　**イシ**〔伊勢・美濃〕（同）五三三　**まるまる**〔女中・女言・女詞・言葉遣・宝鏡日記承応2・6・26〕　五三三―二　**まるめ**〔躾書〕　五三三―三　**おまる**〔躾書〕（関）五三四　**よもぎのいしいし**（よもぎ団子）〔大聖・宝鏡〕　八　**うきうき**（すすり団子）〔女詞〕（白玉のこと）〔公家〕　九　**うきふ**（すすり団子）〔女言・女詞〕（解）山本格安の「尾張方言」〔寛延〕に「うきふ米粉の団子を小さくつくり赤小豆にて煮るをいふ」とある。盛岡でもいう。　五三五　**ふじのはな**（小豆の団子）〔女中〕

五三六　**ささのつくもち**（同上）〔養草〕

五三七　**いりいり**　豆の入ったあられ〔公家・隠語―（室町時代）〕（解）い（煎）るの畳語、大聖寺では「あられ」のことに現用。

五三八　**いろのこ**　豆の粉、黄粉〔女中・女言・女詞〕（解）黄粉の色による命名。

五三九　**えもん**　柏餅〔女中・女言・女詞・言葉遣・隠語―（室町時代）〕（解）平安時代に柏木は衛門督の異名であったからの命名か（柏餅は衣紋のように柏の葉で包むからかとも）。（同）五四〇　**おさすり**〔女中・女言・女詞・言葉遣〕

五四一　**おすすり**　こしあんのお汁粉〔大聖・宝鏡〕**おゆるこ**〔徳川家光時代江戸城大奥〕

五四二　**したひこ**　干菓子〔女中・女言・女詞・言葉遣〕

五四三　**じゅく**　熟柿〔大上・ゆどの・貞丈・隠語―（室町時代）〕（例）御ちの人よりじゆく一おりまいる。〔ゆどの明応4・2・1〕（解）熟柿の下略語　（関）五四四　**おさきたたれ**（さわし柿）〔養草・女重・女中〕　五四五　**さきたたれ**〔宝鏡日記承応2・10・9〕

五四六　**ばっか**　葛水〔女中・女言・女詞・言葉遣〕

五四七　**まき**　ちまき（粽）〔大上・ゆどの・養草・女重・宝鏡日記・公家・女官・大聖・隠語―（室町時代）〕（例）いつものまき五。てらちごまいらする。〔ゆどの文明14・5・4〕大御乳人おき御みやとてまき一ふたまいる。〔ゆどの慶長3・3・6〕女一の宮ノ御かたへ御みまいにまきまいる。〔ゆどの貞享3・1・16〕（解）ちまきの上略語。『後水尾院当時年中行事』に端午の節句のあしたのものに粽を供すると。

〔同〕五四八 もとゆいぐさ〔言葉遺〕

五四九 まん 饅頭〔大上・禁裡・洞中・ゆどの・日ポ・養草・女詞・宝鏡日記・女官・隠語―（室町時代）〕〔例〕上らふへまん。御こぶ。御てうし色〳〵まいらせらる丶。〔ゆどの天正7・5・9〕どんけゐん殿よりびぶつ二百疋。まん一折まいる。〔ゆどの慶長3・7・19〕勧修寺宮よりまんの折。こんぶまいる。〔ゆどの貞享3・6・17〕〔解〕まんじゅうの下略語。〔静・公家〕に「おまん」とあり、大聖寺でも「お」をつけて現用。　五五〇 まんまん〔ゆどの〕〔例〕ながはしよりまん〳〵まいる。〔ゆどの天文8・2・22〕〔関〕五五一 しらたま 白玉まんじゅう〔隠語―（室町時代）〕　五五二 おおまん〔大饅頭〕〔女重・女中・女言〕なお、〔女中〕に小さな饅頭は「こまん」とある。

その他の飲食物

五五三 おさえもの 酒のさかなの一種〔ゆどの〕〔例〕御れいの御おさへ物三がう。〔ゆどの文明14・4・16〕

五五四 おしる 汁〔大上・貞丈・女官・大聖〕〔解〕一般にもいう。〔同〕五五五 おかけ〔躾書・女中・言葉遺〕五五六 おつけ〔躾書・日ポ・女中・草・言葉遺・尾張〕〔関〕五五七 ずゆのおつけ〔ずいき汁〕〔養草・女重・女中・女言・女詞〕

五五八 ふじのしる〔芋の茎の小豆汁〕〔女中・女詞〕五五九 ふるみずのしる〔きらず豆腐の汁、卯の花汁〕〔女言・女詞〕

五六〇 やまぶきのおつけ〔干大根によめなの汁〕〔女中・女言〕

五六一 おひや ひや水〔草・女官・言葉遺・大聖〕〔解〕一般語になっている。〔同〕五六一―二 おつべた〔躾書〕五六二 おつめた 水〔隠語―（室町時代）〕　五六三 おひやし〔女官〕

五六四 いのなか〔隠語―（江戸時代）〕

五六五 のもじ 海苔〔ゆどの・養草・女重・女言・女詞・公家・隠語―（室町時代）〕〔例〕やうめいゐんすきはら十帖。のもじまいらする。〔ゆどの文明14・1・13〕〔解〕各文献はかな書きであるので、海苔か糊か判明しないが、〔女重〕には食物の部にあり、ゆどの上掲例文〔進上物〕、「あをのもじ」などによって、海苔と推定した。大聖寺では「のもじ」は糊の意に現用〔海苔は「のり」という〕。

五六六 あおのもじ〔青海苔〕〔例〕はくよりあをのもしまいる。〔ゆどの明応6・3・8〕

五六七 びぶつ 美物は結構な食べ物〔ゆどの〕〔例〕ふしみ殿へびぶつ□色。二かまいらせらる丶。〔ゆどの文明14・1・28〕

五六八 ひろめ こんぶ〔昆布〕〔女言〕

2　衣類

五六九　**あぶらとり**　綿ぼうし〔女中・女言・言葉遣〕（同）
五七〇　**おあぶらとり**〔女詞〕

五七一　**いたのもの**　どんす・繻珍《しゅちん》の類〔静・公家〕（同）五七二　**おいた**〔静〕

五七三　**うぐいす**　振袖〔女礼〕

五七四　**うぐいす**　袷《あわせ》〔小袖〕〔躾書・女中・女言・女詞・静〕（同）

五七五　**おみあわせ**〔公家・女官〕（宮様以上に使用）　五七六　**なわたぎぬ**〔女詞〕

五七七　**うすぎぬ**　被《かずき》〔女詞〕（同）五七八　**うすむすび**〔女中〕

五七九　**ひとえぎぬ**〔女中・女詞〕　五八〇　**くさぎぬ**〔女詞〕（「ひとえぎぬ」の誤りか、女詞の一本には「ひとえぎぬ」とある）

五八一　**えちご**　越後上布〔公家〕（同）五八二　**おえちご**〔静〕

五八三　**おあいじろ**　お間白は白繻子に紅絹裏をつけた衣装〔静〕

五八四　**おうえはかし**　上着〔女中・女詞〕

五八五　**おかかえ**　細帯・丸ぐけ帯〔静・公家・女官〕（解）かかえ帯の略、帯の上にかかえるようにしめるからか。かかえ帯はしごき帯のこと。〔貞丈〕腰帯を畿内でかかえ帯という。〔物類〕

五八六　**おかさね**　ひとえもの〔女中・女言・女詞〕（同）五八七　**おひとえ**〔公家〕　五八八　**おみとり**〔女中・女言・女詞・言葉遣・公家・隠語―（室町時代）〕

五八九　**おくくり**　小袖錦〔女中〕（同）五九〇　**おなか**〔女中・女言〕

五九一　**おさらし**　かたびら〔公家〕（同）五九二　**おみすかし**〔女中・女言・女詞・隠語―（室町時代）〕

五九三　**おしたのもの**　「お下の物」は襁褓《むつき》。〔公家・大聖〕では目上の人の腰巻を「おしたのもの」という。（同）五九四　**おむつ**〔公家〕

五九五　**おしためし**　「お下召し」は下着〔女中・女言・女詞〕

五九六　**おしとね**　お褥はふとん〔公家〕（同）五九七　**おうわしき**〔女中・女言・女詞〕　五九八　**およるのもの**〔女言・静〕

五九九　**よるのもの**〔女礼〕（関）六〇〇　**おしとね**　座ぶとん〔静・公家〕（解）「掛ぶとん」のことを「おかけ」とも〔宮〕

六〇一 **しとね**〔同上〕〔女官〕
六〇二 **おしゅす** 繻子〔大上〕
六〇三 **おじょう** 寝具〔静・公家〕（同）六〇四 **おじゅく**〔お床〕〔宮〕 六〇五 **おとこ**〔公家〕
六〇六 **おしょうぞく** 「お装束」は袍《ほう》・束帯用の上衣〔公家・女官〕
六〇七 **おてつ** 「お鉄」は鉄瓶〔隠語―（江戸時代）〕
六〇八 **おでんち** ちゃんちゃん〔公家〕
六〇九 **おなか** 綿〔ゆどの・宝鏡日記・養草・女重・静・公家・女官〕（例）くらの頭よりきくの御なかまいる。〔ゆどの文明14・9・8〕女院御所より御ふく（中略）御なかまいる也。〔宝鏡日記慶安1・12・19〕女一の宮ノ御かたへ御七夜の御しうぎ御なか。御まなまいる。〔ゆどの貞享3・1・21〕（同）
六一〇 **やわやわ**〔宝鏡日記・公家〕（関）六一一 **ごふくめ** 木綿〔隠語―（江戸時代）〕
六一二 **おなかいれ** 綿入〔公家・女官〕
六一三 **おなかめし** 間衣《あいだぎ》〔女中・女詞〕（同）六一四 **おまめし** 「お間召し」は普段着か。〔静〕
六一五 **おねめし** ねまき〔大聖〕（関）六一六 **こおんぞ**〔小寝巻〕〔女中・女言・女詞〕六一七 **なかぶか**〔小寝巻〕〔女中・女言・女詞〕
六一八 **おばんたる** ズロース〔宮〕
六一九 **おひよ** 布子〔女礼〕（同）六二〇 **おひえ** 布子・木綿の綿入れ〔隠語―（江戸時代）〕
六二一 **おひよ** 襦袢〔公家・大聖・隠語―（江戸時代）〕（関）六二二 **おかくしもの**（お上《かみ》の襦袢）〔公家〕六二三 **おながひよ**〔長襦袢〕〔公家〕 六二四 **ながひよ**〔長襦袢〕〔公家〕
六二五 **みじかひよ**〔半襦袢〕〔宮〕
六二六 **おひわだ** ひわだ色の着物〔静〕
六二七 **おふる** 古着〔日ポ〕
六二八 **おまわし** 腰巻〔女中・女詞〕（同）六二九 **おこし**〔隠語―（江戸時代）〕
六三〇 **おみかけ** 浴衣〔女中・女詞〕（同）六三一 **おみぬぐい**〔女中・女言〕
六三二 **おめし** 着物〔公家〕（同）六三三 **おめしもの**〔目上に対していう〕〔公家・女官〕六三四 **ごふく**（お上のもの）〔宝鏡日記・公家〕（例）女院御所ゟより御ふく……まいらせられ候。〔宝鏡日記承応2・12・26〕（関）六三五 **むもの**〔模様なしの着物〕〔静〕 六三六 **めしもの**〔高貴な人の衣類、はきもの〕 六三七 **めす**〔着る〕〔日ポ・公家・隠語―（室町時代）〕

六三八　**おもじ**　帯〔ゆどの・宝鏡日記・養草・女重・女中・女言・女礼・静・公家・女官・隠語――（室町時代）〕（例）おもじ二すじまいる。〔宝鏡日記慶安2・1・5〕（同）六三九　**おまわし**〔女中・女言・女詞〕　六三九―二　**おみまわし**〔躾書〕

六四〇　**おみおび**〔女中・女詞・女礼・言葉遣・公家・隠語――（江戸時代）〕　六四一　**おんおもじ**〔ゆどの〕（例）じゆごうの御かた御あや。御ねもじ。御おもじ。〔ゆどの慶長3・12・30〕（解）大聖寺では、自分のは「おび」、オカミのは「おみおび」という。宮様以下の目上には「おもじ」という。

六四二　**おぼそ**〔隠語――（室町時代）〕（関）六四三　**おまおもじ**（お間で用いる帯）　六四四　**さげおもじ**〔大聖日記〕（例）さげおもじ一すぢおたぎ𛀁へ二つつかはされ候。〔大聖日記万治3・1・7〕

六四五　**おもせいろ**　紅粉染、緋むく〔女中・女言・女詞〕（同）

六四六　**かいねり**〔女中・女言・女詞〕（関）六四七　**ひのいた**（緋色の板染のもの）〔静〕

六四八　**おんぞ**　小袖〔女中・女詞〕（同）六四九　**かいとり**〔女詞〕　六五〇　**きるもの**〔女礼〕　六五一　**ごふく**〔女重・女礼〕

六五二　**つおなり**〔女中・女詞〕　六五三　**ほうぎ**〔女中・女詞〕

六五四　**くれはとり**　絹〔女中〕・薄絹〔女言〕、綾類の織物〔貞丈〕（解）くれはとりは「あや」の枕詞。従って、綾のことをいう。　（同）六五五　**いたのもの**〔女重〕（解）さあや（紗綾）、綸子などを板に巻いたもの。　六五六　**からもの**〔女重〕（解）唐織物

六五七　**したのもの**　男女のふんどし〔公家・女官・大聖〕（関）

六五八　**おいまき**（お湯巻は女子の腰巻）〔女官〕

六五九　**しまかけ**　縞かみしも〔公家〕

六六〇　**しろがさね**　白むく〔女中・女言・女詞〕

六六一　**すましもの**　洗濯物〔女中・女言・女詞〕（関）六六二　**おすすぎ**（器物を洗うこと）〔公家・大聖〕　六六三　**おすまし**（衣類などを洗うこと）〔静・公家・女官・大聖〕　六六四　**おゆすぎ**（洗たく）〔大聖・女官〕　六六五　**すましはり**（洗いはり）〔静〕

六六六　**ねもじ**　ねり絹〔ゆどの・禁裡・洞中・女中・女言・静・公家・隠語――（江戸時代）〕（例）中宮の御方へねもじの御ふく。〔ゆどの貞享3・9・9〕（同）六六七　**おねもじ**〔ゆどの〕（例）じゆごうの御かたへ御すずしうらの御ねもじ。〔ゆどの慶長3・5・5〕　六六八　**おねり**〔大聖〕　六六九　**ねんもじ**〔日ポ〕　（関）六七〇　**おやわらかなるもの**〔絹物〕〔静〕

六七一　**しまかけ**（絹物）〔静〕　六七二　**ねり**

六七三　**まつかさね**　浅黄むく〔女中・女言・女詞〕　（関）六七四

やまぶき〔「山吹」は黄むくのこと〕〔女中・女言・女詞〕

六七五 **まるわた** 丸綿帽子〔宝鏡日記〕

六七六 **みずとり** 手拭〔女中・女言・女詞・言葉遣〕

六七七 **めゆい** かのこ〔女中・女言・女詞・言葉遣〕(解)鹿の子染のこと。〔貞丈〕に「目結は目の如き形のしぼり」とある。『平家物語』に「目ゆいの帷に、染附けのゆまきして」〔重衡海道下〕。

六七八 **ゆもじ** 湯具〔養草・女重・女中・女言・女詞・女礼・言葉遣・隠語――〔室町時代〕〕(解)湯文字をなまって「イモジ」ともいう。腰巻の意にもいう。(同)六七九 **かとり**〔女中・女言・女詞・言葉遣〕 六八〇 **ふたの**〔女言〕

六八一 **よるのもの** 夜着〔ゆどの・日ポ・養草・女重・女中・女言・女詞・隠語――〔室町時代〕〕(例)かたの宮ノ御方御はなむけに(中略)御よるのもの。御ふとんまいらせられ候〔ゆどの貞享3・7・17〕 (同)六八二 **およるのもの**〔女言・静〕

六八三 **かいまき**(掻巻)〔女官〕

3 住居・道具類

住居

六八四 **おきよどころ** 御清所。御料の調理所〔公家・大聖〕

六八五 **おくろ** かまど〔女詞〕

六八六 **おとう** 便所〔公家・大聖・女官〕(解)東司にもとづく。禅家でもいう。京ことばでコーヤサンという。(同)六八七 **おまなか**〔日ポ〕 なお、「まなか」は莫蓙(ござ)、筵(むしろ)の意でも用いる。 六八八 **おてすまし**〔宮〕 六八九 **かんじょ**〔関所〕〔義経記・女中・女言・女詞・公家〕 六九〇 **こうか**〔日ポ・女中・女詞〕 (関)六九一 **おちょうずどころ**〔お手水所は御料のかわや〕〔公家〕 六九二 **おとうば**〔陛下の便所〕〔宮〕 六九三 **よそよそ**〔臣下の便所〕〔宮〕

六九四 **おないぎ** 「内儀」は「表」に対する奥の意。〔大聖日記・宝鏡日記・大聖・宝鏡〕(例)御ないぎニて御大めん〔対面〕御さかづき下さるゝ。〔宝鏡日記万治3・1・3〕

六九五 **おまし** 座敷〔女中・女言・女詞・言葉遣・静・隠語――〔室町時代〕〕古語「ます」〔居る・有る〕にもとづくか。(同)

六九六　**おま**〔大聖〕（解）大聖寺では座敷を「おま」、居室を「ヘヤ」と区別する。（関）六九七　**おじょうぐち**〔お錠口〕〔静〕　六九八　**おしんじょ**〔寝所〕〔宮〕　六九九　**おひろしき**（広座敷、女子の詰所）〔静〕　七〇〇　**つぼねぐち**（局口は女官・女中の出入口）〔公家〕

七〇一　**くろと**　黒戸御所〔ゆどの〕（例）上せうゐんさまのすけに。くろとのしやうじはらせらるゝ。〔ゆどの天正7・9・24〕（解）仏壇のことも、女房詞で「くろと」という。

七〇二　**なかつぼ**　中壺は中庭のこと〔宮〕

道具

七〇三　**いか**　紙鳶《たこ》〔大聖・宝鏡〕（解）関西方言でも。魚の「いか」の形にもとづく。

七〇四　**うぐいす**　切匙、すり鉢の内側についたものを落とす道具〔養草・女重・女中・女言・女詞〕

七〇五　**おらっそく**　ろうそく〔大上〕（同）七〇六　**らっそく**〔宝鏡日記〕（例）らつそくまいる。〔宝鏡日記承応2・12・11〕　七〇七　**おろう**〔宝鏡〕

七〇八　**おあかり**　燈火具、燈明またはあんどん〔公家・女官〕（同）七〇九　**おみあかし**〔女中・女言・女詞〕（関）七一〇　**おあかし**　ろうそく〔女中・女言・女詞・言葉遣〕　七一一　**おとぼし**〔女中・言葉遣・隠語―（江戸時代）〕　七一二　**おおとのあぶら**（大殿油）〔大上・女官〕　七一三　**とのあぶら**（ねやの燈具）〔女中・女言・女詞〕　七一四　**おみつあし**（三脚燭台）〔女言・宮〕　七一五　**みあかし**〔ゆどの〕（例）かちん。みあかしまいる。〔ゆどの天正17・9・24〕　七一六　**みつあし**（三脚燭台）〔公家〕

七一七　**おあくきり**　灰皿〔公家〕

七一八　**おあさもの**　傘〔女中・女言・女詞〕

七一九　**おいろ**　「御色」は「紅」〔養草・女重・女中・女言・女詞・草・言葉遣・静・大聖・宝鏡〕（同）七二〇　**みやこいろ**〔女中・女言〕　七二一　**すえつむくさ**〔女中・女言〕（解）〔草〕には「古くはいろといひにたるは鈍色の事なるべし（中略）されば今べにをいろといふ事、いとあさましくいまはしき事なり」と。（関）七二二　**おいろふで**〔紅筆〕〔女中・女言・女詞〕

七二三　**おおぎょ**　大清。陛下の食物・品物など〔公家・大聖〕（関）七二四　**きよし**〔お祭りの御料〕〔公家〕　七二五　**ちゅうぎょ**〔中清。臣下の御料〕〔公家・大聖〕

七二六　**おかかり**　禁中の広場〔ゆどの〕（例）御かゝりにてありしかども。雨ふるによりて。こんらうの下にてまはせらるゝ。〔ゆどの文明14・1・26〕

七二七　**おかけにおい**　匂い袋〔女詞〕

七二八　**おかぶと**　ふか皿〔公家〕

七二九　**おかちょう**　かや（蚊帳）〔ゆどの・女中・女言・女詞・言葉遣〕（例）あんぜん寺どのより御ふだ。まめあめ一つ、みまいる。御かちやうつらるゝ。〔ゆどの天正7・4・6〕
（同）七三〇　**かちょう**〔養草・女重〕　七三一　**おひかし**〔躾書〕
（関）七三二　**きぬのいえ**〔女中・女言・女詞〕　七三三　**おこんちょう**（どんす蚊帳）〔女中・女詞〕（「おこんちょう」は「おどんちょう」の誤りか、〔女中・女詞〕の一本には「おどんちょう」とある）。　七三四　**おどんちょう**（どんす蚊帳）〔女中・女言・女詞〕　七三五　**どんちょう**（どんす蚊帳）〔養草・女重・女中〕

七三六　**おめんちょう**（ちりめん蚊帳）〔女言・女詞〕　七三七　**めんちょう**（木綿蚊帳）〔養草・女重・女中〕

七三八　**おきぬうつし**　「お絹うつし」は「きぬた」〔女中・女言・言葉遣〕（同）七三九　**おきぬまき**〔女中・女言〕

七四〇　**おくろ**　釜〔女中〕（同）七四一　**くろ**（鍋・釜）〔養草・女重・女礼〕　七四二　**おくろもの**（鍋）〔女詞〕（関）七四三　**おかんくろ**（かん鍋）〔女詞〕　七四四　**くろもの**（かん鍋）〔大上・日ポ・女中・女言・貞丈・草・言葉遣・隠語――（室町時代）〕　七四五　**かんくろ**（かん鍋）〔養草・女重・女中・女言〕

七四六　**おけたれ**　かみそり〔養草・女重・女言・女詞・大聖〕
（解）婦人用の剃刀、小さいものを畿内東部でもいう。〔物類〕婦人がかみそりを用いたのは江戸時代からか。（同）七四七　**おけた**〔公家〕　七四八　**けたり**〔女官〕　七四九　**けたれ**〔女中・言葉遣〕　七五〇　**たれ**〔大聖〕

七五一　**おこし**　御輿。乗物〔養草・女重・女中・女言・女詞・静〕
（関）七五二　**おめし**（お召し車）〔宮〕　七五三　**めす**（乗る）〔養草・女重・静・大聖・隠語――（室町時代）〕

七五四　**おこしのもの**　刀〔女中・女詞〕（関）七五五　**おそえこ**（小刀）〔女言・女詞〕　七五六　**おつばがたな**（短刀）〔女言・女詞〕　七五七　**おはきがたな**（お佩き刀は脇差）〔女中〕　七五八　**おわきがたな**（脇差）〔女詞〕　七五九　**そえこ**（小刀）〔女中・言葉遣〕

七六〇　**おこた**　こたつ〔公家・女官〕（関）七六一　**きり**（足ごたつ）〔日ポ〕

七六二　**おざっし**　御雑紙は「鼻紙」〔女重・女中・隠語――（江戸時代）〕（同）七六三　**ざっし**〔養草・女言〕　七六四　**たとうが**

み〔女中・女詞〕

七六五　**おしきたえ**　枕〔女詞〕（同）七六六　**しきたえ**〔女中・女言・言葉遣〕

七六七　**おしまつき**　机〔女中・女言・女詞・言葉遣〕

七六八　**おしゃもじ**　しゃくし〔女中・女詞・言葉遣〕（同）七六九　**おゆがみ**〔日ポ・女中・女言〕　七七〇　**おゆるみ**〔言葉遣・隠語―〔室町時代〕〕　七七一　**しゃもじ**〔養草・女重・女礼・公家・大聖・宝鏡・隠語―〔室町時代〕〕（解）普通語化した御所ことば（ただし東北地方では味噌汁用で、ご飯用のオヘラと区別）。

七七二　**おすみ**　墨〔大上・宝鏡〕

七七三　**おせせり**　楊子〔女中・言葉遣〕（解）小楊枝。「せせる」の名詞形。

七七四　**おたから**　銭《ぜに》〔公家・女官・大聖・宝鏡〕（同）七七五　**おあし**〔大上・日ポ・大聖日記・宝鏡日記・女中・女言・女詞・貞丈・女礼〕　七七六　**おわし**〔女重〕（解）「おあし」は、大聖寺・宝鏡寺では現用しない。　七七七　**ちょうもく**〔鳥目〕〔公家・女官・大聖〕　七七八　**ゆくえ**〔大上・貞丈〕　七七九　**りょうそく**〔料足〕〔宝鏡日記〕（例）御ともニミな〳〵いつものことくれやうそく下さる丶。〔宝鏡日記万治3・1・8〕

（関）七八〇　**おかわり**（代価）〔公家・大聖〕　七八一　**こがね**（金子）〔女中・女言・言葉遣・静〕　七八二　**しろがね**〔女中・女言・言葉遣・静〕

七八三　**おたたみ**　畳〔大上〕（解）宝鏡時代では「おたたみ」は御所・御殿のをいい、自分の居室のには「お」をつけない。

七八四　**おつめとり**　爪切り〔女中・女詞〕

七八五　**おじょうき**　「お定器」は「お椀」〔女中・女言・女詞・言葉遣・隠語―〔室町時代〕〕

七八六　**おなが**　長のし〔公家〕（同）七八七　**ほそひろめ**〔女詞〕

七八八　**おなつかし**　櫛〔女中・女言・女詞〕

七八九　**おなで**　「お撫で」は「ほうき」〔隠語―〔室町時代〕〕

七九〇　**おなでもの**　お撫物は祓の具。身をなでて、けがれや禍を払いすてるための紙製の人形または衣類。〔ゆどの・宝鏡日記〕（例）しやうれん院どのへ御なで物いださる丶。〔ゆどの文明14・8・7〕

七九一　**おのまつ**　歌がるた〔女重〕（同）七九二　**ついまつ**〔女中・女言〕　七九三　**ついまつぐさ**〔言葉遣〕　七九三―二　**うたかい**〔言葉遣〕

七九四　**おみはぐろ**　歯につける鉄漿《かね》〔女中・女言・女詞・静・

大聖〕大聖寺では、おみは宮様以上に。〔同〕七九五　**おうしみず**〔女中・女言・女詞・言葉遣〕七九六　**すみはぐろ**〔女中・女言・女詞〕七九七　**つけがね**〔女中・女言・女詞・言葉遣〕七九八　**つくるかね**〔大上・貞丈・女官〕七九九　**ぬきすみず**〔女中・女言・女詞〕八〇〇　**はもじ**〔隠語―和歌山婦人―〔明治時代〕〕〔関〕八〇一　**みやこまわり**〔かねつけ筆〕〔女中・女言・女詞〕八〇一―二　**おみやこめぐり**〔躾書〕

八〇二　**おはぐろする**〔かねをつける〕〔日ポ・大聖〕八〇三　**かねあげる**〔かねをつける〕〔女官〕

八〇四　**おはち**　飯櫃〔女中・女言・女詞〕〔同〕八〇五　**おみおあい**〔宮〕八〇六　**おひつ**〔公家〕

八〇七　**おはながら**　香奠〔女中〕

八〇八　**おはもの**　お刃物は「ほうちょう」〔大聖〕

八〇九　**おふで**　筆〔大上・宝鏡〕〔同〕八一〇　**みずくき**〔女中・女言・女詞・言葉遣・隠語―〔室町時代〕〕

八一一　**おまゆとり**　毛抜〔女中・女詞〕〔解〕「お眉毛とり」にもとづく。

八一二　**おまわし**　すり鉢〔女中・女言・言葉遣・隠語―〔室町時代〕〕〔同〕八一三　**おめぐり**〔女詞・隠語―〔室町時代〕〕

八一四　**すりすり**〔大聖〕八一五　**しじし**〔女詞〕八一六　**しらじ**〔女中・女詞・言葉遣・物類〔東国方言〕〕

八一七　**おめぐり**　すりこぎ〔女詞・言葉遣〕〔長野・駿河・尾張の方言〕〔同〕八一七―二　**おめくらし**〔躾書〕八一八　**おめぐりぼう**〔越後方言〕八一九　**こがらし**〔女重・女中・女言・女礼・言葉遣・隠語―〔江戸時代〕〕八二〇　**はちのみ**〔日ポ・女中・女詞〕八二一　**ますぎ**〔物類に津軽方言〕八二二　**まわしぎ**〔女中・言葉遣、越後・出雲方言〕八二三　**みぐり**〔出雲方言〕八二四　**めぐり**〔尾張・越後・長野・駿河・美濃・伯耆・出雲各方言〕八二五　**めぐりこぎ**〔出羽方言〕八二六　**めぐりぼう**〔上総・駿河・越後各方言〕

八二七　**おみはし**　箸〔公家・大聖〕〔同〕八二八　**てもと**〔日ポ〕〔解〕「おてもと」は普通語として使用〔関〕八二九　**こうがいのはし**〔杉ばし〕〔養草・女中・女言〕八三〇　**こうばいのはし**〔杉ばし〕〔女重〕八三一　**ねもじ**〔白ばし〕〔養草〕八三二　**ねもじのはし**〔杉ばし〕〔女重〕八三三　**ねもじはし**〔杉ばし〕〔女中〕

八三四　**おみや**　みやげ〔ゆどの・宝鏡日記・女重・女中・女言・静・公家・大聖・隠語―〔室町時代〕〕〔例〕御みやにせい侍しやゐよりつぼ進上。〔宝鏡日記慶安1・7・16〕きくてい大納言よりならの御みやしん上。〔ゆどの貞享3・2・14〕

まんしゅ院の宮より江戸御みやにらうそく二百てう。〔ゆどの貞享3・6・2〕（同）八三五　**おたむけもの**〔静〕　八三六　**おみやもの**〔静〕（関）八三七　**おみやごころ**〔静〕

八三八　**おもいのたま**　念珠〔女中・女言・女詞・言葉遣・隠語——〔室町時代〕〕

八三九　**かもじ**　かつら〔髢〕〔女中・女言・言葉遣〕普通語としても使用。（関）八四〇　**ながかつら**〔長かもじ〕〔女中・女詞〕　八四一　**ながつけ**〔長かもじ〕〔女中・女詞〕

八四二　**からこ**　手洗糠〔日ポ〕

八四三　**かわほり**　扇子〔女中・女言〕（同）八四四　**おかわほり**〔女詞〕　八四五　**おすえ**〔公家〕　八四六　**おせんす**〔公家・大聖〕　八四七　**おなれぐさ**〔女中〕　八四八　**おみおうぎ**〔女言・女詞・大聖〕（解）「おみおうぎ」は大聖寺で宮様以上の扇をいう。（関）八四九　**ぼんぼり**〔ぼんぼりの型の扇〕

八五〇　**くちがわり**　「口代り」は簡単な手紙。口上〔大聖寺お文〕

八五一　**くぎょう**　けんしょう〔穴〕を四方にあけた三方用のもの〔大上〕（同）八五二　**しほう**〔大上〕

八五三　**くろもじ**　黒文字は黒木の小楊枝〔隠語——〔江戸時代〕〕

八五四　**こぎいた**　胡木板。はごいた〔ゆどの・大聖〕（例）大納言どのへ御こぎいた。御こぎのこまいらせらる、。〔ゆどの文明14・12・30〕（関）八五五　**こぎのこ**〔羽根〕〔ゆどの・同上〕

八五六　**こまつ**　まないた〔大聖〕

八五七　**さすが**　小刀〔宝鏡日記〕（例）御みやにかう〳〵のおけ御さすが。〔宝鏡日記承応2・6・2〕

八五八　**しゅんかん**　「筍干」は深い茶わん〔公家〕（関）八五九　**てんもく**〔茶わん〕〔大上〕

八六〇　**じんこばこ**　「塵小箱」は「ちり箱」〔公家〕

八六一　**ずり**　物を運搬する幅広い板〔穂穙女官談〕なお「おふね」〔お舟〕は舟形の運搬具。

八六二　**せきもり**　ざる〔女重・女中・女言・女詞・女礼・言葉遣・公家・大聖・隠語——〔江戸時代〕〕（解）関守。必要なものは通さぬから。（同）八六三　**おとなし**〔女中・女言・女詞〕　八六四　**おとおし**〔言葉遣〕

八六五　**たじ**　持ち運びに使う、町方の「ケンドン」風のもの。〔大聖〕

八六六　**たまのいけ**　「玉の池」は硯〔女中・女言・女詞・言葉遣〕（同）八六七　**おすずり**〔大上・宝鏡〕　八六八　**みずくら**〔女中・女言・女詞〕『女房躾書』に「みつくろ」（関）八六九

こがい〔硯台〕〔公家・大聖〕
八七〇　つくつく　臼〔大上・ゆどの・貞丈・公家・大聖・隠語―〔室町時代〕〕〔例〕夕がた御つく〳〵御御引なをしの御袖おほはれてつきまいらせらる丶。〔ゆどの貞享3・10・12〕
〔関〕八七一　なかぼそ〔きね〕〔大上・貞丈・隠語―〔室町時代〕〕
〔解〕昔の杵は真中が細まっていて、そこを握ってついた。
八七二　ながさお「長棹」は「長持」〔公家・女官〕〔同〕八七三　おながさお〔大聖・穂穙女官談〕
八七四　ななこ　お手玉〔大聖〕
八七五　においかけ　匂懸。伏せかご〔女中・女言・女詞・言葉遣〕〔関〕八七六　においのもの〔香炉〕〔女中・女言〕
八七七　おつかり　行水桶。〔穂穙女官談〕
八七八　のもじ　糊〔大聖〕〔解〕食べるのり〔海苔〕は単に「のり」という。〔大聖〕
八七九　はくちょう　白鳥徳利
八八〇　はもじ　歯ぶらし〔隠語―栃木、婦人―〔大正時代〕〕
八八一　ひさげ　提子。銚子の補助に用いられた金属製の鉉《つる》のある小鍋型の酒入れ器〔ゆどの・宝鏡日記〕〔例〕くらま御ふだ御てうしひさげニてまいる。〔宝鏡日記万治3・1・11〕御てうしひさげすけ殿よりまいらせらる丶。〔ゆどの慶長3・2・14〕御ひさげにくみたての水。あい二つそひてまいる。〔ゆどの天正15・7・14〕
八八二　ふうもの　消息文〔静〕〔同〕八八三　ふもじ〔日本大文典・隠語―〔江戸時代〕〕
八八四　みつあし　三脚は「かなわ」〔鼎〕〔大上・隠語―〔室町時代〕〕
八八五　めしもの　履物〔公家・女官〕〔関〕八八六　こぼこぼ〔ぽっくり〕〔公家〕　八八七　げげ〔草履〕〔日ポ〕　八八八　こんごう〔草履〕〔公家〕
八八九　よほう　枡〔養草・女重・女中・女言・隠語―〔江戸時代〕〕
八九〇　ゆすりつき　「泔杯」は鬢《びん》をなでつけるに用いる水を入れる器。びんだらい。〔蜻蛉・女中・女言・女詞・言葉遣〕
八九一　りょうし　料紙は「紙」〔女中・女言・女詞〕〔同〕八九二　おりょうし〔静〕〔関〕八九三　こすぎ〔小杉原〕〔大聖〕
八九四　こたか〔小高檀紙の略〕〔ゆどの〕〔例〕すけの宮ノ御方より小たか廿でうまいる。〔ゆどの貞享3・閏3・27〕
八九五　すいば〔椙原紙〕〔海人・女中・女言・女詞〕　八九六　すぎすぎ〔椙原紙〕〔女中・女言・女詞・言葉遣〕　八九七　ひき〔引合紙、檀紙〕〔海人・ゆどの・宝鏡日記・女中・女詞〕〔例〕

ひき十でふしん上。〔ゆどの天正7・4・5〕ひき卅ぱ進上〔宝鏡日記慶安2・1・1〕 八九八 **ひきあわせ** 〔引合紙〕〔女中・女言・女詞〕 八九九 **やわやわ** 〔芳野紙〕〔ゆどの・女中・女言・女詞・隠語―（室町時代）〕（例）御たのむとてやわ〳〵廿そくまいる。〔ゆどの慶長3・7・26〕

九〇〇 **りょうしばこ** 「料紙箱」は「文庫」〔女中・女言・女詞・言葉遣〕

4　身体・病気

九〇一 **いできもの** ふきでもの・できもの〔ゆどの〕（例）みやの御かた御いできものにはかに御わづらいありて。〔ゆどの天正7・5・8〕

九〇二 **いど** いど（居処）は尻〔日ポ〕 （同） 九〇三 **おいど**〔日ポ〕 九〇四 **おえど** 〔大聖〕（例）子どもはおえどが見えるくらい、ひざぼんだいて坐りますわな。〔大聖〕（解）「御居処」にもとづく。町方でもいう。（オイドカラゲは尻からげ）。

九〇五 **おあしのもの** 脚の腫物か。〔ゆどの〕（例）御あしの物にひる御かゐあり。〔ゆどの文明14・4・2〕

九〇六 **おえり** 肩〔静〕

九〇七 **おぐし** 髪〔ゆどの・日ポ・女中・女言・女詞・女礼・言葉遣・静・大聖・女官・隠語―（江戸時代）〕（例）御日まちまへにて。けふ御ぐしあらはれ御ゆになる。〔ゆどの天正7・10・14〕〔ゆどの〕では「おぐし」は陛下の整髪役の意にも。（同）九〇八 **おかもじ**〔静〕 九〇九 **かもじ**〔隠語―（室町時代）〕 （関）九一〇 **おぐしあげ**（結髪）〔静・公家・女官〕 九一一 **おぐしすまし**（髪洗）〔ゆどの・女中・女詞〕（例）御ぐしすまし上らふ。〔ゆどの天正1・10・14〕 九一二 **おぐしそろえ**（髪むすび）〔女中・女詞・静〕 九一三 **おぐしとり**（髪結い）〔穂穙女官談〕 九一四 **おとおし**（髪をとくこと）〔静〕 九一五 **おときさけ**（髪をとき放すこと）〔静〕 九一六 **おなで**（髪をなでつけること）〔公家〕 九一七 **はなちがみ**（乱髪）〔女中・女言・女詞〕

九一八 **おかりどこ** 「御かり床」は「病床」のことか〔静〕

九一九 **おしまい** 御化粧〔穂穙女官談〕

九二〇 **おすそ** お足〔静・公家・大聖・女官〕（解）大聖寺では

他人の足をいう。〔同〕九二一　**おみあし**〔養草・女重・女中・女言・女礼・大聖〕　九二二　**おみや**〔公家・大聖〕　九二三　**おみやさん**〔例〕おみ大きいおみやさん〔大聖〕「おみ」は宮様以上につける。〔大聖寺談〕〔関〕九二四　**すそ**〔大聖・宝鏡〕〔解〕自分の足をいう。

九二五　**おせん**　疝気〔静〕〔関〕九二六　**おでもの**〔お出物は発疹〕〔静〕　九二七　**おはっしもの**〔嘔吐〕〔静〕　九二八　**おみずけ**〔御水気・下痢・脚気〕〔静〕

九二九　**おそくもじ**　お息文字はご息災・ご元気〔隠語——〔室町時代〕〕

九三〇　**おちょうず**　大小便〔女中〕小便〔静・公家〕〔同〕九三一　**おとう**〔大便〕〔公家〕　九三二　**しし**〔子ども小便〕〔日ポ〕〔関〕九三三　**おとうにゆく**〔大小便に行く〕〔女重・女中・女言・大聖〕　九三四　**ししをする**〔小便をする〕〔日ポ〕　九三五　**ようかなえる**〔同上〕〔養草〕　九三六　**よそよそへまいる**〔同上〕〔大聖〕　九三七　**わたくしにまいる**〔同上〕〔女言〕

九三八　**おつたみ**　乳児が一旦吸った乳を出すこと。〔女詞〕〔同〕九三九　**つたみ**〔女中・女言〕

九四〇　**おつむ**　頭〔公家〕一般にも婦人が使う。〔同〕九四一　**おつむさん**〔頭の最高敬語〕〔大聖〕〔例〕おかみにはおつむさんがお痛みあそばされまして〔大聖〕〔解〕自分の頭は「つむり」といって、「おつむ」「おつむさん」とはいわない。〔大聖〕九四二　**おつむり**〔女中・女官〕　九四三　**つむり**〔女言・大聖〕〔例〕わたくしつむりが痛うござりまして〔大聖〕

九四四　**おなか**　腹〔日ポ・女中・女言・静〕〔同〕九四五　**おみなか**〔静・大聖〕〔例〕宝鏡寺さんにはおみなかが痛うて、ごわしゃりませんでした。〔大聖寺のお次が宝鏡寺のゴゼンのことをいうとき〕

九四六　**おなら**　屁〔隠語——〔江戸時代〕〕〔解〕「お鳴し」の下略語か。

九四七　**おぬる**　熱〔養草・女重・女言・公家〕〔解〕〔公家〕では、オカミの発熱をいう。〔例〕おぬるもおありあそばし〔熱がある〕〔静〕おぬるもおうきあそばし〔熱が出る〕〔静〕おぬるうすし〔熱が下る〕〔静〕〔関〕九四八　**おぬるけ**〔熱気〕〔ゆどの〕〔例〕御かつしき御所の御ぬるけにつきて。〔ゆどの明応7・1・19〕　九四九　**おねっき**〔ゆどの〕〔例〕よべより御心わろく御ねつきありて。竹田御みやくにまいりて。御くすりまいる。〔ゆどの天正7・2・10〕

九五〇　**おびあがり**　産後の枕なおし〔女中・女言・女詞〕

九五一　**おまけ**　月経〔静・公家〕〔同〕九五二　**おめぐり**〔静〕

九五三　**おやく**〔お厄〕〔隠語―(江戸時代)〕　九五四　**かりや**〔女中・女詞・言葉遣、伊勢・信濃方言〕　九五五　**さしあい**〔大上・ゆどの・貞丈・隠語―(室町時代)〕ながはしけふより御さしあひ。〔ゆどの天正7・3・18〕　九五六　**つぎ**〔宮・女官〕
九五七　**つきのもの**〔女中・言葉遣・隠語―(室町時代)〕　九五八　**まけ**〔公家・大聖・女官〕　九五九　**めぐり**〔隠語―(室町時代)〕　九六〇　**ようじ**〔隠語―(江戸時代)〕（関）九六一　**おてなし**〔ゆどの〕（例）女中御てなしにて。御はいぜんに三条さねえだめす。〔ゆどの慶長3・2・12〕　九六二　**てなし**〔ゆどの・女言、大隅・種子ヶ島方言〕（例）春日まつりの御神事入にて。手なし。ぶくしや出さる、。〔ゆどの貞享3・2・9〕（解）お手無し（手無し）は月経中の女。供御・調度に手を触れることができないのでいう。なお忌引や不浄のときの女官の部屋を「さがり部屋」という。月経の終わったときは「きよくなる」という。　九六三　**はつはな**〔初花は初経〕〔女官〕
九六四　**おまる**「お丸」は「腰」〔隠語―(室町時代)〕
九六五　**おみあせ**　血〔公家〕（解）「オミ」は宮様以上につける最高敬語。
九六六　**おみかお**　お顔〔静・大聖〕

九六七　**おみからだ**　おからだ〔宮様以上の〕〔大聖〕（同）九六八　**おみからださん**〔大聖〕（例）明治さんはおみからださんがご立派であらしゃりました。〔大聖〕
九六九　**おみくび**　お首〔公家・大聖〕
九七〇　**おむさむさ**　軽症〔ゆどの・静・公家・大聖〕（例）ながはしいまだ御心むさ〳〵にて。こよひも御まいりなし。〔ゆどの天正7・10・27〕（解）オカミに対しては「おむさむささん」。「おむさむささま」ともいうが、これは野暮な表現〔大聖寺談〕（関）九七一　**おうっとり**〔心のふさぐこと〕〔静〕
九七二　**おこがまき**〔病気のわるいこと〕〔静〕　九七三　**おふかしき**〔病気のわるいこと〕〔静〕　九七四　**おふさげ**〔御塞気は気分のわるいことか〕〔静〕　九七五　**おふでき**〔気分のわるいこと〕〔静〕　九七六　**かんらく**〔歓楽はめでたいときに病気したこと〕〔ゆどの・公家〕（例）くら人くわんらくどもとてしこうせず。〔ゆどの文明14・3・3〕　九七七　**ごかんらく**〔同上〕〔大聖〕　九七八　**わもじ**〔病気〕〔隠語―(江戸時代)〕　九七九　**おさわけ**〔気分のよいこと〕〔静〕　九八〇　**おひろけ**〔病気のなおること〕〔静〕　九八一　**およしよし**〔平癒〕〔静・公家〕
九八二　**おむしけ**　虫気〔ゆどの〕（例）宮の御かた御むしけにて。こよひはならしまさず。〔ゆどの天正7・5・1〕

九八三 **およわさん** お体のお弱いこと（例）大正さんはおよわさんであらしゃいました。〔穂穙女官談〕
九八四 **がいきけ** 咳気け。風邪気味〔宝鏡日記〕（例）御がいきけのよし申候て御まいりなし。〔宝鏡日記慶安2・1・12〕（同）（解）京都はじめ近畿・中部の一部に方言として残る。
九八五 **がいびょう** 咳病〔ゆどの〕（例）けさは又御がひびやう御わづらひあるやうにて御よしになる。〔ゆどの文明14・10・9〕
九八六 **かぶかぶ** おかっぱ〔宮〕
九八七 **きあい** 気分〔宝鏡日記〕（例）御ちの人きあいあしく候てみまいにまいらせられ候。〔宝鏡日記万治3・1・24〕
九八八 **しじ** 子供の陰茎〔日ポ〕
九八九 **しん** 眉毛〔公家・女官・大聖〕
九九〇 **つわ** つばき〔唾〕〔日ポ〕
九九一 **ぼぼ** 女陰〔日ポ〕
九九二 **もうもう** 朦々は朦気、気のふさがること、病気〔ゆどの・宝鏡日記〕（例）二条のさきの関白もう〳〵すき〳〵にて。〔ゆどの天正7・3・15〕あまり〳〵いともう〳〵といたし候まゝちと〳〵まいり候はん。〔宝鏡日記承応2年紙背お文〕（同）九九三 **おもうき** お朦気は病気〔ゆどの・日ポ〕しんせう寺殿ひさしき御もうきにて。〔ゆどの文明14・5・4〕ゴモウキデゴザル〔日ポ〕 九九四 **おもうもう**〔ゆどの〕（例）宮の御方御もう〳〵にてけふはならず。〔ゆどの文明14・4・1〕

5 人倫・官職

九九五 **あもじ** 姉〔公家〕（同）九九六 **いね**〔女今川〕 九九七 **おねいさん**〔公家〕（解）「おねいさん」は宮中・堂上家で用いる小児語。
九九八 **いままいり** 「今参り」は新しく奉仕した女官〔ゆどの・公家〕（例）御いまゝいりくらままいりにて御とひかきまいる。〔ゆどの文明14・12・16〕
九九九 **いもせ** 夫婦〔女今川〕（同）一〇〇〇 **おんふたところ**〔日ポ〕
一〇〇一 **いろねこ** 妹〔女今川〕
一〇〇二 **うえさま** 上様。天皇〔大聖日記・宝鏡日記・宝鏡お文〕

（例）上ゟよりまいらせられ候よし心えて申上て候〔宝鏡日記慶安4年紙背お文〕（解）宝鏡寺では、宮様以上の当主をいう。

一〇〇三　**うもじ**　お内儀様。妻の敬称〔女中・女言・女詞・女礼〕（同）一〇〇四　**おおもじ**〔隠語―（江戸時代）〕　一〇〇五　**おかもじ**〔隠語―（江戸時代）〕　一〇〇六　**おまえさま**〔女中・女言・女詞〕　一〇〇七　**かかさま**〔女今川〕　一〇〇八　**かもじ**〔女中・女言〕　一〇〇九　**かみさま**〔女礼〕

一〇一〇　**おうらさん**　お裏様。武家から降嫁の室、清華以上で用いる。〔女官〕（同）一〇一一　**ごれんちゅうさん**　御簾中様〔女中・静・公家〕（関）一〇一二　**おかみさん**〔御督様〕〔女官〕一般公家の家庭で用いる。

一〇一三　**おおごっさん**　大御所様。摂家・清華・大臣以上のご隠居〔公家・女官〕

一〇一四　**おおじご**　領主殿。先祖。女または子供の言〔日ポ〕

一〇一五　**おしもさま**　御下様。命婦・女蔵人・御差の総称〔公家〕

一〇一六　**だいすもじ**　大典侍。奥向きの取締りをする職掌。最高位の女官。〔ゆどの〕（例）大すもじよりあめ一をけまいる。〔ゆどの文明14・1・4〕（同）一〇一七　**だいす**〔だいすけ〔大典侍〕の略〕〔ゆどの〕（例）大す。権す。新大す。ながはし御てうしどもまいらせらる、。〔ゆどの文明14・5・9〕　一〇一八　**だいすけ**〔ゆどの・静・公家〕（解）別に権すもじ・新なもじ〔新内侍〕のような省略形が用いられることがある。

一〇一九　**おおおち**　天皇・上皇附きのおちの人。〔ゆどの〕（例）大御ちよりも御くましん上。〔ゆどの貞享3・9・1〕大御ちの人あぜちどの〔大聖日記万治3・1・8〕なお　一〇二〇　**おおちのひと**　大乳人。命婦の次席〔公家〕

一〇二一　**おおとのさん**　大殿様。諸家殿上家の主人のご隠居〔公家〕

一〇二二　**おおみやさん**　大宮様。皇太后宮〔公家・女官〕

一〇二三　**おかたさん**　お方様。方領米を拝受する公家の息〔公家〕（同）一〇二四　**おかた**〔お方〕〔公家―高倉子爵談〕

一〇二五　**おかみ**　お上は天皇のこと〔公家・女官・大聖・穂穣女官〕（同）一〇二六　**きんちゅうさん**〔禁中様〕〔ゆどの・大聖日記・公家〕（例）きん中ゟ仙洞ゟ女院ゟしんわうゟひめ宮ゟへくれの御礼にならせられ候〔大聖日記万治3・1・28〕

一〇二七　**しゅしょう**〔主上〕〔公家〕　一〇二八　**とうぎん**〔当今〕〔公家〕（関）一〇二八―二　**うえさま**　上様、将軍をいう。

一〇二九　**おかみがた**　宮様方〔大聖〕（例）いまは京都にはおかみがたさんがごあしゃりません。〔大聖〕

一〇三〇　**おきぬ**　陛下に衣を差し上げる役〔ゆどの〕（例）けふよりの御きぬ上らふ。〔ゆどの文明14・1・16〕

一〇三一　**おけずり**　陛下の髪をくしけずる役〔ゆどの〕（例）御けづり御ぐし中内。〔ゆどの文明14・1・18〕

一〇三二　**おこたち**　子供たち〔女重・女中、京都方言〕（同）

一〇三三　**おさない**（子供）〔女重・女中・女言・女詞・隠語—（江戸時代）〕　一〇三四　**こたち**〔女礼〕　一〇三五　**とりとり**〔女中〕（解）子どもの多いことにもいう〔女中・女言〕　一〇三六　**わかご**〔同上〕〔女言〕

一〇三七　**おごりょう**　女〔女今川〕（解）御御寮は御御寮人の略。

一〇三八　**おさし**　御差。宮中女官の官名で、新参の人に差図する既婚の婦人〔大聖日記・公家〕（例）おさしへいまおりおび一すぢ。〔大聖日記万治3・1・6〕

一〇三九　**おさぶらいしゅう**　御侍衆。〔宝鏡日記〕（例）御さぶらひ衆さこんは八ざへもん八良ゑもん八良ざへもん也。〔宝鏡日記万治3・1・18〕

一〇四〇　**おすえ**　お末は内裏の下女またはその部屋〔隠語—（室町時代）〕。「末広」のこともいう。

一〇四一　**おそばさん**　お側に近侍して、主上の身の回りの世話をする妃女官〔大聖〕「おきさき女官」とも。　一〇四一—二　**おへやさま**　お部屋様〔将軍の〕ご側室。「お方さま」とも。〔同上〕

一〇四二　**おそもうじさま**　「あなた」の敬称。（解）「おまえさん」「そなたさん」より身分の低い人にいう。なお消息には「おそもじさま」と書く。〔大聖寺ゴゼン談〕

一〇四三　**おたたさん**　御多々様。宮中・宮家・摂家・清華・大臣家で、母君をいう小児語〔公家・大聖〕（同）おたあさん〔公家〕（解）「おたあさん」は諸家・堂上家・賀茂の社家で使用する小児語。鳥取、高松方言でも。　一〇四四　**たた**　長野県西筑摩郡・淡路島（小児）・徳島・対馬方言　一〇四五　**だだ**　出羽〔物類〕・飛騨〔飛州志〕・福島県三潴郡方言

一〇四六　**おたさん**〔長野県木内郡・新潟県中頸城郡で僧侶の子が母を〕　一〇四七　**おたもじさま**〔静〕　一〇四八　**たあさん**〔滋賀県神崎郡・香川県木田郡・鳥取県気高郡方言〕　一〇四九　**だあさん**〔熊本県玉名郡腹赤村方言〕　一〇五〇　**だあさ**〔山形県置賜地方の方言〕（関）一〇五一　**おふくろ**〔日ポ・大聖〕（例）おふくろがお乳の人であがっていて〔大聖〕。　一〇五二　**おふくろさま**（母）〔静〕　一〇五三　**かかさま**（御内儀）〔女今川〕

一〇五四　**かもじ**〔母〕〔女中・女言・女詞・女礼・隠語―〔室町時代〕〕〔解〕「かか」の文字ことば　一〇五五　**たらちね**〔母〕〔女中・女言・女詞・言葉遣〕　一〇五六　**ふもじ**〔隠語―〔江戸時代〕〕〔解〕お袋の文字ことば。

一〇五七　**おちごさん**　諸家・堂上家の子息〔公家〕

一〇五八　**おっしょさん**　お師匠さん〔大聖〕〔例〕おっしょさんが昔風のきびしいおっしょさんでしたさかいに。〔大聖談〕

一〇五九　**おてなが**　御手長。配膳をとりついで運ぶ役〔ゆどの・静〕〔例〕御はいぜん三でう中納言。御てなが頭弁かねかつ朝臣なり。〔ゆどの天正7・1・10〕

一〇六〇　**おとしめし**　老人〔公家・大聖〕

一〇六一　**おともじ**　お多福。お多文字のなまり〔隠語―〔江戸時代〕〕

一〇六二　**おにいさん**　兄〔公家〕〔解〕宮中・宮家・堂上家で、兄の敬称的小児語

一〇六三　**おもうさん**　父〔公家・女官〕〔解〕宮中・宮家・摂家・清華・大臣家で父君をいう小児語。御申様・御孟様〔公家〕、本願寺では「御孟様」と記した。〔女官〕〔同〕

一〇六四　**おでえさん**〔お出居様〕〔公家・上賀茂社家〕〔解〕諸家・堂上家で父の敬称。〔公家〕宮廷では「サン」、武家では「サマ」を用いた。〔女官〕〔関〕一〇六五　**ともじ**〔父。「とと」の文字ことば〕〔女中・女言・女詞・隠語―〔江戸時代〕〕　一〇六六　**ちちご**〔日ポ〕　一〇六七　**ぱもじ**〔大文典〕Padre（父）のこと。

一〇六八　**かっしき**　喝食〔ゆどの・宝鏡日記紙背お文・大聖〕〔例〕おか殿御かつしき御所。ふしみ殿。あんぜん寺殿〔ゆどの文明14・7・10〕〔例〕御かつしきの御中　申給へ〔宝鏡日記承応2・10・19紙背お文〕

一〇六九　**きみさん**　君様。皇太子妃〔公家―生源寺旧女官談〕皇族の妃〔公家・女官〕宮様からご降嫁の室〔公家・女官〕〔同〕一〇七〇　**みやすどころさん**〔御息所様〕〔関〕一〇七一　**～きみさん**　皇族の妃殿下または摂家・清華の子息及び子女。〔公家〕、たとえば「節ぎみさん」〔秩父宮節子妃殿下のことをいう〕〔大聖〕

一〇七二　**ここもじ**　一人称〔宝鏡寺日記紙背お文〕〔例〕ここもじすこしの御すきも御ざ候はゞ〔宝鏡日記明暦3・3・4紙背お文〕〔同〕一〇七三　**わもじ**〔隠語―〔室町時代〕〕　一〇七四　**わらわ**〔日ポ〕

一〇七五　**ここもと**　私方。〔宝鏡お文〕〔例〕こゝもと御もんぜきゐ《ニ》も一だん御きげんよく〔宝鏡日記万治3・3・13紙背

お文〕
一〇七六　**ごしょさま**　御所様。天皇・上皇・法皇をはじめ、宮門跡にもいう（門跡では御所号が許されているから、御所様という）。なお、摂家清華のあるじにも用いることがある。〔ゆどの・大聖日記・宝鏡日記〕（例）御所さま宮の御方しよさなどには御楽あり。〔ゆどの文明10・2・9〕（同）一〇七七　**ごっさん**（御所様）〔公家・女官〕（関）一〇七八　**いんごしょさま**（院御所様。仙洞様）〔ゆどの・大聖日記・宝鏡日記〕（例）院の御所ゟより御さふらい衆〔宝鏡日記承応2・6・17〕
一〇七九　**こなた**　当方〔女官〕（関）こなたがた（こちらがた、尼門跡では、その社会全体をさす）〔女官・大聖〕　一〇八〇　**こなたさん**（こちらがた）〔大聖〕　一〇八一　**こち**（こちら）〔公家〕
一〇八二　**ごもじ**　女の子。ご文字は「御寮人」の文字ことば。〔女礼・隠語―（室町時代）〕（同）一〇八三　**ごりょうにん**〔女礼〕
一〇八四　**ごんすもじ**　権典侍〔公家〕（同）一〇八五　**ごんすけさん**　権典侍の敬称〔大聖〕。一〇八五―二　**ごんすけどの**（例）ひる上らふ。権すけ殿、新大すけ殿。〔ゆどの文明14・1・9〕
一〇八六　**ざっし**　雑仕。仲居・茶の間をいう。〔公家〕（解）「茶の間」は茶の間に働く女中の意。
一〇八七　**〜さん**　宮中・堂上の弟または妹をいう小児語〔公家〕
一〇八八　**しんすもじ**　新典侍〔ゆどの・公家〕（同）新すけさん〔大聖〕・新すけ殿〔静〕
一〇八九　**しんみょう**　針女。女官の御局における上級の女中〔公家〕
一〇九〇　**すけ**　典侍〔ゆどの・公家〕（関）一〇九一　**しんだいす**〔新大典侍〕〔ゆどの〕　一〇九二　**しんない**〔新内侍〕〔ゆどの〕（例）けんのないし中内。新内。いき。いよ殿なり。〔ゆどの明応2・1・1〕
一〇九三　**せんもじ**　先方。相手〔隠語―（江戸時代）〕
一〇九四　**そもじ**　二人称。お前。〔宝鏡お文・大文典・女中・女言・女詞・今川・隠語―（室町時代）〕（例）そもじ様にも御ともにておいりまちまいらせ候。〔宝鏡日記明暦3・2・1紙背お文〕（関）一〇九五　**そち**（例）そち元気かい。〔明治時代の高級女官が目下に〕　一〇九六　**そなた**〔公家〕目下に使用〔女官〕　一〇九七　**そなたさん**（そちらさん。こなたさんに対する語で、相手をさす尊称語）〔公家・大聖〕
一〇九八　**そのごしょさま**　その御所様は相手方の主人〔宝鏡お

文・女官・大聖〕（例）その御所もじにも御きげんのよしかす〳〵めでたく思まいらせ候。〔宝鏡日記明暦3・1・5紙背お文〕（関）一〇九九 **このごしょさま**（自分の御所の主人）〔宝鏡お文・大聖〕

一一〇〇 **だいさま** 大聖寺様〔大聖〕（例）だいもじがごあしゃりました。〔宝鏡〕（解）頭文字だけをとって、後を省略する呼び方が、公家社会ではよく用いられる。（関）（例）めうもんもじ（妙法院門跡）へ御たるさかなまいる。〔宝鏡日記慶安1・8・20〕こんもじ（近衛様）へひしはなびら御すずりのふたニ入五十かさね御てうひさげまいる。〔宝鏡日記慶安2・1・2〕大もんもじ（大覚寺門跡）へ一折こもんがみ四十枚まいらせられ候。〔宝鏡日記承応2・2・1〕

一一〇一 **だんなさん** 自分の仕える高級女官〔穂穙女官談〕

一一〇二 **とおさん** 諸家・堂上家の子息・子女〔公家〕（解）特に父母から子を呼ぶときに用いる。

一一〇三 **とのさん** 殿様。諸家・堂上家の主人〔公家〕

一一〇四 **なかい** 仲居。女官の局における台所の女中〔公家〕

一一〇五 **ながはしのつぼね** 長橋局。勾当掌侍。口向きの取締りをする職掌〔公家〕（同）一一〇六 **ながはし**〔ゆどの〕（例）ながはしより。たけはじめてまいる。〔ゆどの文明12・3・22〕

一一〇七 **ながはしさま**〔大聖日記〕

一一〇八 **にょくろおど** 女職人〔公家〕

一一〇九 **ぬもじ** 盗人〔隠語――（江戸時代）〕

一一一〇 **はるのみやさん** 春宮様。皇太子〔公家〕

一一一一 **ひもじ** 姫〔公家〕（同）一一一二 **おひもじ**〔公家〕

一一一三 **ひめ**〔女中・女詞〕 一一一四 **ひめご**〔女礼〕（関）

一一一五 **～ひめさん**（諸家・堂上家の子女）〔公家〕

一一一六 **ぶくしゃ** 服者。忌服者。喪中の者〔ゆどの〕（例）春日まつりの御神事入にて。手なし。ぶくしや出さる、。〔ゆどの貞享3・2・9〕

一一一七 **べえ** 下部の略〔大聖〕で、「下僕」のこと〔公家・大聖〕

一一一八 **～まるさん** 丸様《さん》。諸家・堂上家の子息の元服までの呼び方〔大聖日記・公家〕（例）大せんもじ八丸もじ御ともにて御まいりなされ候。〔大聖日記万治3・1・14〕（解）父母から子息を呼ぶときには「～まる」という。

一一一九 **みかしら** 三頭。大典侍・勾頭掌侍・伊予（命婦の頭）〔公家〕

一一二〇 **みなかま** 三仲間。御末《おすえ》・女嬬・御服所《ごふくどころ》のこと〔公家〕、宮中の呉服係り・お道具係り・ご膳係りのこと〔宝鏡〕

一二二　**みだいのかた**　御台の方。貴人の妻の敬称。御台盤所の略〔ゆどの〕(例)御だいの御方より御まな三色。〔ゆどの文明14・1・10〕

一二三　**もうすさた**　申沙汰。主催、当番〔ゆどの〕(例)内々のおとこたち申さた。〔ゆどの文明14・1・26〕(関)一二三　**おさたのかたがた**〔主催者がた〕〔ゆどの文明14・1・9〕

一二四　**や**　屋。物売りをいう。〔女官〕

一二五　**やもじ**　やり手〔隠語―〔江戸時代〕〕(例)三番太鼓ほのぼのとせきてやもじが逢はせぬに〔傾城懸物揃〕

一二六　**よだつ**　与達。代理〔公家〕

一二七　**りょうとう**　両頭。大典侍と長橋局〔公家〕

一二八　**わかごっさん**　若御所様。摂家・清華・大臣家以上の若主人〔公家・女官〕(関)一二九　**わかとのさん**〔若殿様〕〔公家〕　一三〇　**わこ**　男の子〔女礼・隠語―〔江戸時代〕〕(同)一三一　**わかご**〔女中・女詞〕　一三二　**わかさん**　若様。諸家・堂上家の子息〔公家〕

6　動作・形状

動作

一三三　**あがる**　魚が死ぬ。〔大聖〕(例)金魚があがった。〔大聖〕

一三四　**あがる**　献上がある。〔大上・大聖日記・宝鏡日記・養草・女重・女中・女言・女詞〕(例)はうき殿よりこんぶあがる。〔大聖日記万治3・1・1〕

一三五　**あげましゃる**　オカミがたからのご献上〔公家・大聖〕

一三六　**あげる**　してあげること。〔女官〕(例)「お召替えあげる」とか、「おあおぎあげる」〔お扇ぎする〕とかいう。〔大聖〕

一三七　**あそばす**　「する」の尊敬語〔大聖〕(例)お礼にお出あそばす。〔大聖〕(解)シャル・マシャルの用法を補う中間敬語　(同)一三八　**あそばされる**　最高敬語に使う。

一三九　**ありき**　散歩、歩くこと〔ゆどの〕(例)御だいより御ありきの宮げとて。御くりのかごまいる。〔ゆどの文明14・8・25〕　(同)一四〇　**おひろい**〔養草・女重・女中・女言・言葉遣・宝鏡日記・公家・静・女官・大聖〕　一四一　**ひろい**〔宝鏡日記・女礼〕(例)日くれ候てあけの宮ゐへひろひにて

ならせられ候。〔宝鏡日記承応2・9・16〕（関）二四二 **ひろう** 歩く〔隠語―（室町時代）〕

二四三 **うがい** 手水〔女中・女言・女詞〕（同）二四四 **おうがい**〔女官〕 二四五 **おみようがい**（陛下のうがい）〔公家・大聖〕（関）ごぜんちょうず（御膳手水）〔穂樸女官〕

二四六 **おいきまき** 「御息巻」は「ご立腹」〔女中・女言・女詞・言葉遣〕（関）二四七 **おにつかる**（立腹する）〔女中・女詞〕 二四八 **おみなかだつ**（同上）〔大聖〕

二四九 **おいであそばす** 外出・訪問にいう尊敬語〔大聖〕

二五〇 **おうちつき** ご到着〔静〕

二五一 **おうつうつ** 浅い居眠り〔静〕（関）二五二 **おすやすや**（深い眠り）〔静・大聖〕

二五三 **おおう** 貝を合わす〔女官・大聖〕（関）二五四 **おみおおい** お貝合せ〔大聖〕（例）おみおおい遊ばしまして〔大聖〕 二五五 **かいおおい**（貝合せ）〔養草・女重〕 二五六 **かいづくし**（貝合せ）〔静〕

二五七 **おおどろきさん** お驚きになること。〔大聖〕（例）ひどい風でオカミはおおどろきさんであらっしゃりましたやろ。〔大聖〕（同）二五八 **きょくんなこと** 驚くこと〔公家〕（関）二五九 **きょうがる**（驚く）〔公家〕

二六〇 **おかくれ** 死ぬことの尊敬語〔宮〕（解）御所では皇族だけでなく臣下にも用いる。

二六一 **おくだし** 賜わること。ご下賜〔静〕（関）二六二 **いただきもの**（到来もの）〔静〕 二六三 **おくだしもの**（ご下賜品）〔静〕 二六四 **くだされもの**（拝領品）〔静〕 二六五 **さげもの**〔静〕 二六六 **しんじられもの**（進上もの・贈与品）〔静〕

二六七 **おさがり** 雨の降ること〔養草・女重・草〕

二六八 **おしつけ** 試嘗〔公家〕

二六九 **おしずまり** お静まりは「眠ること」の敬称〔ゆどの・静〕（例）わかみやの御かたは御しずまりにてならず。〔ゆどの天正7・4・1〕（関）二七〇 **おいる**（眠る）二七一 **おしずまる**（眠る）〔養草・女重・女中・女言・女詞・女今川・言葉遣・公家・女官〕 二七二 **おとこへなる**（床に就かれる）〔静〕 二七三 **およる**（寝る）〔女礼〕 二七四 **ぎょしなる**（ご就床になる）〔静・大聖・女官〕 二七五 **ぎょしん**（御寝。宮様のご寝床）〔公家・女官〕 二七六 **おみこし**（お上のご就床）〔静〕「みこし」、「ごせいひつ」とも。

二七七 **ごふくさし**（床をとること）〔女中・女言・隠語―（室町時代）〕 二七八 **ごふくしつ**（同上）〔女詞〕 二七九 **しず**

まる〔眠る〕〔女礼〕　一八〇　**みすいり**　簾入りは床入り。貴人の婚礼の場合にいう。〔隠語―（江戸時代・宮廷）〕

一八一　**おしまり**　交通遮断〔静〕

一八二　**おすき**　お暇〔宝鏡お文〕（例）こゝもじすこしの御すきも御ざ候はゞ〔宝鏡日記明暦3・3・4紙背お文〕

一八三　**おすす**　煤払をすること〔公家・女官〕

一八四　**おすすぎ**　洗うこと〔女官・大聖〕　（同）一八五　**おすまし**〔静・女官・大聖〕

一八六　**おたける**　嫉む〔言葉遣〕

一八七　**おたたする**　おんぶする。背負う〔公家・大聖〕（例）ヤヤさんをおたたする。〔大聖〕（解）京都の町方でもいう。

一八八　**おちる**　鳥獣の死ぬことをいう。〔大聖〕（例）あの猫おちましてな。〔大聖〕

一八九　**おてあそばす**　お手を叩かれる。〔ゆどの〕（例）八百宮の御かたかうぜられけふより三日御つゝしみ。御手もあそばされず。〔ゆどの貞享3・12・2〕

一九〇　**おてがつく**　召し上がる〔女詞・大聖〕「おてつく」とも。（例）お手がつきましゃりまして〔大聖〕

一九一　**おとぎ**　相手をすること〔公家・女官〕

一九二　**おなし**　抱くこと〔公家〕　（関）一九三　**おなしする**〔お抱きする意〕〔大聖〕（例）おなし遊ばしてござったとき〔大聖〕（解）京の町方ではダイダイするという。

一九四　**おひなる**　「お昼なる」は「起きる」の尊称語〔片言・女中・女言・言葉遣・公家・大聖・隠語―（室町時代）、盛岡・広島・香川・徳島・大分各方言〕（例）ゴゼンがおひなりまして。〔大聖〕（解）『片言』に「御寝あれをぎようしなれ、ぎよしなれなどゝいふはいかゞ。およれぞ、おひなれぞといふは、女言葉にやさしと云り。おひなれはお昼なれといふ心歟。それをおひんなれとはいかゞ」とある。また『玉勝間』に、「女の詞に人の寝たるが起くることを『おひなる』といふ。伊勢などにては『おひるなる』といふ。東にて寝ることを『およる』といふ。お昼なる。御夜なるといふこと也」　（同）一九五　**おひになる**〔長門方言〕　一九六　**おひるなる**（解）大聖寺ではオカミのご起床にいう〔養草・女詞・女礼・女官・大聖〕（例）おかみがおひるなりましゃりまして〔大聖〕　（関）一九七　**おひる**〔起床〕〔日ポ・公家〕（例）「もうしょう、おひるでおじゃあと申させ給う」〔宮中のオヒルぶれ〕　一九八　**おひり**〔同上〕〔常陸方言〕　一九九　**おひん**〔同上〕〔日ポ〕（例）いざおひんなれ〔日ポ〕　二〇〇　**おひんなる**〔女言、香川方言〕　二〇一　**あさい**〔朝寝〕〔女

言・言葉遣〕　一二〇二　**おじょうばらい**〔お床上げ〕〔静〕

一二〇三　**おひろめ**　通知〔静〕

一二〇四　**おまめ**　息災〔女中・女言・女詞〕

一二〇五　**おめもじ**　面会〔公家・女官・隠語―（室町時代）〕（同）

一二〇六　**おめみえ**〔静〕　一二〇七　**めもじ**〔女今川〕

一二〇八　**おわたまし**　転居〔ゆどの・大聖日記・静・隠語―（室町時代）〕（例）八百宮の御かたへ御わたましの御しうぎ御なか十は。〔ゆどの貞享3・10・9〕

一二〇九　**ぐしん**　具進。召上り物を差し上げる。〔宮〕

一二一〇　**くす**　よこす。貰う〔大聖〕（例）こんな物をくしましてな〔大聖〕此処へも汲んでくせ〔狂言縄綯〕

一二一一　**くもじ**　親王・宮様・関白などのご帰還〔ゆどの・大聖日記・宝鏡日記・静・公家〕（例）よる二条より宮の御かた御さか月になる。やがてくもじなる。〔ゆどの天正7・12・1〕

一二一二　**げげをする**　草履をはく。〔日ポ〕（関）げげ〔下々。下々の者の草履。伊予の幼児語で下駄をゲンゲ〕（例）三人は馬を捨ててげげをはき〔天草本平家〕

一二一三　**げざん**　見参。お目にかかること。〔ゆどの・大聖日記・宝鏡日記〕（例）わか宮の御かたもなしまいらせられて御けさむあり。〔ゆどの文明14・8・11〕（同）一二一四　**おげんもじ**〔お見文字〕〔隠語―（江戸時代）〕（例）どうも鬼の娘に御げんもじ〔嫗山姥〕

一二一五　**ごあしゃる**　お出になる。〔大聖・宝鏡〕（例）宝鏡寺さんがごあしゃりましてござります。〔大聖〕（解）女官は、

一二一六　**「おわしゃる」**という。〔穂穙女官談〕

一二一七　**こしらえる**　買う〔大聖〕（例）お菓子をこしらえる。〔大聖〕

一二一八　**ごしゅらい**　ご修礼。儀式などの下稽古〔ゆどの〕（例）御八かうの御しゆらいあり。〔ゆどの慶長3・7・12〕

一二一九　**ごだんこう**　ご談合。〔日ポ・宝鏡日記・大聖日記〕（例）きん中ゟへ御礼に御だんこうにみくしげゟへ御ちの人まいらせられ候〔宝鏡日記万治3・1・6〕（解）話し合うこと。

一二二〇　**だんこう**　パジェスの「日仏辞書」に、「dancŏ　ダンカウ　カタリアハスル」とある。

一二二一　**さかゆひく**　疱瘡後のお湯に入る〔女重・大聖〕「さかゆ」は酒湯。

一二二二　**ささめごと**　ささやくこと〔女中・女言〕（同）一二二三　**ささめいう**〔ささやく〕〔女詞〕

一二二四　**しおしおえ**　涙〔女中〕（同）一二二五　**しおえ**〔女言〕

一二二六　**したためる**　煮る〔公家・女官・大聖〕（例）宮サンは白ムシにじゅんさいを浮かし、白豆とむすびかんぴょうとしたためたのがお好きさんやったそうです。〔大聖〕（同）

一二二七　**したたむる**〔養草〕

一二二八　**～しゃる**　特定の四段活用の未然形につく中間敬語〔宮中・大聖・宝鏡〕（例）オバンをあがらっしゃっていいただきます。〔大聖〕

一二二九　**しんぜられる**　いただく。贈与される〔大聖〕（関）

一二三〇　**～てしんぜられる**　～ていただく〔大聖〕（例）お出あそばして進ぜられまして〔大聖〕

一二三一　**しんもじ**　「親文字」は「親切」。〔隠語――（江戸時代）〕

一二三二　**しんもじ**　「心文字」は「心配」。〔隠語――（室町時代）〕

一二三三　**すかすか**　いそぎの〔隠語――（室町時代）〕

一二三四　**すべす**　物を下げる（他動詞）〔養草・女言・公家・大聖〕（例）おぜんをすべす。〔大聖〕（同）一二三五　**すべる**（自動詞）〔ゆどの・宝鏡日記〕（例）こわく御の御ぜん大夫すけ殿へすべる。〔ゆどの貞享3・1・1〕あさ御ぜんほうじ院へすべる。〔宝鏡日記慶安2・1・1〕（関）一二三六　**おすべり**（お下り）〔大聖〕　一二三七　**ごぜんすべる**（「御膳すべる」は食物などがさがる）〔女中・隠語――（江戸時代）〕

一二三八　**すます**　洗う〔日ポ・公家・大聖〕（例）髪をすます〔大聖〕

一二三九　**すもじ**　推量〔女今川〕

一二四〇　**せもじ**　世話〔隠語――（江戸時代）〕

一二四一　**そろえる**　切る〔大聖〕（例）爪をそろえる。

一二四二　**たれる**　剃る〔公家・大聖〕（同）一二四三　**けたる**（そる）〔公家・大聖〕　一二四四　**おたれをあげる**（髪をそる）〔大聖〕（関）一二四五　**おぐしたれ**（剃髪）〔大聖〕

一二四六　**～であらしゃる**　「でございます」に当たる御所ことば。尼門どうし、一老がゴゼンに、女官どうしでしばしば用いる。〔大聖・宝鏡・宮中女官〕（例）ご満足さんのお事であらしゃりましょう。〔大聖〕（同）一二四七　**～でござります**　～でございますの非音便形。〔大聖〕（関）大聖寺では、一二四八　**おっしゃります**　一二四九　**くださります**　と古形使用。

一二五〇　**てらさげ**　「寺下げ」は次男以下の子どもの死んだときにいう。〔公家〕

一二五一　**ともじ**　取られること。〔宗長手記〕

一二五二　**ともじ**　盗むこと〔隠語――（江戸時代）〕（解）こゝもとの不弁をいへば、雑事銭、こよひぬもじにともじせらるゝ。〔宗長手記〕

一三五三　**なおす**　魚をむしる〔女中・女言・女詞〕

一三五四　**なおす**　食物を切る〔養草・公家・大聖〕（例）おまんを三つになおす〔大聖〕（同）一三五五　**はやす**〔食物を細かくきざむ〕〔日ポ・女官・大聖〕（例）七草をはやす〔大聖〕

一三五六　**わたす**〔漬物をきる〕〔公家〕

一三五七　**ならしゃる**　お成りになる〔宮様以上〕〔公家・大聖〕（関）一三五七―二　**きやる**〔目下に〕〔大聖〕

一三五八　**ひどる**　焼く〔大聖〕（関）一三五八―二　**ひかく**〔餅を焼く〕〔女中〕　一三五八―三　**ふうする**〔同上〕〔女中〕

一三五九　**ふでやとう**　筆雇う。代筆してもらう。〔宝鏡寺お文〕（例）いもじさふでやといまいらせ候。〔宝鏡寺承応2・12・11紙背お文〕

一三六〇　**まいらせらるる**　お上げになる〔大聖日記〕（例）御としだまに金壱分二つまいらせらる丶。〔大聖日記万治3・1・1〕

一三六一　**～ましゃる**　特定動詞の連用形につく最高尊敬助動詞。〔宮中・大聖・宝鏡〕（例）入御なりましゃりました。〔大聖〕お滞りのうするすると済みましゃりました。〔大聖〕

一三六二　**むつかる**　泣く〔女中・女官・言葉遣・大聖〕〔「女中」の一本には「しおるる」とある〕（例）おヤヤさんがようむつかりまして〔大聖〕（同）おむずがる〔隠語―〔室町時代〕〕

形状

一三六三　**あらあらしい**　粗末だ〔大聖〕（例）畑のものであらあらしい〔大聖〕

一三六四　**いしいし**　色々、次々、順々、一々、厳重に〔ゆどの〕（例）くゞゐをはじめて。そのほか御とりいし／＼おなじ。〔ゆどの文明14・12・28〕

一三六五　**いとぼい**　かわいい〔公家・大聖・女官〕（同）一三六六　**おいとぼい**〔公家・女官・大聖〕「おいとぼしい」とも。

一三六七　**おかし**（例）小尼《こあま》が歩いている。おかしおかしと明治さんがおっしゃった。〔宝鏡〕（関）一三六八　**おいとぼいさん**〔大聖〕〔おかわいいこと〕

一三六九　**いもじさ**　忙しさ〔宝鏡寺お文〕（例）こ丶御程けふは何かといもじさえまいり候まじく候。〔宝鏡日記明暦3・1・5紙背お文〕

一三七〇　**うつうつしい**　うっとうしい〔大聖〕（例）雨がつづくとうつうつしい。〔大聖〕

一三七一　**おいしい**　うまい〔女言・女詞・言葉遣・公家・女官・

大聖〕（同）一三七二 **いしい**〔養草・女重・女中・女礼〕（解）
「いしい」は畿内と東武でも使用〔物類〕
一三七三 **おいとしい** 気の毒な〔公家・女官・大聖〕（同）一三七四
おいたいたしい（解）町方でも使用（関）一三七五 **おきも
じ**〔お気文字〕〔お気の毒〕〔隠語―（室町時代）〕
一三七六 **おいぼいぼしい** 軽少な、粗末な〔宝鏡・大聖〕（例）
おいぼいぼしい事で。お加減もさだめしふ加減なことでご
ざりましたでしょう。〔宝鏡〕
一三七七 **おおはれ** 大へん喜ばれ役立つこと〔大聖〕（例）大は
れをいたしました。〔大聖〕
一三七八 **おとくび** 御徳日は悪日〔公家〕
一三七九 **おちかちかしい** 親密な〔大聖〕（例）おちかぢかしゅ
うご対面あそばされまして〔拝謁のときのことに〕〔大聖〕
一三八〇 **おちかぢか** 近いうちに〔宝鏡お文・静・大聖〕（例）
御せつくもちか〳〵にて候まゝならせられ候はず候や。
〔宝鏡日記明暦3・2・1紙背お文〕
一三八一 **おさっと** 簡単に〔静〕
一三八二 **おさびさび** さびしいこと〔宝鏡お文〕（例）ほうじ院
殿せい侍しや御人候はで御人すくなに御さび〳〵の御事と
をしはかりまいらせ候〔宝鏡日記承応2・8・29紙背お文〕

一三八三 **おすきさん** 好きなもの〔大聖・宝鏡〕形容動詞の語
幹に「お……さん」をつけるいい方は、御所ことばに多い。
（例）おみおつけがお好きさんであらっしゃりまして。〔大
聖〕御丁寧さんにいろいろお霊供をな、お供えになりまし
て〔大聖〕その他、動詞や名詞にも同じような接辞をつけ
ることが多い。（例）高倉さんをおはじめさん、お側にご
わしゃりましたやろな。〔大聖〕お仲間さんも招きまして
〔大聖〕
一三八四 **おするする** ご無事に〔静・公家・女官・大聖〕（例）
おするすると済みましゃりまして〔大聖〕（同）一三八五 **す
るする**〔仲間同士・同輩以下に用う。おするするは目上に使用〕
〔ゆどの・女中・静・大聖〕（例）たいけんけさまでする〳〵
とありて。〔ゆどの天正7・1・14〕
一三八六 **おそもじ** 遅いこと〔女今川〕
一三八七 **おにぎにぎ** お賑やかに〔ゆどの・大聖日記・静・大聖〕
（例）八わたより上卿下向にて御神事ありき。御にぎ〳〵
なり。〔ゆどの貞享2・8・16〕（同）一三八八 **おおにぎにぎ**
〔大そう賑やかなときにいう〕〔静・大聖〕
一三八九 **おはやばや** 早くに〔大聖〕（同）一三九〇 **はやばや**
〔宝鏡日記・女今川〕（例）はや〳〵ならせられてすなはち御

人かへる。〔宝鏡日記承応2・7・2〕

一二九一　**すかすか**〔女中・女言・女詞〕

一二九二　**おひしひし**　盛大なこと〔ゆどの〕（例）御ひしひしにて幾久しくもとめでたし。〔ゆどの貞享3・12・12〕

一二九三　**おひろびろ**「盛大」「広々」「久々」の意とも〔ゆどの〕（例）あんぜんじ殿そののちならしまさぬとてけふ御ひろびろのことにてなる。〔ゆどの文明14・6・10〕

一二九四　**おみおおきい**「大きい」に「おみ」の付いた最高尊敬語〔大聖〕（例）おみおおきなりましゃりまして〔大聖〕

一二九五　**おもなし**　面白くない〔女中・女言・女詞・女今川・言葉遣〕

一二九六　**おもやもや**　とり込んでいること〔大聖〕（同）同輩以下には「お」をつけない。〔静・大聖〕（関）一二九七　**おおもやもや**〔大へんとりこんでいること〕〔静・大聖〕　一二九八　**おおおもやもやもや**〔同上〕〔静〕

一二九九　**およしよし**　よいこと〔静・大聖〕（同）一三〇〇　**およしよしさん**〔静・大聖〕

一三〇一　**およずけ**　大人しいこと〔女中・女言・隠語―〔室町時代〕〕

一三〇二　**きゃもじな**　華奢な、きれいな、清潔な〔ゆどの・日ポ〕（例）御たるにをかる、物どもさま〴〵にきやもじなり。〔ゆどの明応7・3・16〕

一三〇三　**くもじながら**　恐れながら〔宝鏡お文〕（例）御所ゐ御きげんよくならせられ候よしくもじながらめでたくぞんじまいらせ候〔宝鏡日記明暦3・3・4紙背お文〕

一三〇四　**けもじ**　け文字は奇妙なこと〔隠語―〔江戸時代〕〕

一三〇五　**ごきげんさん**　御機嫌様〔大聖〕（同）ごきげんさんでけっこうであらしゃいます。〔陛下に使う〕〔大聖〕（同）一三〇六　**ごきじょうさん**（ご気丈さんは高級女官や尼門跡に使う）〔大聖〕

一三〇七　**ごかんたいながら**　御緩怠ながら、憚りながら〔宝鏡お文〕（例）こなたよりこそ御くわんたいながらなにかなとぞんじまいらせ候所に覚し召しつけにて下され候〔宝鏡日記明暦3・3・4紙背お文〕

一三〇八　**ごねんき**　ごねんごろに〔宝鏡お文〕（例）わたくしわずらひも御ねんきニ仰られ候、かたじけなくぞんじ候〔宝鏡日記明暦3・5・13紙背お文〕（同）一三〇九　**こんもじ**〔懇文字〕〔隠語―〔江戸時代〕〕　一三一〇　**ねんもじ**〔念文字〕〔隠語―〔江戸時代〕〕

一三一一　**すきと**　すっきりと〔宝鏡お文〕（例）ほうきやう寺ゐ

御心いまだすきともおはしまし候はぬよし〔宝鏡日記慶安4・9・17紙背お文〕（同）一二二 **おすきすき**〔静・大聖〕（例）とかくおすきすき被遊ず御こまりの御事申入願上候〔大正五・六年ごろの下級女官のお文〕

一二三 **すなわち** すぐに〔大聖日記・宝鏡日記〕（例）すなはちゑいかつへつかはされ候〔大聖日記万治3・1・16〕

一二四 **そもじ** 粗文字は粗末なこと〔隠語―（室町時代）〕

一二五 **たえだえしい** 乏しい、少ない〔宝鏡お文〕（例）此くりたえ〳〵しく御ざ候へども〔宝鏡日記明暦3・3・17紙背お文〕

一二六 **ちらと** ちょっと〔ゆどの・宝鏡日記・大聖日記〕（例）こうたうちらとさとへなり。〔ゆどの天正7・12・17〕里光ゐへえしやう院どの御まいりとてちらと御まいり。〔宝鏡日記承応2・2・3〕

一二七 **つたない** いやしい〔女中・女言・言葉遣・隠語―（室町時代）〕（解）大聖寺では下手な意に用う。

一二八 **にがにがしい** わるくなる様〔ゆどの〕（例）こよひ三でう大納言わづらひにがにがしくて。こよひにわかににんくわいのせんげあり。〔ゆどの天正7・1・20〕

一二九 **ねたもじ** 猜文字はねたましいこと〔隠語―（江戸時代）〕

一三〇 **はもじ** 恥しいこと〔女言・今川〕（同）一三一 **おはもじ**〔女中・女詞・隠語―（室町時代）〕

一三二 **ひくい** 低価な、安い〔公家・大聖〕（例）おかわりがひくい（代価がやすい）〔大聖〕

一三三 **ふたふた** 落ち付かない様、急いで〔宝鏡寺お文〕（例）さりながらふた〳〵とくわん御成まいらせられ候〔宝鏡日記明暦3・3・17紙背お文〕

一三四 **むつかしい** 高価な〔女重・公家・大聖・隠語―（江戸時代）〕

一三五 **～やす** 尊敬の助動詞（例）しやす〔公家・大聖〕（解）京ことばでも使われる。

一三六 **ゆめがましい** ほとんど価値のない、夢のように短い〔日ポ〕

一三七 **ゆめゆめしい** 小さい意〔日ポ〕

一三八 **りんもじ** 「悋文字」は「やきもち」〔隠語―（江戸時代）〕（例）品よく慕へ慕ふとて誰かりんもじ輪丁花〔松風村雨束帯鑑〕

7　年中行事

恒　例〔この項は便宜、月日の順に配列した〕

一二九　**しゅしょう**　修正会のこと。宝鏡寺では元日から五日（大聖寺では三日）まで玉体の安隠を祈ってする。〔大聖・宝鏡〕（例）お互さんにしゅしょうもお滞りのう満散になりまして、ありがたいことです。〔大聖〕

一三〇　**しゅくしん**　祝聖は、元日、毎月ついたちと天皇誕生日に、禅寺などで聖寿の無窮を祈ってする法要〔宝鏡日記・大聖日記・大聖・宝鏡〕（例）しゆくしん有〔宝鏡日記承応2・6・1〕

一三一　**おくちいわい**　「御口祝い」は、宮門跡では、参賀の人々に、宮様手ずから、昆布とかち栗を賜わる正月の行事。〔大聖日記・宝鏡日記〕（例）くハん御なり候て御くちいわ井有。ミな〳〵へも下さるゝ。〔宝鏡日記万治3・1・1〕

一三二　**わかゆのごぎょうずい**　新年の清めの行水〔宝鏡日記〕（例）わかゆの御行水まいる。〔宝鏡日記万治3・1・1〕

一三三　**きっしょう**　吉書は年頭の書き初め。（室町時代以後、正月の書初めに、吉として暦にかかげた日、または年頭の書初め）〔宝鏡日記〕（例）それより御きつしやうあそばし候〔宝鏡日記万治3・1・1〕

一三四　**ななくさ**　七草。大聖寺でも一月七日に若菜粥の祝いをする。七草を一対ずつ並べ、火箸とれんげで叩いて、「尊き神よ、尊き民よ、神、民、富よ」と七度はやして厄除けをする。〔大聖〕

一三五　**くらびらき**　尼門跡では、一月十一日に、はじめて蔵を開く行事〔宝鏡日記・大聖〕（例）御くらびらきニて左ひやうへうこんまいらるゝ。〔宝鏡日記万治3・1・11〕

一三六　**さぎちょう**　左義長は一月十五日から十八日に、青竹を束ね立て、それに扇子や短冊などを結びつけて焼く火祭。町方ではトンド（またはドンド）という。〔宝鏡日記〕（例）御かいすぎ候てから御さぎんてう有。〔宝鏡日記万治3・1・15〕

一三七　**おひまち**　御日待ちは一月・五月・九月の各吉日に行なう。前夜から潔斎し、翌朝の日の出を待って、日の神を拝むこと。〔ゆどの・宝鏡日記〕（例）御日まちあそばし候。

〔宝鏡日記万治3・1・16〕

一三八 **おそでとめ** 御袖止めは旧六月十六日のお月見。(月見のときに十六歳になった人の袖下を鋏で切るからいう)

一三九 **かつう** 嘉祥(嘉定)は六月十六日の疫よけの祝。各門跡から、七色の蒸菓子を宮中へ献上した。〔ゆどの・大聖日記・宝鏡日記〕(例)けふのかつう物御いわゐあり。むしはらゐせらるゝ。〔ゆどの文明14・6・16〕

一四〇 **おつきみ** お月見は旧八月十五日にするお月見。大聖寺では「あいわいぎょふく徳さいはひもち月の思ひのままのなすびなりけり」を三度唱えてする。

一四一 **たのむのごしゅうぎ** 田の実の御祝儀は八朔の節句(八月一日)〔宝鏡日記〕(例)禁中ゟへけふの御たのむの御しゅぎ杉原十帖金水引百ぱ上る。〔宝鏡日記承応2・5・15〕

一四二 **きくわた** 菊綿は重陽の節句(旧九月九日)の前日に、菊に綿をきせ、翌朝とり、露のしめったもので顔や体を拭う延命の祝い。〔宝鏡日記〕(例)きん中ゟより御きくわたまいる。〔宝鏡日記慶安1・9・9〕

一四三 **いのこのおいわい** 亥の子の御祝は、旧十月の亥の日に、亥の子餅を食べて祝うこと。〔ゆどの・宝鏡日記〕(例)いの子の御いわゐ。春宮ノ御かたへ御げんてう。のせまいる。〔ゆどの貞享3・10・12〕御いのこの御いわゐの御かちんいつものごとく〔宝鏡日記慶安4・10・7〕(解)宮中では御献猪(げんちょ)の式があり、陛下は亥方に向かって、つくつく(搗臼)の作法をあそばし、「神無月しぐれの雨のふるごとに我をもふかなへつく〳〵」と三度唱えられた。〔女官〕(同)一四三—二 **おつくつくのおゆわい**〔ゆどの〕(例)御つく〳〵の御ゆわい御さたにて。〔ゆどの天正17・10・1〕

一四四 **おひたき** 御火たきは十一月八日に、御所の産土神である御霊神社の神へささげる奥向きの行事で、大正時代まであった。大聖寺では「たけ、たけ、お火たきの御霊さんのお火たきの」とはやしてする。(宮中では「御霊どん」といった)(例)御かうの宮の御ほたき〔御火たきのこと〕のかちん。〔ゆどの明応6・11・19〕いま宮ちんじゅの御火たき也〔宝鏡日記慶安2・11・15〕

一四五 **おすす** お煤払い。宮中では月の十二月始めから十三日(十三日をすす納めという)まで行った。(同)おすすはき〔宝鏡日記〕(例)御いんきよゟの御すゝはきにて御いわいまいる。〔宝鏡日記慶安1・12・14〕宮中では十二月の吉日(十二日)をえらんで御煤払を行なう。お煤払の後、常の御殿で煤払のお祝がある。江戸城では十三日、民間でも十三日に行なう地方が多い。この日から正月祭りのための忌みが始まる。〔女官〕

臨時行事

一三四六　**おひがら**　正忌日〔女官・大聖〕

一三四七　**おみみふさぎ**　御耳塞ぎは人が死んだとき、その凶事が自分に及ばないように、耳をふさぐ。そのときにつき餅（おみみふさぎのかちん）を食べる。〔ゆどの・宝鏡日記〕（例）御みみふけふより三日御つゝしみ。御手もあそばされず。御みみふさぎ有。〔ゆどの貞享3・12・2〕十七日に御はて候よしにてけいかう院殿へ御みゝふさぎあそばされ候てまいらせ候〔宝鏡日記明暦3・4・20〕（解）下野国で煎餅・花菓子を両耳に当て、これを小道や辻に捨てて、後見をしないで帰る風習がある。

一三四八　**きよみずへおまいり**　京都清水観音へ毎月十七日に、法鏡寺門跡では参詣したこと。〔宝鏡日記〕（例）きよ水へ御まいり御行水あそばし候〔宝鏡日記万治3・1・17〕

一三四九　**こうしんまち**　庚申の日に行なう祭。人の腹中に三匹の虫がいて、この夜は人の眠りのすきに天に昇り、罪悪を天に告げ、人は命を奪われるといって、この夜は寝ないで夜を明かす風習がある。（例）こよひはかうしんにて御まほりあり。〔ゆどの文明14・9・24〕

一三五〇　**ひぼなおし**　紐直しは童児の附け帯を除いて、始めて帯を用いる祝儀。「帯なおし」「帯とき」とも。男女とも九歳で行なったが、後には男五歳、女七歳の十一月に行なうようになった。〔宝鏡日記〕（例）さちの宮〱御ひぼなをし御いわいこわく御御てうしまいる。〔宝鏡日記慶安4・11・8〕

一三五一　**ふかそぎ**　深曽木は三歳から五歳までの間に、髪の端を切り揃えること。〔宝鏡日記・大聖お文〕（例）としの宮〱御ふかそぎの御いわいにこわく御一ふた御そへ物てうしひさげまいる。〔宝鏡日記慶安4・11・21〕欽宮御方御ふかそぎにて御祝あらせられ候〔大聖寺倫宮の文政十三年三月二十六日付のお文〕

8　その他

一三五二　**ありがとう**　尼門跡は、食事の前と後にいう。相手のあいさつへの返礼、その他、しばしば用いる。京ことばの「オーキニ」は使わない。〔大聖〕

一三五三　**うえわたくし**　公からいっても、私情からいってもはもなき事にて。うへわたくしおどろきおぼしめす。〔ゆどの〕（例）三条内ふけふこうぜらるゝ。ちか此ことの天正7・1・24〕こなたにも前内府殿御事のみにてうへわたくし覚しめしやらせられまいらせ候〔宝鏡寺承応2・8・29紙背お文〕

一三五四　**おう**　「はい」に当たる応答語（例）こなたではヤ〔屋・商人〕が来て鈴を鳴らすと、「オー」といって出たものです。〔大聖寺一老の懐古談〕

一三五五　**おさいしん**　「再進」は「二杯」のこと。〔女中・女言〕（同）一三五六　**によそい**　「二装い」は二度装うこと〔女中・女詞〕（関）一三五七　**おみかわり**（三杯。おかわりは三度までを普通とするしきたり）〔大聖〕　一三五八　**みよそい**（三杯）〔女中・女言・女詞〕

一三五九　**おそくり**　手遊び〔女詞〕（同）一三六〇　**そそくり**〔女中・女言・言葉遣〕

一三六一　**おたのもうします**　ご免ください。（あいさつ語。お頼み申します）〔大聖〕（例）わたくしどもが宝鏡寺さんへ参りますときは、今でも、「おたのもうします」と申します。〔大聖一老談〕（同）一三六二　**たのもう**〔大聖〕（例）こなたでも四十年前までは、「たのもう」といって人が来ると、「どうれ」と答えたものです。〔大聖一老談〕（解）「ものもう」と同義。

一三六三　**おそれいります**　尼門跡で一老がゴゼンに用件を申し上げるとき、「恐れ入ります」と付け加え、ゴゼンのことばをうけるときにもしばしば用いる、御所かたの愛用語〔大聖・宝鏡・宮中女官〕

一三六四　**おひるぶれ**　陛下のご起床の触れ（宮中で）（例）ご膳係りの女孺がスケ（典侍）さんの局へは「もうしょう、おひるでおじゃあと申させ給う」といって触れる（大正時代まで）。すると局の家来が　一三六五　**ほう**（「奉」の字音語、

「うけたまわる」の意〔穂穙女官談〕。「ほう」は「もうしょう」に対する答の語。

一三六六 **おもてあそび**　おもちゃ〔大聖〕

一三六七 **きょうもじ**　「今日文字」は「今日」〔隠語―〔室町時代〕〕

一三六八 **ごきげんよう**　尼門跡で、お次からゴゼンに、あるいはゴゼンどうし「ご機嫌よう」という。宮中でも、オカミに女官が、また女官どうし「ご機嫌よう」とあいさつする。〔大聖・宝鏡〕

一三六九 **～さま**　〓の字形は上達部以上に用いる。陛下には「様」（たてざま）、上達部以上には「〓」（丸さま）、それ以下にはかな書きの「さま」と、身分による区別が行なわれた時代もあったが、万治ごろには草体をよしとする風があり、そのころの大聖寺日記にもほとんど「〓」を専用した。
（例）きん中〓〔大聖日記万治3・1・8〕

一三七〇 **せんもじ**　先文字は先日、先頃〔隠語―〔江戸時代〕〕

一三七一 **ひゃっぴき**　百疋は金壱歩〔女中・女言・女詞〕

一三七二 **ゆうもじ**　夕方。昨夜。〔隠語―〔江戸時代〕〕

〔付〕お文の慣用語

一三七三 **おうけ**　「御請」はお文の内容を確かに申し上げました、という意の脇付け〔大聖寺お文〕（例）右御請のみめでたくかしく〔大正時代の大聖寺お文〕

一三七四 **おさわりさま**　お障り、支障の尊敬語〔大聖寺お文〕（例）折から御障り〓もおはしまさで〔明治時代の大聖寺お文〕（関）陛下に対しては、一三七五**「おささわりさま」**

一三七六 **「おもうしぶんさま」**を使う。

一三七七 **おおせながし**　「仰流し願上候」はお伝え下さいませの意〔大正の女官お文〕（例）乍恐お蝶〓へも宜しく仰流し願上候〔大正五・六年ごろの女官お文〕（解）判任官の差出人から高等官にあてたので、「仰」を使用。「流し」は目下へのことば、あて名の使用人に伝えてほしいの意。（関）一三七八**もうしいれ**〔目上に対していう〕。

一三七九 **かたじけながり**　「忝り」（かたじけながり）は忝けなくの意〔明治の大聖寺お文〕（例）御賑々の御沙ためで度忝りまいらせ候　かしく〔明治の大聖寺お文手本〕

一三八〇 **そうらいたくそうろう**　「候たく候」は、「たく候」の

ていねいないいかた〔宝鏡寺紙背お文〕
一三八一　**そうろうべくそうろう**　「候べく候」は、「べく候」のていねいないいかたとしてしばしば用いられた。〔宝鏡寺紙背お文〕（例）此むもじこれハこぞのニてうへゐにもあがりのニて御ざ候ま丶御ぜんニ御あげなされ候べく候〔宝鏡日記明暦３・２・24紙背お文〕
一三八二　**じょうろうのおんなか　ごひろう**　「上﨟の御中　御披露」は宝鏡寺の宮様に仕える上﨟にあてて、宮様へよろしく取り次ぎを頼むときのあて名と脇付の古風な書式。これは貴人に直接あて名しないで、そば人にあてる古形によったもの。〔宝鏡日記紙背お文〕（例）上らふの御中　御日ろう〔宝鏡日記明暦３・１・25紙背お文〕（関）一三八三　**かっしきのおんなか**〔喝食御中〕〔宝鏡日記明暦３・１・８紙背お文〕
一三八四　**ひとびともうしたまえそうろう**　「人々申給へ候」は差出人とあて名とが同等の身分のときの脇付け。どうぞよろしく取り次いでくださいの意。〔昭和三年の大聖寺お文〕（例）ながはしゐ人々申給へ候〔明治の大聖寺お文〕（解）同じ字形を古文書では、一三八五「**まいる　申給へ**」と読む。見出し語の読みは大聖寺ゴゼンのもの。同じ字形を穂穙女官は「御人々申入まいらせ候」と読む。（関）一三八六　**ひとびとおもうしいれ**〔人々御申入れ〕は目上の人に、また、一三八七　**ひとびとごへんじまいらせそうろう**〔人々御返事参らせ候〕は同輩以下に対する脇付け。
一三八八　**めでかしく**　めでたくかしくの省略形。めでたいときにつけるお文の結びの句〔宝鏡日記明暦３・５・９紙背お文〕
一三八九　**もうしいれおりそうろう**　「申入居候」は申していますの意。目上に対して使う。〔大正の女官お文〕（例）ふりつづき其後如何にあらせられ候御事かと御噂申入居候〔大正五、六年の宮中下級女官から上級女官へのお文〕（解）口上の「新年の御祝儀申し入れます」に相当する。
一三九〇　**もうせとてそうろう**　「申とて候」はだれだれの仰せで申し上げますの意〔宝鏡日記紙背お文〕（例）このよし御心えて披露申とて候〔宝鏡日記明暦３・１・18紙背お文〕

なお、以上所収した語彙を分類ごとにまとめて語彙数を示すと、次のようである。

１　飲食物　主食〔米・御飯・餅・麺類〕一四八語　副食物〔総称・豆類・野菜類・漬物類・魚貝・鳥獣・その他〕三一三語　調味料〔味噌・醤油・塩〕約三五語　嗜好品〔酒・茶・たばこ〕二四語　菓子・果物など三三語　その他の飲食物約一六語

2　衣類一一七語　3　住居・道具類　住居一九語　道具一九九語　4　身体・病気九四語　5　人倫・官職一三九語　6　動作・形状　動作一三六語　形状六六語　7　年中行事二五語　8　その他二一語　（付）お文の慣用語一八語　総語数約一四〇〇語

二　五十音順索引

御所ことば語彙集

〔漢数字は語彙番号〕

〔か〕

〔き〕

〔す〕

すいぐき　三一三
すいくもじ　三一二
すいば　八九五
すえつむくさ　七二
すかすか　四一五、一二三三、一三九一
すぎすぎ　八九六
すきと　一三一一
すけ　一〇九〇
すそ　九二四
すなわち　一三一三
すべす　一二三四
すべる　一二三五
すましはり　六六五
すましもの　六六一
すます　一二三八
すみはぐろ　七九六
すもじ　八九、一二三九
ずり　八六一
すりすり　八一四
するする　四一四、一二八五

〔せ〕

せきもり　八六三
せもじ　一三〇、一二四〇
せんもじ　五一〇、一〇九三、一三七〇

〔そ〕

そうらいたくそうろう　一三八〇
そうろうべくそうろう　一三八一
そえこ　七五九
そそくり　一三六〇
そち　一〇九五
そなた　一〇九六
そなたさん　一〇九七
そのごしょさま　一〇九八
そもじ　九一、一〇九四、一三一四
ぞろ　九六
そろえる　一二四一
ぞろぞろ　九八

〔た〕

だあさ　一〇五〇
たあさん　一〇四八
だあさん　一〇四九
だいさま　一一〇〇
だいす　一〇一七
だいすけ　一〇一八
だいすもじ　一〇一六
たえだえしい　一三一五
たけ　二二三、二三三、二八二
たけのおばん　一一一
たけのすもじ　一一三
たじ　八六五
たた　一〇四四
だだ　一〇四五
たとうがみ　七六四
たのむのごしゅうぎ　一三四一
たのもう　一三六二
たまのいけ　八六六
たもじ　四一八、五一三
たらちね　一〇五五
たれ　七五〇
たれみそのしる　四九〇
たれる　一二四二
だんこう　一三三〇
だんなさん　一一〇一

〔ち〕

ちちご　一〇六六
ちのふで　二三八
ちば　二七七
ちゅうぎょ　七二五
ちょうもく　七七七
ちらしみそ　四六九―二
ちらと　一三一六
ちりのこ　一一三

〔つ〕

ついまつ　七九二
ついまつぐさ　七九三
つおぐさ　二七四
つおなり　六五二
つぎ　九五六
つきのもの　九五七
つきよ　一一三
つく　二三四
つくつく　二三五、八七〇
つくるかね　七九八
つけがね　七九七
つたない　一三一七
つたみ　九三九
つちのふで　二三六
つちふで　二三七
つぼねぐち　七〇〇
つぼみ　三五四
つむり　九四三
つめたいぞろ　一〇八

付　御所ことば研究文献目録

著　書

菊沢季生『国語位相論』（国語科学講座Ⅲ）　明治書院　昭和八年七月　位相論の立場から「忌詞」「商人語」「通人語」「女房詞」「盗賊語」「僧侶語」「学者語」「遊女語」「武士詞」などについて述べる。「女房詞」の特色をもあげて説明してある。

長尾正憲『女性と言葉』佃書房　昭和十八年八月　「女性語」の章で、『海人藻屑』『大上﨟御名之事』『女重宝記』に記載の女房詞を説明してある。

三宅武郎『現代敬語法』日本語教育振興会　昭和十九年六月　第七章「女房言葉」の章で、「お言葉」「もの言葉」「重ね言葉」「文字言葉」「お（御）―様」「女房言葉の反省」の各項について述べてある。

真下三郎『婦人語の研究』東亜出版　昭和二十三年六月　「婦人語の意識」「女房詞」「もじ言葉」「婦人の音声」の各章では、特に女房詞を文献的に詳しく考察した婦人語研究の好著。

河鰭実英『女官』風間書房　昭和二十四年五月　後宮生活、公武生活についての記述。「秘められたる宮廷の言語」の章で、「オモウサン」「オタアサン」など多くの御所ことばを載せる。なお、『宮中女官生活史』を昭和三十八年十一月、風間書房から刊。

末永雅雄・西堀一三『文智女王』円照寺　昭和三十年十一月　開山文智女王について詳述。「開山大師書翰」の章で、文智女王の消息六通を収める。

楳垣実編『隠語辞典』東京堂　昭和三十年一月　女房言葉約三四四語を所収する。

杉本つとむ『近代日本語の成立―コトバと生活―』桜楓社　昭和三十五年一月　江戸時代初期以来の近代日本語の歴史の中に、女房詞の発生と展開を述べる。

山川三千代『女官』実業之日本社　昭和三十五年三月　著者は明治天皇・昭憲皇太后両陛下に仕えた女官。女官の生活について述べ、「宮中の言葉」が七〇語収められてある。

国田百合子『女房詞の研究』風間書房　昭和三十九年三月　女房詞に関する新文献「禁裡女房内々記」「洞中年中行事」などを広く収録するとともに、女房詞研究の好著。

井之口有一・堀井令以知・中井和子『尼門跡の言語生活の調査研究』風間書房　昭和四十年八月　御所ことばを使用している尼門跡の言語生活の実態を調査研究し、御所ことばの研究を開拓したわが国最初の成果。研究編と資料編から成る。

真下三郎『女性語辞典』東京堂　昭和四十二年二月

真下三郎『婦人語の研究』東京堂　昭和四十四年二月　「婦人語意識」「婦人語の性格」「女房詞」「尼門跡語」「遊女語」「詠歌消息の用語」の六章からなる好著。

井之口有一・堀井令以知『京都語位相の調査研究』東京堂　昭和四十七年一月　京都市の伝統的職業集団である室町商家・西陣機家・祇園花街の言語生活と職業語を体系的に究明した京都語の社会言語学的調査研究。

御湯殿上日記研究会『お湯殿の上の日記の研究』宗教・遊芸・文芸資料索引　続群書類従完成会　昭和四十八年三月　三輪正胤・小高恭両氏の共著（助言者是沢恭三・太田善麿両氏）で、研究編・索引編からなる『お湯殿上の日記』を宗教・遊芸・文芸から実証的に調査研究した労作。

堀井令以知『お公家さんの日本語』グラフ社　平成二十年八月

論文

杉本つとむ「女房詞の系譜」「国文学研究」一四輯所収　昭和三十一年十月

井之口有一・堀井令以知「尼門跡の言語生活からみた女房詞の研究」西京大学学術報告「人文」九号所収　昭和三十二年十一月

井之口有一「尼門跡使用の『シャル』『マシャル』『であらシャル』敬語法について」「国語学」三十二号所収　昭和三十三年三月

井之口有一・堀井令以知・中井和子「尼門跡の言語環境について」西京大学学術報告「人文」一〇号所収　昭和三十三年十一月

国田百合子「女房詞に関する新文献」「文学・語学」一三号所収　昭和三十四年九月

井之口有一・堀井令以知・中井和子「尼門跡の音声言語生活資料」京都府立大学学術報告「人文」一一号所収　昭和三

十四年十一月
森野宗明「『くこん』ということば」「言語と文芸」　昭和三十五年七月
井之口有一・堀井令以知・中井和子「尼門跡の文字言語生活資料」京都府立大学学術報告「人文」一二号所収　昭和三十五年十一月
堀井令以知「階層と言語意識」「民間伝承」二四六号所収　昭和三十五年二月
河鰭実英「公家語集成」「学苑」所収　昭和三十六年三月
井之口有一・中井和子・堀井令以知「京都尼門跡日記（万治三年）について」「京都府立大学女子短期大学部創立十周年記念論文集」所収　昭和三十六年十月
井之口有一・中井和子・堀井令以知「御所ことば語彙の調査研究」（Ⅰ食物の部）京都府立大学学術報告「人文」一四号所収　昭和三十七年十月
村井長生「宮中のことば」「学苑」所収　昭和三十七年十二月
井之口有一・中井和子・堀井令以知「御所ことば語彙の調査研究」（Ⅱ続編　食物を除く）京都府立大学学術報告「人文」一五号所収　昭和三十八年十一月
井之口有一「尼門跡使用の御所ことばと『蜑藻屑』」『近代語研究』一集所収　昭和四十年九月
小高恭「『お湯殿の上の日記』研究ノート・一—国田百合子氏著『女房詞の研究』の用例・解釈の誤りの訂正と補足—」大阪大学国文大学院研究誌「文車」一七・一八合併号所収　昭和四十三年二月
松井利彦「女房ことばの変遷—「する〳〵」の場合—」「国語国文」三六巻四号所収　昭和四十二年四月
松井利彦「室町時代における堂上の女性の表現」「国語国文」三七巻四号所収　昭和四十三年四月
小高恭「する〳〵」考1「使用対象による分類」私刊　昭和四十三年七月
小高恭「『お湯殿の上の日記』の文字詞考察　1」私刊　昭和四十三年十月
堀井令以知「文字詞の性質」「文学論叢」三七集所収　昭和四十四年五月
堀井令以知「御の着脱について」「文学論叢」四三集所収　昭和四十五年三月
国田百合子「『御湯殿上日記』にみえる女房詞の構成法—敬語接頭辞と形容詞との関係」「日本女子大学文学部紀要」一九所収　昭和四十五年七月

小高恭「『お湯殿の上の日記』の文字考察　2　女房詞の性格小考—限定使用の面より—」「国際大学国文学」二号所収　昭和四十六年四月
松井利彦「元禄五年本『女中詞』」『近代語研究』三集所収　昭和四十七年一月
堀井令以知「『お湯殿の上の日記』における音声相の動態と表記」『音声の研究』第一六集所収　昭和四十八年四月

あとがき

本書には、御所ことばが宮中のお内儀で用いられるのはもとより、内親王の従事された尼門跡でも現用され、将軍家の大奥でも、かつて使用された様相が記述されている。われわれは御所ことばの調査研究を二十年間つづけてきたが、尼門跡の御所ことば使用については、「はしがき」に述べたように、『尼門跡の言語生活の調査研究』としてまとめ、すでに発表している。このたび、にほん風俗史学会編の『風俗文化史選書』の一つとして刊行するにあたり、旧著を御所ことばの観点から書き改めたものである。従って、御所ことばに関する一般的記述を中心に、新たにその後の調査研究の成果を加えて、風俗文化史家・国語学者、これに関心を持たれる方々の要望に応えるようにつとめた。

宮中の生活、風俗を考察するためには、御所ことばの理解は不可欠であり、われわれは御所ことばによって、宮廷社会の風俗を考えようとしたのである。従って、宮中女官の談話などを通じて、言語環境をできるだけ明らかにしたつもりである。また、文化史的背景をも考慮して、御所ことばの史的研究に役立つ資料の提示にもつとめた。言語研究と史学が密接な関係をもつことの一例として御所ことばを採りあげたところにも、本書の意図を認めていただけるかと思う。選書の性質上、御所ことば自体の言語学的研究は概要程度にとどめたが、宮廷および公家・武家の社会の歴史と言語とに興味をもたれる読者が、御所ことばによる生活の記述の中から、何らかの示唆を得ていただくことができれば幸いである。

本書の成るまでには、宮中女官の方々、大聖寺門跡をはじめ多くの方々から直接に御所ことばを聞き、各方面のご協力を得て調査研究することができたことにたいし、われわれは、ここに改めて、深く感謝の意を表したいと思う。また、出版を心よくお引き受けくださった雄山閣にたいして厚くお礼を申しあげる次第である。

昭和四十九年八月

著者

生活文化史選書版刊行にあたって

本書を刊行してから三十年以上になる。長く品切れになっていて、多くの方から再版を求められてきたが、このたび㈱雄山閣のご好意によって、装い新たに生活文化史選書版を上梓することとなった。

ＮＨＫ大河ドラマの影響もあってか、「御所ことば」について人々の認識は高まっている。かつて「御所ことば」の調査でお世話になった尼門跡大聖寺を筆者は数年前久しぶりで訪問したが、御所ことばによる会話を耳にすることができ、大変嬉しく懐かしい思いがした。しかし、皇室でも尼門跡でも日常生活における御所ことばの使用は世代交代によって減少の傾向にある。

共著者である井之口有一先生とは、『御所ことば』をはじめ、『尼門跡の言語生活の調査研究』『京ことば辞典』『京都語位相の調査研究』『職人ことば辞典』『京都語辞典』『分類京都語辞典』『京ことば歳時記』のような著作をいくつか上梓したが、この生活文化史選書版をご覧いただけないのは残念である。また、その後の研究成果を踏まえて書き改めたいけれども、別の機会を持ちたいと思う。

平成二十三年十一月

堀井　令以知

事項索引

著者略歴

井之口　有一（いのくち　ゆういち）1906－1995

早稲田大学高等師範部卒業、東京高等師範学校研究科修了、文部省国語調査官補、岐阜師範学校教授、京都府立大学女子短期大学教授を経て名誉教授、聖母女学院短期大学教授を歴任。

堀井　令以知（ほりい　れいいち）1925－

京都大学文学部（言語学専攻）卒業、京都大学旧制大学院特別研究生修了、愛知大学文学部教授、南山大学文学部教授を経て、関西外国語大学名誉教授。

2011年11月25日　初版発行　《検印省略》

◇生活文化史選書◇

御所《ごしょ》ことば

著　者　井之口　有一・堀井　令以知

発行者　宮田哲男

発行所　株式会社 雄山閣

〒102-0071　東京都千代田区富士見2-6-9

TEL　03-3262-3231 / FAX　03-3262-6938

URL　http://www.yuzankaku.co.jp

e-mail　info@yuzankaku.co.jp

振　替：00130-5-1685

印　刷　松澤印刷株式会社

製　本　協栄製本株式会社

ISBN978-4-639-02199-5 C0381
N.D.C.809　250p　21cm

闇のコスモロジー

魂と肉体と死生観

狩野敏次 著

価格：￥2,730（税込）

202頁／A5判　ISBN：978-4-639-02173-5

私たちの傍らに存在する闇は、別の世界へと通じている。

古代の人々はそう信じ、神々や異界の存在と交流するために闇と親しんだのである。——闇と人、魂と肉体の関係から現代に通じる死生観に迫る。

焼肉の誕生

佐々木道雄 著

価格：￥2,520（税込）

180頁／A5判　ISBN：978-4-639-02175-9

肉食が近代まで普及しなかった、というのは大きな誤りだった！

日本と韓国、それぞれの食文化史を比較しながら、当時の文献を丹念に辿ることで「焼肉の誕生」を明らかにする。

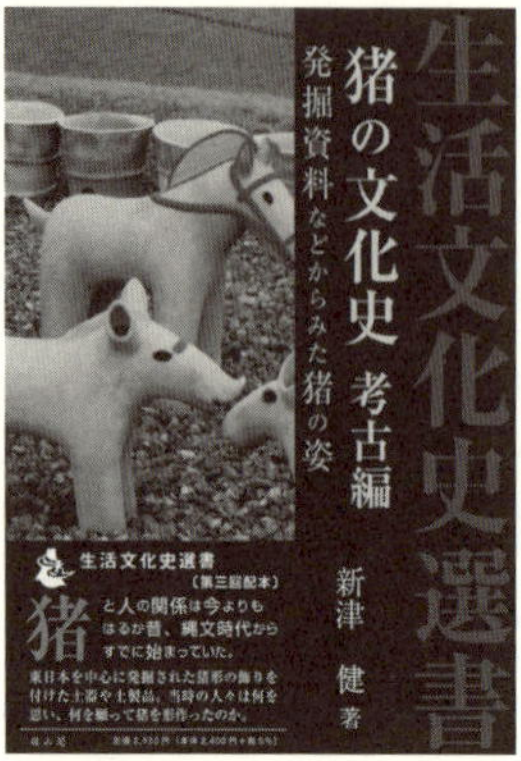

猪の文化史 考古編

発掘資料などからみた猪の姿

新津　健 著

価格：￥2,520（税込）
186頁／A5判　ISBN：978-4-639-02182-7

猪と人の関係は今よりもはるか昔、縄文時代から始まっていた。東日本を中心に発掘された猪形の飾りを付けた土器や土製品。当時の人々は何を思い、何を願って猪を形作ったのか。

猪の文化史 歴史編

文献などからたどる猪と人

新津　健 著

価格：￥2,520（税込）
189頁／A5判　ISBN：978-4-639-02186-5

かつて猪などによる被害は飢饉を起こすほどに深刻であった！

近世の人々が農作物を守るためにとった猪害対策を文献などからたどり、近世から現代に続く猪と人との関係を考える。

■好評既刊

香と香道　第四版／香道文化研究会編　四六判　２７３０円（税込）

フィールドに吹く風―民俗世界への覚え書き―／香月洋一郎著　四六判　２７３０円（税込）

『常陸国風土記』の世界―古代史を読み解く一〇一話―／井上辰雄著　Ａ５判　２９４０円（税込）

魚食文化の系譜／松浦　勉・越智信也・西岡不二男・村田裕子著　Ａ５判　２９４０円（税込）

宮本常一とクジラ／小松正之著　Ａ５判　２１００円（税込）

武士としては／小澤富夫編　Ａ５判　３９９０円（税込）

自家製味噌のすすめ―日本の食文化再生に向けて―／石村眞一編　Ａ５判　２９４０円（税込）

海士《あま》のむらの夏―素潜り漁の民俗誌―／香月洋一郎著　Ａ５判　４２００円（税込）

芸者論―神々に扮することを忘れた日本人―／岩下尚史著　四六判　２９４０円（税込）

九十六年なんて、あっと言う間でございます
―高松宮宣仁親王妃喜久子殿下との思い出―／岩崎藤子著　四六判　１８９０円（税込）

昔話にみる山の霊力―なぜお爺さんは山へ柴刈りに行くのか―／狩野敏次著　Ａ５判　２９４０円（税込）